第二批“郫都菁英百人培养计划”支持
“乡村振兴中的社会工作介入策略研究项目”（2021HX32）最终成果

行动的力量

——社会工作参与乡村振兴的回应与实践

李觉华 主编

西南交通大学出版社
·成 都·

图书在版编目（CIP）数据

行动的力量：社会工作参与乡村振兴的回应与实践 / 李觉华主编. —成都：西南交通大学出版社，2023.3
ISBN 978-7-5643-9197-3

Ⅰ. ①行… Ⅱ. ①李… Ⅲ. ①农村－社会工作－研究－中国 Ⅳ. ①F323.89

中国国家版本馆 CIP 数据核字（2023）第 043401 号

Xingdong de Liliang —— Shehui Gongzuo Canyu Xiangcun Zhenxing de Huiying yu Shijian
行动的力量——社会工作参与乡村振兴的回应与实践
李觉华　主编

责任编辑	李　欣
封面设计	原谋书装
出版发行	西南交通大学出版社 （四川省成都市金牛区二环路北一段 111 号 西南交通大学创新大厦 21 楼）
发行部电话	028-87600564　028-87600533
邮政编码	610031
网　　址	http://www.xnjdcbs.com
印　　刷	成都勤德印务有限公司
成品尺寸	170 mm × 230 mm
印　　张	14.75
字　　数	216 千
版　　次	2023 年 3 月第 1 版
印　　次	2023 年 3 月第 1 次
书　　号	ISBN 978-7-5643-9197-3
定　　价	60.00 元

编　委　会

主　编　李觉华

副主编　杨　鹏　武　娇　张　茜

　　　　王友彬　钟　丹

参　编　陈　涛　陈太勇　郭　虹　兰由玉

　　　　孙长勇　石攀峰　王彩凤　周廷伟

序言

PREFACE

社会工作是现代国家社会建设和社会管理的重要制度安排，是国家实现社会保障服务的一系列活动，也是一套特殊的工作方法、一门专业学科。在我国，社会工作曾经在很长时间内被当作西方资本主义的工具而被排斥，直到改革开放后的 1988 年，北京大学等 4 所高校才重新设立社会工作与管理专业，开始培养社会工作人才。而社会对社会工作的知晓，则始于 2006 年，中共中央《构建社会主义和谐社会若干重大问题决定》中提出“建设宏大的社会工作人才队伍”后，社会工作开始纳入社会发展的政策框架。在 2008 年汶川特大地震的救援安置和灾后重建中，社会工作崭露头角，初现锋芒，公众才开始认识和了解社会工作。乡村振兴是中国特色社会主义发展里程中重要的战略，也是涉及国家未来发展、涉及 14 亿中国人民的重大公共事务。在这样一场上系国家、下关百姓的宏大社会运动中，社会工作自然不能缺席。《中华人民共和国乡村振兴促进法》中把“社会工作人才”纳入人才振兴范畴，要求地方各级人民政府搭建“社会工作和乡村建设志愿服务平台”。2021 年民政部提出在“十四五”期间构建完善县区、乡镇街道和村社区三级社会工作服务体系，基本实现乡镇街道社工站和城乡社区社会工作服务室全覆盖。可以预期：当全国 3.8 万个乡镇、69 万个行政村都有社会工作服务站（室）且有驻站社工开展服务时，社会工作能够给中国的乡村振兴增添多么巨大的推动力。

社会工作在现代国家中既是公共服务内容，也是公共服务的工作方法。其扶危济困、助人自助、赋权增能的服务理念，扶助社会弱势群体、协调社会关系、链接多种资源、开展专业服务的功能已经成为现代社会福利制度的组成部分。乡村振兴从制度上引入社会工作，体现公共服务的公共性、公益性、公用性和公众性，社会工作给村民们提供的是“服务”，社工们组织的活动是公益性质的、是平等的、是公众的、是可参与的。在本书的案例中读者们可以看到，无论是安龙村的品牌打造、广福村的林盘修复、古城睦邻帮扶、郫都的人才实训基地、战旗村的社区发展治理示范、新盛镇的在地资源活化、宝华村家庭农场所做的生态修复尝试……都可看到鲜明的“社工”色彩：赋权增能的理论导向、共情同感等工作能力、个案小组社区等工作方法，等等。这些案例在凸显社工服务专业性和有效性的同时，也展示了社会工作在乡村振兴中有着广阔的用武之地。深入乡村院落的社工服务不仅直接惠及老弱病残、妇女儿童等弱势人群，弥补了国家基本公共服务的不足和短板，还通过“五社联动”动员聚集了更多的社会资源投入乡村振兴，实现了利国利民的双重效益。

我国的乡村振兴才刚刚开始，社会工作也才起步，在“党委领导、政府负责”的社会环境中怎样界定社会工作的位置，发挥社会工作的作用，还处在探索过程中。举目世界社会工作领域，社工参与乡村发展虽然有许多可供借鉴的实务经验，但鲜有法律制度的先例。这也是中国社工的面临的现状：唯有开拓创新，砥砺前行，中国社工才能找到自己的定位，实现社工价值，同时也为国际社会工作提供来自中国的经验。

郭虹

2022 年 6 月 17 日

前言

PREFACE

2008年汶川大地震以后，社会工作作为一张新鲜的面孔进入公众视野，逐渐被大众认识并熟悉，但社会工作发挥其能量的领域不仅仅在紧急救援、抗震救灾、心理重建，它就像无声春雨般悠悠地浸入社会生活的方方面面：个人问题解决或能力提升、家庭困境援助或亲子关系改善、社区营造、政策倡导，以及本书涉及的乡村振兴等。乡村振兴作为国家发展的重要战略之一，是新农村建设的升华与农村现代化建设的必然要求，其总体要求和目标是产业兴旺、生态宜居、乡风文明、治理有效、生活富裕，因此社会工作主要围绕产业振兴、生态振兴、人才振兴、文化振兴、经济振兴开展一系列专业且深入的工作，将社会工作的专业理念、价值论理和专业方法技巧融入乡村振兴工作中，不仅带来了新颖的工作思路和方法，更丰富了社会工作的实践经验。

基于这样的时代任务和发展背景，本书试图对社会工作参与乡村振兴的工作路径与实务经验进行归纳总结，分享典型案例，提供思路与方法参考，同时关注社工个体的实务行动和反思，让“亲历者”发声。第一部分的理论政策篇中，深刻讨论了社会工作与乡村振兴的逻辑关联，乡村振兴社会工作服务的内涵与外延、专业性构成、路径及其制度化，并提出“发展性社会工作”需要被确立为乡村振兴社会工作服务普遍的重要指导理论模式且得到践行；回溯了中国扶贫历史与乡村振兴发展史，主要从国家层面回顾了扶贫的缘起与推进过程、乡村振兴发展过程，同时列举了不同参与主体的扶贫工作以及参与乡村振兴的探索；全面梳理了社会工作参与乡村振兴的政策，分别从国家顶层设计、部分专项政策、地方政策等方面进行了整理和评述。第二部分为实务案例篇，主要通过几个典型案例的总结提炼，对社会工作参与乡村产业振兴、文化振兴、人才振兴、经济振兴、生态振兴做出回应与经验分享。第三部分为一线社工对话篇，通过对几位从事乡村振兴社会工作的一线社工进行访谈，从他们的视角直击社会工作参与乡村振兴的工作现场，聆听他们对自身规划、工作开展、行业前景等方面的真实想法和反思，并由专家进行了评述与回应。本书希望通过这样理论与实务相结合的方式，对丰富社工理论和实务经验有所帮助和启发。

最后，本书由成都市郫都区委组织部、成都市郫都区民政局与成都师范学院牵头，得到了相关单位、机构和工作人员的大力支持，在此特别感谢成都市郫都区社会工作协会、成都市郫都区安德街道广福村村民委员会、成都市郫都区安德街道安龙村村民委员会、成都市郫都区三道堰镇古城村村民委员会、成都市郫都区唐昌镇战旗村村民委员会、成都市郫都区益家社会工作服务中心、成都市郫都区知子花青少年社会工作服务中心、成都市郫都区阳光社会工作服务中心、成都市郫都区思语社会工作服务中心、成都市郫都区红苗社会工作服务中心、成都市社会组织乡村振兴联盟、成都农禾之家公益发展中心、四川海惠助贫服务中心，感谢每一位作者、案例提供者、被访谈的一线社工等所有人员，感谢对本书及社会工作、乡村振兴事业做出的贡献，在书中留下了各位的名字，以做纪念。本书的出版还要特别感谢西南交通大学出版社以及吴迪、韩林、李欣三位老师耐心、负责、高效的工作！

李觉华

2022 年 7 月

目录

CONTENTS

理论政策篇

002 论乡村振兴社会工作服务

051 中国扶贫历史与乡村振兴发展回溯

083 社会工作参与乡村振兴的政策梳理

实务案例篇

104 资源整合与乡村产业振兴
——以郫都区安龙村“安乡来客”文旅品牌社区营造项目为例

115 组织再造与乡村文化振兴
——以郫都区广福村“院落耕心”川西林盘修复与保护项目为例

126 多方协作与乡村人才振兴
——以郫都区“2+6+N”社工实训基地运作为例

135 集体经济培育与乡村经济振兴
——以郫都区战旗村乡村经济振兴之路为例

145 社会企业参与乡村生态振兴
——以郫都区“汩汩乐园”农场为例

152 乡村社工的“本土化”与“在地化”
——以新盛镇乡镇社工站为例

一线社工对话篇

162 文太科：乡村社工就要当好那块蹚河的石头

171 林巧惠：乡村社工服务小白的成长之路

182 许云香：跳出既定框架，从实践到反思

191 刘天宝：乡村社会工作要重塑乡土文化自信

199 卫家蓉：乡村振兴需要振兴“人”

207 王小兰：乡村社工——“润物细无声”

215 参考文献

224 后 记

225 附录：乡村一线社工访谈提纲

PART ONE

理论政策篇

- 论乡村振兴社会工作服务
- 中国扶贫历史与乡村振兴发展回溯
- 社会工作参与乡村振兴的政策梳理

论乡村振兴社会工作服务

陈涛① 蒋斌② 郭思③ 邓进④ 王誉梓⑤

【引 言】

中共十九大提出了乡村振兴战略。在这前后，中国社会工作界自觉或不自觉地进行了不少服务乡村振兴目标的实践探索。近年来，“乡村振兴社会工作服务”正作为一个专业社工实务领域日渐发展，这无论是对更好发挥社会工作的专业作用助力国家社会发展战略，还是对社会工作自身更有利的发展，都具有重要的积极意义。当下，更系统地从概念理论到实践行动等来阐明乡村振兴社会工作服务，分析它对各界提出的相关新课题及回应方法策略，是提升乡村振兴社会工作服务和相关政策制度行动自觉性，有力助推社会工作发展和乡村振兴战略实施所必要而迫切的工作。

一、乡村振兴的战略意义

人类生活的现代化似乎普遍意味着城市化和工业化，甚至意味着“农民的终结”⑥。在中国，事情也差不多是这样，现代史的开启是以农村衰

① 陈涛，中国社会科学院大学社会学院教授。
② 蒋斌，中国社会科学院大学社会学院博士研究生。
③ 郭思，中国社会科学院大学社会学院博士研究生。
④ 邓进，中国社会科学院大学社会学院博士研究生。
⑤ 王誉梓，中国社会科学院大学社会学院硕士研究生。

⑥ 孟德拉斯（Henri Mendras）认为传统意义上的自给自足的农民已经不存在了，目前在农村从事家庭经营的是以营利和参与市场交换为生产目的的农业劳动者，这种家庭经营体从本质上说已属于一种“企业”，但较工业企业又有其自身的特点，传统意义上的农民正走向终结。当然，孟德拉斯所说的“农民的终结”，并不是“农业的终结”或“乡村生活的终结”，而是“小农的终结”。参见孟德拉斯：《农民的终结》，李培林译，北京：中国社会科学出版社，1991 年。李培林也认为农民的终结并不是农业的消失，而是指现代化过程中传统农民大规模减少和转变为现代农业经营者的过程，而我国农业劳动者占全国从业人员的比重要达到 5%以下，至少还需要二三十年甚至更长的时间。参见李培林：《农民的终结是选择还是命运》，《社会发展研究》，2020 年第 3 期。

落、农业萎缩、农民穷困并用各种方式逃离古已有之的身份及其所依为标志之一的，而且，“三农问题”一直延续成为当今国家面对的一个重要问题。当然，相反的认识与行动实际上也伴随至今，从先行现代化国度里未曾停歇的保护运动①，到后现代主义者对根植乡村的有机生活和生态文明的主张②，在中国是“乡土中国”的认同肯定与重建努力，其间经历过程不一样但或都值得铭记的尝试③，直至今天宣示为“乡村振兴”的国家战略且愈益被社会各方所认同和响应。

对于当下“乡村振兴”的认识，自然会有许多不同的角度、不同的意义解读。例如，站在深远广阔的历史维度，看见它之于人类生活和文明形态的根本性价值④。或是站在某种现实的关切角度，读出它对这个国家的经济利益与竞争效益等⑤。而作为身处当代中国情境的普通人或者作为一

---

① 波兰尼认为早期英国自由市场发展导致的圈地运动必须有反向的保护运动来维持稳定，将社会变迁导致的破坏力量减低到最小。参见卡尔·波兰尼(Polanyi)：《大转型：我们时代的政治与经济起源》，冯钢，刘阳，译，北京：当代世界出版社，2020 年。此外，成立于 1926 年的英格兰乡村保护委员会，一直致力于开展乡村保护运动，不懈地推动英国政府在城乡接合部设置绿隔，成功控制了城市蔓延，极大地保护了英格兰乡村风貌。参见万涛、吴纳维：《英格兰乡村保护委员会及乡村保护运动》，《国际城市规划》，2019 年第 6 期。

② 进入后现代，理论家们开始关注生态文明，生态文明可看作对工业文明的一种反思和超越。参见许宝强、汪辉选编：《发展的幻象》，北京：中央编译出版社，2000 年。C.D.弗罗登伯格、筠筠：《后现代农业》，《国外社会科学》，1993 年第 4 期；叶敬忠、王为径：《规训农业：反思现代农业技术》，《中国农村观察》，2013 年第 2 期。

③ 参见郑大华：《民国乡村建设运动》，北京：社会科学文献出版社，2000 年；梁漱溟：《乡村建设理论》，北京：商务印书馆，2015 年；费孝通：《乡土中国 生育制度 乡土重建》，北京：商务印书馆，2011 年；叶敬忠：《乡村振兴战略：历史沿循、总体布局与路径省思》，《华南师范大学学报(社会科学版)》，2018 第 2 期；郭占锋，焦明娟：《费孝通乡土重建思想略述》，《农业经济》，2019 年第 3 期。

④ 参见王忠武：《乡村文明的价值结构与新时代重构——实现乡村振兴的文明复兴之路探讨》，《山东社会科学》，2018 年第 5 期。金筱萍，陈珉希：《乡村振兴视域下乡村文明的价值发现与重构》，《农村经济》，2018 年第 7 期。

⑤ 参见陈秧分、王国刚等：《乡村振兴战略中的农业地位与农业发展》，《农业经济问题》，2018 年第 1 期。高滨淮：《面对国际竞争中的中国农业》，《宏观经济管理》，2001 年第 2 期。

名社工专业的从业人，当目睹“城乡中国”[①]其实是二元分割制度撕裂了本应平等一体的社会结构与很多家庭单元，一面不禁赞叹这些家庭与社会的灵活“韧性”，一面却也无法忽略其中孩子的伤痛、老人的凄清还有夫妻离散的苦楚。对于许多国人来讲，或许“城里的月光”确能“把梦照亮”，但它终究也难掩“有情人分两端”的心底悲伤[②]，巨大的“流动的现代性”[③]之下，隐埋着深沉的巨大的哀痛。它不是人们应有的幸福模样，也绝非社会公正的理想状况；并且，越来越多的人意识到，它连自我持续似乎都愈益不可能[④]。

因此，“乡村振兴”是兼有多重意蕴的话语和实践，但在最底层应当透射出的是对人及其生活的关怀。当“以人民为中心”成为一切考虑和行动的切实原则，“乡村振兴”在当下中国成为重大战略应属理所当然。当中共十九大做出“我国社会主要矛盾已经转化为人民日益增长的美好生活需要和不平衡不充分的发展之间的矛盾”的判断，中共中央、国务院《关于实施乡村振兴战略的意见》指出：“实施乡村振兴战略，是解决人民日益增长的美好生活需要和不平衡不充分的发展之间矛盾的必然要求，是实现‘两

① “城乡中国”是中国社会转型期形成的社会结构形态。周其仁认为，中国虽大，但可以说只有两块地方，一是城市，一是乡村。有学者提出，随着社会结构的转型，农民的分化与城乡流动构成了乡土中国向城乡中国的转型秩序。参见周其仁：《城乡中国》，北京：中信出版社，2013 年；刘守英：《从“乡土中国”到“城乡中国”》，《中国乡村发现》，2016 年第 8 期；朱战辉：《城乡中国：乡村社会转型中的结构与秩序》，《华南农业大学学报（社会科学版）》，2019 年第 1 期。

② 歌手许美静原唱的流行歌曲《城里的月光》，即唱出了这些复杂的情愫。

③ 鲍曼用“固态的现代性与流动的现代性”的概念来取代“现代性与后现代性”，流动的现代性意味着社会的各种规则、秩序、模式等处于不断变化的状态，用鲍曼自己的话来说就是“系统的遥不可及，伴随着生活政治非结构化的、流动的状态。”参见齐格蒙特·鲍曼：《流动的现代性》，欧阳景根译，上海：上海三联书店，2002 年；周晓虹：《流动与城市体验对中国农民现代性的影响：北京“浙江村”与温州一个农村社区的考察》，《社会学研究》，1998 年第 5 期。

④ 参见周祝平：《中国农村人口空心化及其挑战》，《人口研究》，2008 年第 2 期。胡俊生，李期：《空心村·空壳校·城镇化潮——农村教育的困境与出路》，《甘肃社会科学》，2014 年第 5 期。

个一百年’奋斗目标的必然要求，是实现全体人民共同富裕的必然要求。”又如国家《乡村振兴战略规划（2018—2022年）》（简称《规划》）所言：“实施乡村振兴战略，是解决新时代我国社会主要矛盾、实现‘两个一百年’奋斗目标和中华民族伟大复兴中国梦的必然要求，具有重大现实意义和深远历史意义。”该《规划》还从多方面阐述了乡村振兴的战略意义与方向路径，更明确诠释了以人为中心的根本关切。其指出实施乡村振兴战略是建设现代化经济体系的重要基础，“乡村振兴，产业兴旺是重点”；指出实施乡村振兴战略是建设美丽中国的关键举措，“乡村振兴，生态宜居是关键”；指出实施乡村振兴战略是传承中华优秀传统文化的有效途径，“乡村振兴，乡风文明是保障”；指出实施乡村振兴战略是健全现代社会治理格局的固本之策，“乡村振兴，治理有效是基础”；最后更指出实施乡村振兴战略是实现全体人民共同富裕的必然选择，落脚在“乡村振兴，生活富裕是根本”，并阐明了“实施乡村振兴战略……全面改善农村生产生活条件，促进社会公平正义，有利于增进农民福祉，让亿万农民走上共同富裕的道路……”。

概而言之，“乡村振兴”在中国是于国于民都十分重要的选择，并且切合人类文明进步的大势，具有莫大的战略意义。

二、社会工作与乡村振兴的逻辑关联

对于社会工作与乡村振兴的关联，或者倒过来说乡村振兴与社会工作的关联，已有论者做过阐说[①]。其所见所论颇值得肯定和关注。不过，我们更多看到的，是一些人虽在实际行动中使两者发生了不同的关联，但却不一定从理性认识上去把握了这种关联。就社会工作界来看，有一种观点似乎较流行，即认为社会工作是城市生活及其问题的产物，它擅长的场域和角色都更相关于城市而非农村，因此乡村振兴方面不能成为它的主战

① 参见袁小平：《农村社会工作对乡村振兴的因应研究》，《甘肃社会科学》，2019年第4期。萧子扬，刘清斌，桑萌：《社会工作参与乡村振兴：何以可能和何以可为？》，《农林经济管理学报》，2019年第2期。

场[①]。就某些政府人士的角度来说，或可承认及接受社会工作能在农村扮演提供具体照顾服务的角色、起到一些维持安稳的作用[②]，却较少信任和支持其在整个乡村振兴战略中承担更多使命角色、发挥更大功能作用。这方面或许同样流行的说法是："社工"——社会工作，除了做些服务，懂怎么搞产业吗？能帮农民致富吗？甚至例如环境卫生、追求生态宜居，这样的事他们也干不了吧？至少还不如非专业社工的那些人干得好。而有趣的是，在这些说法可能成为主流的同时，许多地方却涌现出不少，甚至越来越多的实际行动的例子[③]，其中，从乡村振兴方面又或是从社会工作方面，两者在互相走近、双向结合。事实上，两者相结合而产生的一个新事物——"乡村振兴社会工作服务"，可说是已然在中国大地上四处滋长，只要是某处有乡村且又存在着社会工作这种服务的话。

因此，眼下实有必要来做这样一件事了：在理论或概念化的层面上理清社会工作与乡村振兴之间内在的、逻辑上的关联，也就是把两者的某种联结的必要性与必然性从道理上讲清楚，或者是借用马克斯·韦伯（Max weber）的话说，论证两者间的"选择性亲和"（elective affinity）关系[④]。这既是为已有的实践张目和正名的需要，也是促进相关实践行动更自觉和更好发展与扩展的需要，同样也是为牵涉的各方能够更清楚地认识自我与存在

① 在西方，社会工作起源于工业化和城市化，是现代化的产物。一些观点认为，西方专业社会工作的发展"重视城市、轻视乡村"，主流的专业社会工作已经变成了城市社会工作的代名词。参见张和清、杨锡聪、古学斌：《优势视角下的农村社会工作——以能力建设和资产建立为核心的农村社会工作实践模式》，《社会学研究》，2008 年第 6 期；熊跃根：《后现代主义与社会工作干预：理论和实务的再思考》，《社会科学研究》，2016 年第 5 期。

② 参见李春耕：《社会管理、社会工作、社会建设的辩证关系》，《党政论坛》，2012 年第 9 期。纪德尚，孙远太：《新时期社会工作人才队伍的政治功能分析》，《政治学研究》，2007 年第 3 期。

③ 如香港理工大学应用社会科学系 20 世纪 90 年代初在中国内地开展并持续至今的农村社会工作探索，由 2017 年广东的"双百计划"发展起来的"双百工程"，2018 年湖南开始的"禾计划"等。

④ 马克斯·韦伯用"选择性亲和"来分析新教伦理与资本主义精神之间的关系，韦伯分析了新教的禁欲主义伦理是如何影响或促成"以其自由劳动的理性组织方式为特征的有节制的资产阶级的资本主义"的产生。参见韦伯：《新教伦理与资本主义精神》，于晓、陈维纲译，北京：生活·读书·新知三联书店，1987 年。

必要性的需要。

不可否认，社会工作乃至其紧密相依的社会福利事业是现代的产物，更具体地说，是伴随城市化、工业化进程而出现和发展的。在西方，社会工作及社会福利的确也主要是针对城市人口和应对工业体系相伴而生的各种问题与需求，其组织模式、实施的路径与方式等也体现出城市生活和工业组织的特征，可以说从内容到形式都打上了城市工业文明的深深烙印。城市化、工业化程度越高的国家或地区，这些表现或许越显著。正因如此，人们将社会工作与现代生活密切地关联起来，甚至将之与城市工业体系紧紧地拴在一起，亦属合理之举。在一定程度上说，这个三段论的逻辑似乎是顺畅成立的：社会工作=现代性的一部分，现代性=城市+工业+……，所以社会工作是城市、工业的孪生体。而如果这种三段论成立，继续推出这样一个结论也似乎是顺理成章的：社会工作主要存在和贡献于城市工业生活及其发展，至于农村生活及其成长则既不是它较多投身的实务领域，也不是它较多在意的发展目标。在实践上，这些或隐或显的认识之含义，即社会工作可以不必太关切、也无须多投入行动在乡村人们身上，特别是他们可能异于城市工业文明的生活追求上。即便是一些热心农村的社会工作发展者，他们所关心的也是社会工作如何可以为那些在大势所趋下乡村某些跟不上“趟”[①]的弱势个人成群体提供保护或帮助引导，最终服务于城市化、工业化的变迁进程。有时他们直接问出这样的问题：当现在五六十岁以上年龄还会种地的农民都离世了，中国的乡村还有多少人在？而社会工作作为一种服务于人的工作，其在中国乡村是否还有着存在的基础？言外之意，就算当下，中国需要农村社会工作，社会工作需要在乡村存在和发挥作用，那也只是暂时性的，是过渡性的存在与作用，其价值和意义全在于消解掉农村与农民，贡献于他们的终结性转变[②]。

如上的逻辑看起来清晰明了，强大有力，尽管因其包含多层链条而到

① 赶不上潮流跟不上时代。

② 参见焦若水:《社会保护：乡村振兴中社会工作的价值与使命》,《探索》, 2021年第6期。

了最后的实践环节时难免留有一些复杂、模糊乃至争议矛盾的余地，也恰恰在此处保存了最真实的反抗动能。事实上，暴露出这整个逻辑的不当或者说是谬误的，正是其演绎和归纳的两个方向，以及两者双向结合的结果。

从演绎的方向上看，两个推论前提都大有漏洞、深藏误识，构不成坚实可靠的理论依据，因而无法真正支撑社会工作必与城市工业体孪生相连的结论。这无论从历史、现实还是未来的维度上审视都是如此。从归纳的方向上说，大量实际的实践，或特别是真诚秉持社会工作专业价值理念和伦理，在诸多乡村地方已进行过正在进行着的实践，都表明了且仍在继续表明社会工作不宜更多地投身于乡村世界及其本身的价值目标追求，这在实践上不只是不切实际行不通的，也是道德上堪虑乃至危险的，更是错失根本丢掉内在身份所系的错误认知。反之，当社会工作越是自觉躬耕于陇亩、奔走于阡陌，它将会越禁不住质疑，那些对社会工作介入乡村的排斥观点，更可能日益庆幸由此找到了自己的生命之根和深远明晰的前路[①]。实际上，无论何地真诚投身乡村的社会工作，都表明这不但是对乡村的一种福音，同样是给予社会工作的恩遇。反过来，这些倒推出前述逻辑中的问题，至少已足可让我们对之怀疑以待。若用福柯（Foucault）的话说，如果知识乃至以真理面目出现的话语，其引出的实践是充满矛盾疑惑甚至困扰压制人的，就知识的“历史效果论”而言，这样的知识已足以值得人们予以充分的怀疑[②]。相反，能带来解放、创造、更多主体位置和多样选

① 参见王进文：《社工下乡：新时代农村社会治理的主体实践》，《社会工作与管理》，2019 年第 4 期。王春光：《乡村应引入专业社会工作组织》，《中国老区建设》，2013 年第 6 期。

② 在福柯看来，知识成立的条件，首先是要有社会普遍接受的、具有合法性的特定类型的问题。福柯的知识概念是现代知识社会学意义上的，即从知识与社会文化、时代精神、历史情境、社会心理等因素的关系上来考察知识。知识与话语、话语实践、话语空间等密切相关，没有脱离开话语实践而存在的知识。参见米歇尔·福柯：《疯癫与文明》，北京：生活·读书·新知三联书店，2015 年；米歇尔·福柯：《规训与惩罚：监狱的诞生》，北京：生活·读书·新知三联书店，2007 年。米歇尔·福柯：《福柯说权力与话语》，陈怡含译，武汉：华中科技大学出版社，2017 年。其他论述见刘魁：《真理、文化权威与知识生产的时代性——兼评福柯对真理话语的微观权力分析》，《南京政治学院学报》，2005 年第 3 期。

择可能性的，则应当被郑重珍视为“知识”。

针对社会工作与城市工业更有内在必然关联的逻辑，从演绎与归纳两个方向及两相结合的角度来展开批判性讨论，可以写成一本厚厚的书。此文仅就几处关键进行阐述。

一是现代性是否就等于城市、工业，而不能充分包含乡村、农业？毋庸置疑，人类社会现代化进程的启动突出地表现为工业革命及城市的发展，尤其是第一波、第二波的现代化浪潮鲜明地体现为这种工业化与城市化的扩张。进而，现代性似乎必然与工业性和城市性画上等号，并且，工业性、城市性似乎也是现代性所意味着的人类生活的合理化组织、抽象系统知识的突出地位与广泛应用、时空分离与普遍的“脱域”①，乃至劳动分工与社会分化程度前所未有的提升等所直接要求的，因而两者的确当被视为现代性的核心成分。但仔细审察，这不过是似是而非的看法。首先，就现代化的整个过程来看，人们对城乡、工农关系的认识和把握是不断调整的，相关的实践也在不停变动，从全世界范围看，现代化并未消灭乡村、终结农业和农民——仅仅诉诸常识，就会明白这也是不可能的。恰当准确地说，现代化只是意欲追求人类物质生活整体效率的提高，尽管最初这样的追求是从部分人的利益最大化考虑（从城市工业资本家、从单个的民族国家，或从资本主义世界体系等）来进行的，但它总会认识到那一定是不可行的（不只是各种反向的“保护运动”②使它在现实上行不通，而且事情的内在规律使它在根本上不可行），从而必须扩展到使尽可能多的方面受益，使全体城乡居民、使整个人类世界，直到使人类与其周围存在共同构成的有

① “脱域”“时空分离”“知识的反思性运用”是吉登斯所列的三个“现代性的极度推动力”之一，“脱域”是指社会关系从彼此互动的地域性关联中，从通过对不确定的时间的无限穿越而被重构的关联中“脱离出来”。“脱域”是由时空分离所造成的“虚化”和“缺场”引起的，社会关系从有限的地方性场景中“剥离出来”，从而能跨越广阔的时间—空间距离去重新组织社会关系。分为两大机制，一是“符号标志”，二是“专家系统”。参见安东尼·吉登斯：《社会的构成》，李康，李猛译，上海：生活·读书·新知三联书店，1998 年。

② 参见卡尔·波兰尼：《大转型：我们时代的政治与经济起源》，冯钢、刘阳译，北京：当代世界出版社，2020 年。

机生态体受益。现代化只不过是改变了过去的城乡、工农关系，中间或许要经历某种矫枉过正，而继续走向“否定之否定”的新平衡，却绝不能消灭这种关系本身，也不可能长期停留于另一种不均衡的关系状态。现代化的进程越是向前发展，我们越是可以见到与单一的城市化、工业化相反的趋势，从“郊区化”到“逆城市化”，从“乡土重建”[①]到“新村运动”[②]，诸如此类，直到更加自觉地重归大地“有机生活”，“生态文明”[③]与后现代可持续整体经济的实践[④]，等等。其次，这些辩证复杂的进程背后是现代性理解的深化和必然。仅就更有效率地生产和满足物质生活本身而言，若不具备可持续生产力的乡村土地供给和农业方式，那是不可想象、难以

① “乡土重建”是费孝通针对民国时期中国基层社会出现的问题而提出的一种“积极性的主张”。“乡土重建”不仅包括“乡土工业”“农民合作组织”“农工混合的乡土经济”“新技术”等实务层面上的内容，更包含着对合理可持续之城乡关系和新社会结构的追求。参见费孝通：《乡土重建》，长沙：岳麓书社，2012 年；陆益龙：《乡土重建：可能抑或怀旧情结》，《学海》，2016 年第 3 期；潘家恩、罗丹、罗士轩、温铁军：《自我保护与乡土重建——中国乡村建设的源起与内涵》，《中共中央党校（国家行政学院）学报》，2020 年第 1 期。

② 新村运动是指韩国 20 世纪 70 年代发起的改造乡村运动。韩国为促进工农业均衡发展，实现农村的现代化，韩国杜正熙政府提出并实施以“勤勉、自助、协同”精神为主体的新村运动，也称“新村庄建设运动”。运动兴起的原因是当时工农业发展平衡严重失调，城乡差距扩大，严重影响人们的生活水平。通过新村运动，韩国基本实现了改善农村居民生活环境、生活居住条件、生活水平，推动了社会文明、进步和发展。1999 年，林毅夫建议我国政府发起“新农村运动”。受“新农村运动”和韩国“新村运动”的启发，2005 年“建设社会主义新农村”被写进中国十六届五中全会的《决议》，制定的“十一五规划”的十六届五中全会的公报，将“社会主义新农村建设”置于“我国现代化进程中的重大历史任务”的新高度。参见周生春、徐萌娜：《韩国“新村运动”与“新农村建设”辨析》，《南方农村》，2007 年第 3 期；郑新立：《2006 中央“一号文件”酝酿始末》，《第一财经日报》，2006 年 2 月 22 日。

③ 参见张孝德：《新文明观：乡村、城市平等观——乡村文明复兴引领生态文明新时代》，《中国农业大学学报（社会科学版）》，2015 年第 5 期；申曙光，《生态文明及其理论与现实基础》，《北京大学学报（哲学社会科学版）》，1994 年第 3 期。张磊：《中国传统农业文化的生态意蕴及其当代价值》，《西北农林科技大学学报（社会科学版）》，2016 年第 5 期。

④ 参见 John B. Cobb,*Sustaining the Common Good*,Ohio: The Pilgrim Press,1994; John B. Cobb, *Sustainability-Economics, Ecology and Justice*,Maryknoll: Orbis Books,1992；大卫·雷·格里芬：《后现代精神》，王成兵译，北京：中央编译出版社，2011 年。

为继的；就现代性为实现终极目标而强调的那些工具、手段价值而论，形式合理性绝不可成为唯一的尺度标准窒灭了实质的与实践的理性考量，大规模、标准化、高效率的技术工业与全球大众市场不能独大而摧毁了各个地方大小不一，特别是“小而美”的“道义经济”[①]，多元化的家庭生计模式和社区、社群与社会经济体系，一切普遍主义同时可能是专业的东西需要重新“嵌回”到我们本为一体的经济、政治、文化、生态同社会的生活之中，我们也应当清楚并且执着追求：这些“普遍主义”和“专业”的根本目的是更好地服务于孕育和滋养它的“社会生活母体”。如此来讲，现代性便绝非可以简单归结于城市性或工业性，更不可等同于简单化的城市主义—工业主义代表的分割的机械性、片面性、抽离性。正是在此处，对现代性的深刻体认——迄今为止人类生活理性的最高成就——必定意味着对城乡、工农等凡是此类的种种存在，及其相互间均衡而有机整体性关系的透彻认同与践行，应当是呼之欲出了。因此，对那个反面逻辑的第一前提之否定，可不再赘述。

二是社会工作跟现代性的关系是否就是它作为后者的一部分？只有对它的单方面顺应服从，还是存在更复杂和紧张性的关系？一如前述，对“现代性”的理解，至少有两种。一种是简单化的，可能是主流的观点，即将较单一的城市性、工业性与之画等号。另一种是更复杂和辩证的，认可乃至提倡现代性的乡土性和其“属农”的品性。这样，社会工作与现代性的关系当然也是复杂的，首先需要明白它说的是社会工作与哪种理解中的现代性的关系。进而言之，即便历史表明了社会工作确是现代性的伴生物、与其逻辑一致，而随着现代性的发展，它是否必然只能在逻辑上与城市性和工业性关联一致，还是完全可能与另外的属性——乡村、农业——在逻辑上关联一致，恰恰要交由开放的历史过程来回答。如前已述，正是现代

① “道义经济”最早由英国历史学家 E.P.Thompson 提出，后来詹姆斯·斯科特认为在“安全第一”的生存伦理下，农民追求的不是收入的最大化，而是较低的风险分配与较高的生存保障。参见斯科特：《农民的道义经济学·东南亚的反叛与生存》，程立显、刘建等译，南京：译林出版社，2013 年。

性继续向前运动的历史，日益表明其逻辑不再是单一的城市主义、工业主义。即使说社会工作与现代性是单纯的一致关系，那它也会日益与非城市性、非工业性，也就是乡村性、农业性等吻合一致。另外，社会工作的诞生最初的确带有“回应”性质，回应主要由工业化、城市化引起的迫切问题，并且依托并服从于初生的现代理性框架来寻求实践。但是，社会工作如同别的专业“志业”一样，它的真诚使命追求必使它超越“打补丁”式的保守乃至“帮凶”立场，而愈益具备反思性、批判性①，并借此实现它真正有力有效地服务社会的目的。确切地说，在社会工作与现代性之间，所存在的从来不是、也将永不会是前者单方面顺应服从后者、一味接受后者支配的逻辑关系，而是两者辩证互动、相互建构的关系②。现代性未曾停顿的历史运动中，恰恰有社会工作贡献出的源源动力，助推其走向更加健全完善的理性及其实践，使人类生活始终有向善改进的希望且虽步履蹒跚但得以步步实现。根本上说，我们或须更清楚地认识到，“社会工作”，一如其名字，它从始至终是代表社会的，在现代性的不同成长阶段，它可能采取不同的表达形式，却一直只做着这一件事：保护社会、壮大社会、传递和弘扬作为人类生活之根本的“社会精神”。为此，在现代性的早期、中期直到当今时期，它关注的都是现代性的偏颇及其对社会产生的不利后果，不懈地致力于挽救及寻求根本性的改变，无论这些偏颇是市场经济的脱嵌、资本主义的剥削还是片面的工业化与城市化。至此，我们可以说，就算简单化地将现代性等同于城市性、工业性，同样简单化地将社会工作视为现代性的一部分并只服从现代性，这些都得不出这样一个结论，即社会工作在逻辑上只能与现代的城市—工业性一致地关联在一起。

三是即使现代化更多意味着城市化和工业化，它又是否就代表着历史

① 参见高艺多：《论辩、问题与道路：批判性本土社会工作之反思》，《探索与争鸣》，2020 年第 3 期；吴越菲：《重思以乡村性为基点的农村社会工作：概念嬗变与实践转型》，《西北民族研究》，2021 年第 3 期。

② 参见陈涛：《中国社会工作专业使命的探讨》，《社会学研究》2011 年第 6 期；熊跃根：《后现代主义与社会工作干预：理论和实务的再思考》，《社会科学研究》，2016 年第 5 期。

的终结，而不会再向前发生否定性的发展？这个问题其实前面已经谈及，此处只更明确地陈述观点，即现代性和现代化都是未完结的过程，还将继续变化发展，因而现代化曾采取的方式及其所表达的现代性意涵并非唯一不变的，更不可被视作永恒的本质。关于现代性的未完成性，吉登斯、鲍曼都有过论述；警惕任何本质主义的看法，则是德里达等解构主义者或后现代主义的一般立场，它同样适用于解释现代性和现代化这样的事情①。由此，我们当然不能因为看到过去更多的现代化表达为工业化和城市化，就认定现在和今后的现代化也必定如此；我们也不能因为看到以往社会工作更多与城市工业体系连在一起，就断定它会一直这样。总之，一切都在变化，就如曾有的现代化和社会工作是变化的产物和变化本身，它们仍将继续变化和被变化，呈现为新的现代化和社会工作，与变化中的人类生活相切合。

四是社会工作的历史与现实真的就呈现为是城市—工业的孪生体吗？这里又马上涉及这一问题：我们所讲的“社会工作”是指“哪里”“何时”的社会工作？或许，若后一问题的答案是西方，尤其是美国今天的社会工作，那么前面那个问题的答案就是肯定的；反之，则答案可能相反或至少更加复杂。即使以美国几十年前——确切地讲是 20 世纪 70 年代以前——的情况来看，“乡村地区的社会工作”亦属较重要的领域。如果扩大空间和时间维度，我们更难否认在广大的亚洲、非洲、拉美等地，农村社会工作或与乡村、与农业农民有关的社会工作，不但是社会工作中显著的存在，甚至是比城市里的社会工作更突出的存在。倘若再看这些社会工作的组织模式和实践特征，我们同样可以发现，它们所体现的并不是强调专业化、

① 现代性有着不同的阐述方式：吉登斯认为现代性是一种社会生活或组织模式，当代社会依然还没有进入后现代社会，可称为晚期现代性，鲍曼认为现代性是未完成且无法完成的规划，此外，哈贝马斯认为现代性是一种未完成的方案。参见吉登斯：《现代性与自我认同 现代晚期的自我与社会》，赵旭东等译，北京：生活·读书·新知三联书店，1998 年；齐格蒙·鲍曼：《流动的现代性》，欧阳景根译，上海：三联书店，2002 年；哈贝马斯：《现代性的哲学话语》，曹卫东译，南京：译林出版社，2004 年；德里达：《写作与差异》，张宁译．北京：三联书店，2001。

服务导向的城市工业逻辑，而是具有更多本土有机性、更综合取向和更灵活多样的，在此意义上很难将它们归为城市—工业的孪生体。不论在理论上还是在现实中，自社会工作这一事物存在以来，在整个与它相关的时空中，它从不是单一形态的，更不只是城市—工业的存在形态。

第四点需要从归纳方向及归纳与演绎交互辩证的角度来看前述三段论的"不能成立"。如果再多些这方面的论证的话，还可说社会工作的突出特性之一是实践性，是永不可被简化和纯净化的实践自身的复杂性、模糊性、流变性等——生活之流的底层深处那永未熄灭、无穷变换交错的动能使然——使它不会为任何纯粹逻辑所支配和束缚。这样，就算是那个三段论的每一环节都完美无缺，只要到了最后实践这一环，它们都将变得缺乏说服力。

以上我们进行了批判角度的工作，接下来，再进行另一个角度的工作——"解构"之余的"建构"，即从正面论证社会工作与乡村振兴的内在必然关联。虽然最彻底的解构也许意味着不再需要"建构"，但出于各种原因，单独的建构性工作仍是有必要的。同样，限于篇幅，本书仅择要论之。

第一，狭义地界定，社会工作是较为专门化、系统化地帮助人们应对社会生活中的困难或问题的助人活动；更狭义的界定，它是一种职业的服务[①]。按这样的定义，在任何地方，人们的社会生活正遭遇困难、压力以至危机，或者人们的社会生活中存在障碍问题，社会工作就义不容辞需要介入并履行自己的使命职责，那些人就是社会工作应当服务的对象，那些地方就是社会工作必须投身的战场。因此，只要乡村及依其而生的人们存在着，且这些乡村和相关人们的社会生活方面存在困难，社会工作必然会来到这些地方和人们身边，投入相应的助人服务中。而且，在人们社会生活中存在困难和问题越明显严重（如像当前中国的情形）的乡村社会，社会工作越需更多地投身其中发挥角色作用，如此方可说是基本称职的——先且不说其作用的效果如何，只说它有没有一开始就逃避自己的分内

① 参见夏学銮：《社会工作的三维性质》，《北京大学学报（哲学社会科学版）》，2000 年第 1 期。

职任。很显然，世界范围内乡村及依其而生的人们是长期存在的，由于各种因素这些地方和人们的社会生活更不乏种种困难、压力乃至危机，并且，仅靠那些乡村地方人们自身难以较好地应对——这些在中国尤其明显，因而，乡村地区的社会工作或面向乡村人们的社会工作助人服务，不但需要长期存在，而且还应是社会工作一个重要的职业领域。

第二，追根溯源，对社会工作还可做更宽阔也更显示其精神本质的定义，在根本上，它被确认为是人类“社会精神”的表达[①]，是这种社会精神在现代的一种表现形式，也可说是现代性、社会性的最佳承载与践行方式[②]。这“社会精神”的内涵，包括相互关怀、互助友爱的“爱的伦理”与“团结”的价值，也包括尊重多样性、平等自由、自主选择基础上公平公正的“正义伦理”和“自由”价值。尽管一个时期的现代性也赋予了它技术科学性、分析理性和工具理性等其他品性（因而使它似乎呈现出与城市—工业主义更多的亲和性），但这些不过是它外在形式上的东西，规定不了也限定不了内在的本质。就此而言，社会工作与乡村（振兴）的内在精神相通相连，有着更深刻长久的含义。社会工作不只是帮助在乡村生活的人们处理眼前的困难、压力，在不反思质疑、扭曲偏误的现代化与现代性的前提下传递爱，医治人们的伤痛、平抚非人性化的社会变迁过程，它更是认可肯定原有乡村传统价值，恢复和重建人们有机团结的精神家园，和乡村的人们一起挑战片面单一化的发展进程，探寻既是为乡村本土民众也是为全体人类真正福祉所需的道路。在这条路上，社会工作与乡村振兴，或者说乡村振兴与社会工作，彼此是亲密的同行者，他们怀揣内里高度一致的价值目标，越是共同前行，越是看清对方和自己，越是把手挽得更紧，

① 社会工作的兴起与宗教紧密相关，晚近以来，西方社会工作的理论与实务界又出现了重返宗教与精神性的取向。参见焦若水：《精神性与社会工作》，《广东工业大学学报（社会科学版）》，2013 年第 1 期。

② 参见陈锋，陈涛：《社会工作的“社会性”探讨》，《社会工作》，2017 年第 3 期。其他学者有关社会工作社会性的讨论参见《社会与公益》2020 年第 5 期中的专题讨论。

走出对彼此也是对所有生命有莫大裨益的路。这既是乡村振兴社会工作服务之路，也是社会工作助力乡村振兴实践之路，同样是人类新时代的现代化与现代性前进之路。

总而言之，无论我们对社会工作有着怎样不同的理解，社会工作终归是服务于人类社会生活的改善，乡村振兴就是要让与乡村有关的人们拥有更美好的生活。那么，无疑地，社会工作与乡村振兴必然是一致的，两者互相需要。

三、乡村振兴社会工作服务的内涵与外延

首先坦陈，“乡村振兴社会工作服务”这一概念并非由笔者首先提出。在笔者处，先是见到一些初涉农村社会工作实务活动的社工专业学生直接使用了这一说法[①]，随后在参与国内社工界组织的“乡村振兴社会工作”优秀服务案例和调研报告的征集评选活动[②]中，笔者也看到类似表述，因而更明确地意识到，“乡村振兴社会工作服务”这个概念已经出现，也代表了一种真实的存在，已经是可以谈论与分析的范畴。当然，跟社会工作中其他一些范畴相比，它可能还是初生事物，正因如此，更加明晰地谈论和分析它，并且更有力地建构和确立它，是为了更好、更自觉地围绕它来展开行动，在意识与物质两个层面明确其范畴。

笔者也不是独自来做“乡村振兴社会工作服务”这一范畴的分析论述工作。实际上，前面提到过，一些论者已从不同角度谈及乡村振兴与社会

① 2021 年 7 月 14 日，在由北京建筑大学城市经济与管理学院社会工作系与北京市大兴区魏善庄镇人民政府联合主办的2021年乡村振兴社会工作服务创新项目策划大赛决赛上，崔家庄一村组的项目《小故事，大文化：崔家庄一村乡村振兴服务项目》就使用了“乡村振兴社会工作服务”这一说法。

② 2021 年 11 月 20 日，在由中国社会工作教育协会农村社会工作、灾害社会工作专委会于河南农业大学举办的“新发展理念视野下的乡村振兴与社会工作”主题联合年会的闭幕式上，兰州大学焦若水教授为乡村振兴社会工作优秀案例和调研报告进行颁奖，王思斌等教授、专家也提到“乡村振兴社会工作服务”的概念。

工作[①]，即使他们不是直接谈论“乡村振兴社会工作服务”，但所论中程度不一地包含了对“乡村振兴社会工作（服务）”的理解或看法；更多研究者尤其是实践研究者们，更是贡献了很多关于我国各地方兴未艾、蓬勃发展的与乡村有关的社会工作实践或是冠以“农村社会工作”之名堪称丰富的实践知识和案例经验[②]，其中或隐或显地含有不少对“乡村振兴社会工作（服务）”的内容与形式的认识或说法。这些可以说是构成了笔者更系统明确地分析论述“乡村振兴社会工作服务”范畴之内涵与外延的有利基础。笔者还期望并相信，本文的这种分析论述和建构工作，只是一次“抛砖引玉”，会得到更多人一起来共同分析论述、建构实践它的回应。

关于“乡村振兴社会工作服务”的内涵，或说其概念定义，常用的界定方法是：它是服务于乡村振兴战略的社会工作服务。这个看似宽泛简单的内涵界定，若展开来说实际也并不简单宽泛，因为构成它的两个界定要素“乡村振兴战略”和“社会工作服务”本身已不简单，都有着丰富乃至复杂的含义，再将它们两者用后者“服务于”前者的关系组合在一起，就不是简单和宽泛，而是具有相当复杂且特定的含义。此处，我们假设“社会工作服务”的内涵定义是清楚并且公认的，是指“由社会工作者或其组织机构提供的属于社会工作性质的服务”（如需补充界定的话还要指出其中“社会工作者或其组织机构”是具备一定的专业属性者，而更关键在于他们的服务是“属于社会工作性质的”）；我们也假定“乡村振兴战略”的意涵同样清楚而具有共识，简单说指的是围绕“二十字方针”（产业兴旺、生

① 近期的讨论还有何雪松，覃可可：《社会工作参与乡村振兴的目标与定位：以城乡社会学为视角》，《西北民族研究》，2021 年第 3 期。郭伟和：《构建包容性中国特色农村社会工作体系——乡村振兴战略下的农村社会工作介入策略探索》，《学习与实践》，2020 年第 1 期。张红，等：《农村社会工作介入乡村振兴的理论逻辑及实践反思》，《西北农林科技大学学报（社会科学版）》，2021 年第 2 期。

② 参见古学斌：《农村社会工作：理论与实践》，北京：社会科学文献出版社，2018 年。张和清，闫红红：《乡村振兴背景下社区经济的乡村减贫实务模式研究——以西南少数民族村落反贫困社会工作项目为例》，《社会工作》，2020 年第 6 期。

态宜居、乡风文明、治理有效、生活富裕）所包含的从国家到基层地方有关普通百姓的相关指向与策略行动。那么，“乡村振兴社会工作服务”的内涵就可更具体地表述为：由社会工作者或其组织机构提供的属于社会工作性质的，又服务于乡村产业兴旺、生态宜居、乡风文明、治理有效、生活富裕目标及其追求的种种服务。基于此，似乎我们对于“乡村振兴社会工作服务”的内涵就有了更明确清楚的把握。

不过，还有一个关键点，倘若我们不能把它准确抓住和回答好，则“乡村振兴社会工作服务”范畴的内涵依然将是模糊或不够清晰的。这个关键点就是，“服务于”乡村产业兴旺、生态宜居、乡风文明、治理有效、生活富裕目标及其追求的社会工作服务（并且必须是属于社会工作性质的），是哪些服务或是怎样的服务？也可以说，哪些的社会工作服务是（道理上“是”）能（实际上“能”）“服务于”乡村产业兴旺、生态宜居、乡风文明、治理有效、生活富裕目标及其追求的？进一步提问，前面已经假设大众所公认的“社会工作服务”的内涵，与乡村产业兴旺、生态宜居、乡风文明、治理有效、生活富裕的目标及其追求之间，的确是指向一致并可实际相合相通的吗？还是相互间存在紧张关系，或者只有部分的吻合，即社会工作服务充其量只能为其起到一些助益作用，很难指望更全面的贡献？对此关键问题的恰当回答，依赖于我们对社会工作服务之“社会工作性质”的正确认识与把握，也依赖于我们对乡村振兴二十字方针及整个战略路径准确深刻的理解。

就社会工作服务的“社会工作性质”而言，什么样的社会工作服务才是社会工作性质的？此一问题当然颇值得问，因为现实中的确存在着不少貌似由社会工作者或其组织机构（不论他们的专业属性程度如何）提供的服务或开展的工作活动，不一定是社会工作性质的，就不属于社会工作的方面或领域。而在此我们讨论与乡村振兴相关的社会工作服务时，具体要聚焦的是社会工作者或其组织机构在乡村相关场域做的诸多事情中，哪些确实属于“社会工作”之事，而同时又是贡献于乡村产业兴旺、生态宜居、乡风文明、治理有效和生活富裕的？更具体的疑惑则在于，如果按照主流的界定，“社会工作性质”等同于“助人性”，即按对象的需求来提供服务，那么，在乡村相关场域工作的社会工作者或其组织机构依此来做的社会工作服务便是属于社会工作性质的。然而，这些服务与乡村产业兴旺、生态宜居、乡风文明、治理有效、生活富裕有什么关系？对其有何促进贡献作用？它们之间是否会发生冲突矛盾？

对此，笔者的回答是，无论“社会工作性质”是从形式上理解为提供物质救助、心理—社会支持及其他能满足人们需要的资源这样的“助人服务”，还是从特性上理解为指由特定的人（“社工”）所给予的对人的关怀和各种社会关系疏通改善之事，它都与乡村振兴各个方面的目标追求有着莫大关联，根本方向上是一致的，具体行动有许多吻合之处，甚至有些是直接可重合统一的。例如，社会工作者不论是亲身为之服务还是通过调动组织资源来满足乡村某些人的需求、解决其问题等，这样的事情是直接有关于“生活富裕”的，也是“治理有效”的题中应有之义，并间接关联到乡村的产业兴旺、生态宜居和乡风文明。又如，乡村中若有了一些懂关怀他人的专门人员随时随处可为有需要的人们送来关爱并帮助改善人们之间的各种关系（包括不利的制度），这当然会有助于乡村变得“生态宜居”“乡风文明”“治理有效”，还将对“产业兴旺”“生活富裕”产生积极贡献。根本上，社会工作者或其组织机构（甚或是其他主体）在乡村所做的“社会工作性质”之事，就是一切促进乡村人们社会生活更满足、每个人的自我实现更充分之事，其与乡村振兴最终的目标追求完全是高度相通的；分别地看，这些事无论对于乡村的“产业兴旺”“生态宜居”“乡风文明”“治理有效”还是“生活富裕”，也同样是相通的。更特定地说，社会工作之事是通过关怀人，聚焦于人的“社会功能运作”（social functioning），来分析、处理、增强、改善对人的功能运作和生活状态而言既为因也为果的各种社会关系，从而达到其“助人”社会生活更满足、自我实现更充分之目的；如前已述，不论具体形式如何，它是人类“社会精神”之表达，是对人及其共同生活来讲无比重要的“社会性”之践行[①]、守护和壮大的大大小小举动。这样来看的话，它更是乡村振兴所不可或缺的，因为不管是乡村的“产业兴旺”还是“生态宜居”，“乡风文明”还是“治理有效”“生活富裕”，终将必须是每处乡村的社会共同体才能成就的，也只有为了这社会共同体才能获得其意义。也就是说，无论作为手段还是目的本身，只要我们承认“社会”共同体对于乡村振兴都是必需的，那么“社会工作”也就是乡村振兴所必需的——而不拘泥于它采取怎样的具体形式。除非我们不接受“社会”共同体作为乡村振兴的根本主体既是实现乡村振兴目标的手段也是目标本身，否则我们就必得接受“社会工作”是乡村振兴绝不可以或缺的工作。

再来看乡村振兴具体目标战略的理解及其与社会工作之间更为具体的关联。在社会工作已开展了几年服务实践的北京市Z村，村党支部书记兼村委会主任、也是益民社工机构负责人的韩某某曾发自内心地说道，以他的切身体会，社会工作在Z村的服务，最有力地促进了“乡风文明”和“治理有效”。他的看法可能也代表了不少人的观点，即从社会工作是一种“助人自助”的实践活动这一对社会工作最常见也最基本的理解来说，它对于乡村振兴首要的和主要的贡献是在“乡风文明”“治理有效”这两个方面。社工的助人传递了文明价值，更会带动乡村居民及其有关各方人们更多地关爱他人、互相帮助，无疑它是能够促进和贡献于“乡风文明”的。社工自身作为一支新的专门的力量通过提供更好的服务及时回应并满足人们的一些需要，把引起社会不满的问题因素以服务的方式化解于无形，这对“服务型治理”[②]具有重要的贡献作用；社会工作还将激发催生更多元的主体力量参与——首先是包括村民自身在内的当地人及其资源的构建与发挥，

① 学者张和清近期出版的著作对社会工作的“社会性”有专章论述。参见张和清，等：《“双百”社会工作概论》，北京：中国社会出版社，2021年，第三章。

② 参见王思斌：《社会治理结构的进化与社会工作的服务型治理》，《北京大学学报（哲学社会科学版）》，2014年第6期；杨君、徐选国等，《迈向服务型社区治理：整体性治理与社会再组织化》，《中国农业大学学报（社会科学版）》，2015年第3期。

也包括其他广泛的社会力量（如公益慈善、乡村内外部志愿者乃至企业事业单位等）的运用和参与，更好地建立连接它们之间的关系、推动形成有机整合的体系，从而有力地贡献于打造“共建共治共享”的新型治理格局，当然是十分有助于“治理有效”的目标追求。的确，在我国许多地方对于农村社会工作的实践和对这些实践的研究分析中，我们也看到对社会工作促进乡村治理有效和乡风文明提升的强调，因而说“乡村振兴社会工作服务”与“治理有效”和“乡风文明”这两方面的目标战略有密切关联、可起到重要的贡献作用，是不会有太大争议的。

问题在于：“乡村振兴社会工作服务”除了有助于实现“治理有效”和“乡风文明”外，它还能贡献于乡村振兴的其他目标战略吗？或者，它能切实有力地贡献于“产业兴旺”“生态宜居”“生活富裕”么？或许，社会工作确实不属于经济学科专业，也不擅长于环境生态等硬件改善方面，在与人们物质生活水平的重大实质性提升相关事务上似乎也并无专长。如此说来，无论是社会工作者自身还是与乡村有关的各方人士，怀疑社会工作是否能够参与乡村“产业兴旺”“生态宜居”“生活富裕”这些方面的目标追求与具体努力，或最多赋予其在这几个方面某种边缘性的角色地位和作用。不过，这些只是流于表面的认识，经不起理论和实践两面的推敲。

首先，从理论上说，乡村振兴无论哪个方面的具体目标战略，最终都是由人来实现和完成的，不管是治理有效还是乡风文明，抑或“产业兴旺”“生态宜居”“生活富裕”，主体都是乡村中的人①（当然我们很清楚，这里的“人”是指所有跟乡村这片地方有共同密切关系的人——但毫无疑问，村民是其中最重要和首要的主体）。因此，它们都绝离不开人的主体作用发挥，也绝离不开这些人之间良好健康的关系。而正是在此意义上，社会工作无论对于乡村振兴目标战略的哪一方面，都具有莫大的重要性，是不可

① 钱宁也曾提出社会工作可以克服一般发展理论和方法过于宏观的发展策略、过于注重技术和经济手段的干预而忽视人本身的改变和社区自身资源的利用带来的弊端。参见钱宁：《农村发展中的新贫困与社区能力建设：社会工作的视角》，《思想战线》，2007 年第 1 期。

缺失的战略基础支撑和实现全部目标的基本手段，差别只在于它具体起这样的作用、贡献这样的意义的途径方式，有的是较为直接的，有的则可能较为间接。因为，社会工作正是“做人”的工作，是使人们改变成长、变得更有主体力量的工作；同时，它也是“做社会”的工作，是改善所有相关人们的各种关系、促成这些关系更加和谐、友善、团结、公正，更满足普遍人权和每个人及家庭社区等自我实现与美好福祉的工作。对于乡村而言，有论者将社会工作在其中起到的最突出、重要的作用归纳为它贡献于“社会资本”的构建与发展[①]，这表达了相似的认识。而笔者要再次指出，从根本上讲，社会工作绝不止于自己去助人服务，它是代表社会共同体去传递和表达这种“社会精神”，是去践行人类共同生活须臾不能缺少的“社会性”；并且，它还要去和社会共同体的所有人（包括某些时候受其帮助和服务的那些人）一起来培植、壮大、增强这种“社会精神”与“社会性”，扩展并无限发挥出社会共同体的主体力量，即“社会力”[②]。社会工作的本质就是这样一种“社会技艺”及其践行。至此，我们应当非常确切地认识到，除了“乡风文明”“治理有效”，甚至“产业兴旺”“生态宜居”“生活富裕”，怎么可能不需要社会工作，怎么可能排斥或边缘化社会工作？

其次，在实践中，如前面提到的益民社工在北京 Z 村的例子[③]，以及

① 王思斌提出，社会工作在乡村振兴中负有重要责任，并可以在社会资本再生产中发挥重要作用。协作再生产是社会工作促进乡村社会资本建设的基本模式，它包括再生产内容的协调、再生产行动的协作和再生产方式的协同，系统整合是其有效发挥作用的基础。专业化、本地化乡镇（街道）社会工作站的建立和高质量发展，将对乡村振兴和社会资本再生产发挥积极的助推作用。参见王思斌：《社会工作与乡村振兴中社会资本的协作再生产》，《社会工作》，2021 年第 4 期。

② 有学者也认为社会工作可以在村庄社会关系调适、经济资源整合与共同体意识培养等方面发挥重要作用，进而助力培植农村发展的内源动力，其要义在于更好地推进农村社会工作的主体性发展，参见刘军奎：《村庄本位：我国农村社会工作的推进导向》，《中国农业大学学报（社会科学）》，2017 年第 3 期。

③ 有关社工在乡村振兴和村庄治理中的作用，笔者与徐其龙，与胡沙、杨欣然等学者均有相关探讨。具体参见陈涛、徐其龙：《社会工作介入乡村振兴模式研究——以北京市 Z 村为例》，《国家行政学院学报》，2018 年第 4 期；陈涛、胡沙、杨欣然：《农村社会工作服务机构在乡村治理中的协同作用——基于 Y 农村社工事务所在 Z 村的经验分析》，《学习与实践》，2020 年第 1 期。

诸多类似的案例，都已经表明，社会工作的确是从为人提供照顾和服务开始，但是，它远远不限于此，而是能够全面参与“治理有效”“乡风文明”“产业兴旺”“生态宜居”“生活富裕”的目标追求中，也能够在这各个方面起到重要的助力作用,更整体贡献于乡村振兴完整目标根本追求的实现。在具体途径和方式上，或许社会工作者并不直接介入某个产业项目，特别是那些大规模的市场化运作的项目，不会参与公司或合作社之类的具体经营管理；也不直接去做硬件环境设计改造、生态环保方面的大型事宜或活动；看起来也参与不进能显著提高农民经济收入、实现其物质生活富裕的工作，或是在这方面可以起到的作用相当有限。但事实上，社会工作者完全能够在不同的适宜层次和规模上参与乡村产业发展，包括参与这样一些项目的经营管理和运作[①]，最少，他们必须为乡村的经济发展追求贡献出社工专业及其所代表的 “社会价值关怀”和“社会伦理关切”，致力于确保这种经济目标追求与社会目标尽可能相统一，代表普通乡村居民和与他们一起推动“政—企—社合作”的全面综合乡村产业发展，走出既体现公共利益全局要求又充分运用市场机制优势效能的，更能代表和实现“社会自主”与“公平正义”的发展道路。在北京 Z 村利用村民闲置院落发展民宿产业的过程中，益民社工配合村两委既做群众的宣传动员工作，也及时收集反馈他们的相关意见和建议，同时参与产业规划设计，努力使其灌注社会价值目标、充分平衡照顾村民等各方合理利益，甚至直接参与多方合股的开发建设经营公司的一些管理决策与日常运营环节的事务，自觉推动“政”（法定的村民自治组织和村党支部及其代表的政府或“准政府”方面）+“企”（市场化运作的企业即合股公司方面）+“社”（益民社工事务所及其作为社会组织所代表的整个村庄社会方面）三方密切合作的发展模式之构建与运行，正在走出三大部门携手并进的新农村发展暨乡村振兴的

① 社会工作参与农村经济的事例还可以参见张和清，杨锡聪，古学斌：《优势视角下的农村社会工作——以能力建设和资产建立为核心的农村社会工作实践模式》,《社会学研究》，2008 年第 6 期；张和清，尚静：《社会工作干预与中国乡村生态、生计和生活可持续发展的行动研究——以绿耕项目为例》,《社会学研究》，2021 年第 6 期。

宽广可持续之路。我们已经看到且还会继续看到，社会工作在促进乡村“产业兴旺”方面有许多直接的做法方式，是十分有益的探索尝试，也将展现出更多更丰富开阔的前景。至于“生态宜居”方面，也已有为数不少的社会工作直接参与贡献的例证，随着“绿色社会工作”[①]或“环境社会工作”[②]概念的提出和有关理论的发展，相信将为社会工作更自觉有力地在此方面参与并做出更大更切实的贡献提供很好的指引、开辟更广阔的空间。如果不对“生活富裕”作严重偏狭局限的理解，那么较为恰当合理的认识是：全面充分平衡地满足人们的多种需求和为之创造最有利的条件（当中“参与”是愈益被人看见的重要方面），那么，可以说社会工作已在这些方面做到了许多，相关的各方都已显著地感受和认知到，也获得了越来越多的认同。是的，生活的富裕绝不仅仅是指物质上的富裕，它还必须意味着精神生活的富裕，意味着人们共同组成的社会生活是丰富多彩的。而乡村振兴，最终就是要让乡村那片地方上的所有人们能够拥有这样一种共同生活，成为人们的美好家园。当然，社会工作是最直接的可以各式各样的方式来贡献于此，绝不限于以看似间接的做法来贡献于乡村人们物质生活的改善。无论社会工作是服务于乡村振兴的哪个领域或哪一方面的目标策略，它之所以能够起到普遍重要的作用，秘密在于它是目前乡村社会中稀缺的“黏合剂”“组织者”和“催化器”，它务必会成为乡村社会进一步提升现

① 西方学者提出绿色社会工作的概念，提倡将环境的新议题引进到社会工作专业并增加其在社会工作实践中的重要性。近年来，国内学者也开始关注绿色社会工作。参见陈星星、徐选国，《绿色社会工作：迈向生态环境关怀的社会工作新论述——兼论对我国社会工作介入生态文明建设的启示》，《华东理工大学学报（社会科学版）》，2018 年第 3 期；高丽、于梦娇等：《全球化背景下的生态议题与社会工作的绿色转向》，《新视野》，2018 年第 4 期；王进文、张军等：《探寻生态之维：绿色社会工作的理念与路径》，《社会工作》，2020 年第 5 期。古学斌、Lena Dominelli：《环境危机背景下绿色社会工作及其对中国社会发展的意义》，《社会工作与管理》，2020 年第 3 期。

② 参见程鹏立：《环境社会工作：理论、实务与教育》，《中国矿业大学学报（社会科学版）》，2020 年第 6 期；陈阿江、张婷婷等，《环境社会工作论纲》，《中州学刊》，2021 年第 1 期；王进文、徐炜，《迈向生态环境关怀的社会工作：西方表述与中国在地化实践》，《学习与实践》，2021 年第 5 期。

代化治理和发展的骨干力量[①]，切实有效地回应新时代乡村社会的结构性需要。

小结本部分关于“乡村振兴社会工作服务”内涵的认识，我们现在可以更明确而且有把握地说，乡村振兴社会工作服务就是将社会工作专业的价值伦理、理论视角、知识以及方法技巧，直接和间接地运用于乡村地方从“治理有效”“乡风文明”“产业兴旺”“生态宜居”“生活富裕”的各种努力追求中，乡村振兴社会工作服务也是聚焦于乡村地方人们主体性和社会力的恢复、增进与发展，最终贡献于促进乡村人们更好的自我实现与富有生机活力的美好家园建设发展的专业服务。它一定是很长的一个过程，其中，具有一定专业性的社会工作者或其组织机构是主要的承载者，扮演着核心骨干的角色作用。

对概念内涵有了更清晰明确的认识之后，我们再来确认“乡村振兴社会工作服务”这一范畴的外延，就变得比较容易了。简要地说，我们看到，所有围绕着促进乡村人们更好的自我实现与富有生机活力的美好家园建设发展的社会工作服务，无论是围绕“治理有效”“乡风文明”的这种服务，还是围绕“产业兴旺”“生态宜居”的服务，或者是直接间接围绕“生活富裕”的服务，都可称为乡村振兴社会工作服务，属于“乡村振兴社会工作服务”的范围。这样，社工们在乡镇或村落为老年人、孩子们、妇女或是其他人群等提供专业的社会服务，提供调适各种关系、促进社会融入、提升能力发展、联结整合资源、完善政策制度的服务，当然属于乡村振兴社会工作服务；而他们直接或间接投入基层及更广范围的社会治理、协调改善治理中的各种矛盾关系，探索构建和运行多主体平等参与的协同治理机制，这样的服务和行动当然也属于乡村振兴社会工作服务；他们举办多种多样的文化娱乐教育活动，链接各种文化产品与服务，恢复和发展包括本

① 见陈涛：《发挥专业社会工作的骨干作用，有力支撑基层社会治理现代化》，《中国社会工作》，2021 年 10 月（上）。笔者也曾多次在其他地方呼吁发挥社会工作在乡村振兴中的作用，参见陈涛：《大力发展农村社会工作，为乡村振兴战略提供坚实支撑》，《大社会》，2019 年第 6 期；陈涛：《社会工作在乡村振兴中大有可为》，《中国社会工作》，2017 年第 34 期。

土有益传统在内的优秀文化，这些也当然是属于乡村振兴社会工作服务的范畴；此外，他们投身不同类型和规模的家庭生计改善、社区生计建设发展、集体合作经济乃至市场化运作的商业企业成长和发展壮大，在其中提供各种服务支持、扮演大小不一的职能角色，致力保证人们之间、人与环境之间的公平公正，以及通向共同富裕与社会和生态正义的目标，当然也应当归属于乡村振兴社会工作服务之范畴；他们还可能在从事有关乡村人居环境改善方面的相关服务行动，或从事与乡村人们物质生活条件与状况改善提升相关的多样化服务行动，这些无疑也都属于乡村振兴社会工作服务的范畴。

再者，从乡村振兴社会工作服务的主体来看，虽然具有一定专业性的社会工作者或其组织机构是需要突出强调的主体，甚至说只有当这样的社会工作者或其组织机构遍及我国各处乡村之日，才是有望见到我们的乡村振兴真正到来之时。但是，他们也并非唯一的一种主体。实际上，不管是怎样的主体，他们的名字是不是叫社会工作者或是社工服务机构，重要的是他们必须是信守着社会工作专业的价值观和伦理准则（其实也是人类社会普遍内在的价值伦理），明确有力地持有社会视角①，灵活采用行之有效的恢复、改善和增进人们社会功能运作的手法与方法技巧②，那么他们都是乡村振兴服务中的主体。换句话说，就外延来看，乡村振兴社会工作服务可以包含以社会工作者或其组织机构为主，但并不排斥其他各式各样主体开展服务；它可以包含多种多样的方式和方法，允许使用不同的手法与技巧，尽管个案、小组和社区工作（有的更被不当地等同为社区活动）是主要的形式（所谓传统的“三大方法”），某些手法技术曾比较流行（例如

① 这种视角牢固地将人看作社会存在，时刻能将之放置在与不同层次的各种社会关系中来理解、看待和对待，相信正是这些关系的障碍造成各种人与社会的问题，而消除问题的钥匙也正在这些关系之中，如“人在情境中”这一核心观念以及“社会学想象力”等说法要表达的意思，等等。

② 这些方法技巧不论它是认知—行为派的、心理分析的、系统与生态系统观的，又或者是人本中心、优势视角、增权/培力乃至灵性视角的等，也不论它是个案工作的方式，还是小组工作或社区工作以及其他可能的如社会工作行政、研究与政策分析倡导甚至于教育的方式。

心理治疗取向的），但这些不是绝对的更非唯一的，它还可以有大量的其他形式、方式、方法、技巧及技术。唯有这些东西背后的本质不可移动丢失：社会工作是以人为本、互为主体的社会技艺，它时时处处传递和表达社会精神，恢复、增强和发展人与社会的社会性①。

另外，"乡村"所指，实也有大小的不同。以系统论和生态系统论的视角看，乡村很难被认定为只是一个个小的聚落地方，单指某个（自然）村落或村庄。如今，人们已经越来越清晰地看见"全球化"如何影响到偏远大山里的一个小村。这样的话，似乎从地域范围或场域来确认乡村振兴社会工作服务的外延变得不那么容易，即使我们不能把所有地方做的社会工作服务——最多再加上一个"与乡村振兴有关"或"与'三农'有关"的限定语——都称为乡村振兴社会工作服务，同时，也不太容易排除哪些地方或地域场景的相关服务。另一种同样简单化的解决办法，是依照行政管理体系把归于农村地区来管理的那些地方，即从村委会辖区到乡镇政府管辖区域以及县的地域，都可视为乡村振兴社会工作服务，凡是在这些地方开展社会工作服务，同时它也具有前述服务于乡村振兴的作用和意义的，即可构成乡村振兴社会工作服务的主要地域外延。这样的做法尽管有一定道理，特别是能够带来某些方便，但它是需要小心的，因为社会工作专业恰恰看重的是"社会"——那有着自身内在有机联系的某种自然性的体系或理论概念上说的人们的"生活世界"——而不是官僚行政的科层制系统；考虑诸多方面，关于这一点，恰当地看待和对待应当是：我们把在任何地方进行的，其首要和主要目的是减少其直接所依之地的问题，以及增进乡村人们的生产生活美好程度的社会工作服务，皆视为乡村振兴社会工作服务的范畴，也可说它是为了"三农"问题的解决与改善，为了"三农"的发展所进行的社会工作服务；有时候，这些服务可能是在城市进行的，或

① 有关社会工作本质的论述还可参考何国良：《"关系"：社会工作理论与实践的本质》，《社会建设》，2021 年第 1 期；张昱：《社会工作：从本质上实现人的改变》，《社会科学辑刊》，2019 年第 6 期；尹保华：《高度人文关怀：社会工作的本质新释》，《学海》，2009 年第 4 期。

是在跨越城乡等诸种地理空间界限的虚拟网络世界上进行的，但这一地域特征不影响它们仍属于乡村振兴社会工作服务的范畴。其次，我们还应补充道，就像当今世界的进程趋势是一方面“全球化”（globalization）深入扩展，另一方面“本地化”（localization）也在深刻发展，两者恰具有复杂的一致性。那么，乡村振兴社会工作服务的地域基石还是在本乡本土，或是在村庄、村落的范围。如实地看我国乡村的情形，的确村委会作为村民自治组织单位所涉及的范围，也是真实的本地小社会的范围，基本上等同于这里人们的“生活世界”范围。因此，从地域上说，乡村振兴社会工作服务的首要阵地是指各个村委会管辖的村庄与村落范围。当然，在具体工作中，乡村振兴社会工作服务无论从内容到形式、从动力到手段，一定都不可能局限于这个地理区域中，而是必须超越这纯物理的空间界限。

四、乡村振兴社会工作服务的专业性构成

其实，这一问题在前文中已有所回答。不过，考虑到它对于为“乡村振兴社会工作服务”充分正名颇为重要，在此再做专门的阐释和说明。

前文已指出，乡村振兴社会工作服务从外延来讲是相当宽阔的，包含诸多目标领域、主体方式乃至地域层次；而就已有的这种实践所呈现的来看，其内容和形式也是多种多样。鉴于此，一些站在外部角度的人会问道：这些服务具有专业性吗？（言外之意，是不是别的任何人也一样可以去做并且有能力做到？）另一些在内部的人也可能问：按社会工作的专业标准，它们称得上是表现出社会工作专业品性的活动吗？还是说，因为太宽泛庞杂而丢失了专业的特性与品质？这些疑问所质问的两个角度又是彼此关联的，其首要的方面在于后者：若清晰有力地阐明了这些服务活动充足地具备和展示出了社会工作专业性，那么它们自然首要并且主要应该交托给这个专业的具体承担者——社会工作者或其组织机构——来从事。

很清楚，问题的回答必然指向对“社会工作专业性”的一般理解和对乡村振兴相关事宜的具体恰当表达认识。我们不但需要进一步确认“社会

工作专业性”究竟指的是什么，还需明了服务于乡村振兴的社会工作实践如何具体化而且无偏差地表达了其专业性。同样，前文已述及，这些不是纯理论推演能够做到的，必须紧密地结合实践才能获得正确的认识。

关于“社会工作专业性”的一般阐说或界定，可以说是有着汗牛充栋的文献和话语，并且还在不断地变动。兹以国际性的相关专业组织为例，国际社会工作者联合会（IFSW）和国际社会工作教育联盟（IASSW）经过若干年的实践，于 2014 年在墨尔本召开的大会上发布全球社会工作标准定义，将社会工作界定为是“以实践为基础，促进社会变革和发展、提高社会凝聚力、赋权并解放人类的一门学科和职业”；它指出：“作为一个以实践为本的专业及学术领域，社会工作推动社会改变和发展、社会凝聚、和人民的充权与解放。社会正义、人权、集体责任和尊重多样性等原则是社会工作的核心。基于社会工作、社会科学、人文的和本土的知识与理论，社会工作以联系个人和组织去面对人生的挑战和促进人类的福祉。”[①]而到了 2018 年的国际社工日上，国际社会工作教育联盟、国际社会福利理事会（ICSW）和国际社会工作者联合会共同启动的“社会工作与社会发展全球议程”则给出社会工作专业这样的表述：“社会工作是促进社会、人权和环境权利的社会正义与转型的一门职业。促进社会和经济平等，提升全体人民的尊严和价值，促进社区和环境的可持续性，促进人类关系的重要性，是社会工作者日常工作的核心。”[②]再看现实中更通行的一些理解与说法，或许在中国内地/大陆地区，普遍为人所知也所认同的是社会工作乃“助人自助”的（服务）活动——这是许多人将社会工作的专业性等同于“助人（服务）性”（甚至进而等同于“补救或治疗性”，而完全丢掉本应有的“自助”含义）的重要原因。同样在这些地区的社会工作专业教育及研究界，或是密切受其影响的那些有专业训练背景的实务工作者或行内人士那里，较流行的是“专业铁三角”或类似的关于社会工作专业性之构成的三方面

① 参见李晓慧：《社会工作专业的国际新定义》，《中国社会工作研究》，2015 年第 1 期。或 IFSW&IASSW，https://www.iassw-aiets.org/global-definition-of-social-work-review-of-the-global-definition.

② 参见 IASSW：https://www.iassw-aiets.org/zh-CN/news/1464-1464/.

要素论，即组成社会工作实践活动之专业品性的是特定的价值伦理、理论知识和方法技术，三者共同撑起这些实践活动的社会工作专业性。而对于更具体的实际工作场景，我们时时处处可目睹的则是：社会工作的专业性被更操作化为个案工作、小组工作、社区活动的数量指标，标准化、流程化的作业任务，可视化的种种工具、技法，最多还加上某些生硬套搬的理论或模式作为帽子，至于是不是展现了社工专业应有的反思分析视角和相关的系统理论知识却没多少人关注或者是不知该如何去衡量和保证，更别提这个专业的价值观和伦理要求到底如何贯通体现在每一步的实践中——它们多数成了书面的宣示、口头的宣称，却与日常的工作似乎全不相干。这样的情形照样存在于“乡村振兴社会工作服务”中。可量化指标的技术活儿，按部就班的程序化操作，再加尽可能精细化、标准化的表格等工具，也成为这些服务专业性的衡量尺度；有时候或许还冠之以某个理论模式指引的名号，成为貌似特别的“乡村振兴社会工作服务”的更高专业性之凭证。这样一些所谓的“乡村振兴社会工作服务”，被人质疑其社会工作专业性的确不可避免，因为它们连一般理解的社会工作专业性三个组成部分中的特定理论知识与视角、特有的价值观和伦理原则都是缺失或薄弱的，或是未做到把它们与方法、技术的部分有机贯通地结合为一体、表现出专业性所要求的内在一致的完整性（integrity），更别说还与乡村振兴的更具体领域和目标相联结表达为有所特殊性但又毫不偏离根本内涵的鲜活具象的实践型。这样一些服务活动也许连普通的社会工作专业实践都称不上，更遑论是否可称为“专业的乡村振兴社会工作服务”了。自然，也很难指望它们真能起到社会工作专业可以贡献于乡村振兴的重大和关键性的意义与作用。反过来，这为很多外部角度的人怀疑社会工作在乡村振兴中能够担当重任提供了一个合理的根据或理由。

那么，笔者的观点是——愿再一次并且可能无数次重申——社会工作的专业性正是在于其“社会性”，一如其名字所示，“社会的”工作所意味着的社会性，也即是它全部的专业性之所在；社会工作的专业性不但与其社会性是统一的，而且两者就是同一回事。宏观来看，社会工作是现代性中“社会性”的最佳承载、表达和践行者；微观视之，它是聚焦人的社会功能运作的“互为主体”的社会性实践，本质是一种“社会技艺”。综合而言，社会工作旨在传递、增强、弘扬“社会精神”，恢复和增进人和社会的“社会力”。在具体实践时，它绝不仅仅是一种技术实践，同时是道德—文化实践和政治实践，是将这三方面有机整合的“践行”，相比于线性单向的技术理性逻辑，更为根本的是它的“社会视角”与“社会价值追求和伦理关切”（为“社会性”一词所蕴含的那些东西）及其贯彻实现。具体行动中，它时刻不忘人类（社会）关系既是人和社会各种问题的成因根源，是解决问题的钥匙和手段，也是所有工作的目的本身。

社会工作者或是其他的人们（甚至不在乎他们是否叫作社会工作者，是否具有“社工”或诸如此类的职业身份），倘若他们正在做着如上所述的事情，并且能做好、做到，那他们就拥有社会工作专业性，他们就是合格的专业社会工作实践者。他们当然可以而且应该使用那些专业同行多年积累传承的方法、技术、技巧和特定的知识理论。并且，他们非常明白，这些是服务于社会工作更根本的价值目标和伦理关切的，也必当吻合于已变成他们信念的“社会视角”，最终服务于人和社会之“社会性”的恢复重建与进步改善。的确，全世界这一专业的实践者阵营为了更好地履行其特别的职责、实现伟大的使命，已总结形成了丰富的知识、技艺库藏，善用这些知识可为其社会性同时也是专业性的实践提供有力武器，同属于这一共同体的中国社会工作专业实践者们自应去学习和掌握，以使自己的专业性得到支撑。但这绝不能是机械地照搬照抄，教条化地套用。因为它们既然都是服务于“社会性”践行的东西，而“社会性”自然是脱离不开具体的人和文化意义的世界的，因此必须经由这“社会的”情境来验证、转化乃至创造。

更具体地说，美国全国社会工作者协会（NASW）《伦理守则》所列的社会工作核心价值，值得中国的社会工作专业实践者同样作为基本的行动指引，以确保其根本的专业性。这些价值是：服务（service），社会公正（social justice），人的尊严与价值（dignity and worth of the person），人类关系的重要性（importance of human relationships），诚信（integrity），胜任（competence）。[1]此外，如前已述，有论者将社会工作的价值伦理关怀归结为“爱与正义”和“自由与团结”的平衡兼顾，也可作为我们遵行的目标与原则。从“人在情境中”的基本观念到生态系统观，再到优势视角、增权/培力等更具批判反思性的理论视角及相应观点，乃至灵性视角、绿色社会工作等贡献出的洞见启示，等等，都是中国社会工作实践者们体认、把握并践行专业性同时是社会性的尤为重要的内容或元素。当然，到了具体场景，它们也一定需要有更具体的表达。

在乡村振兴的场景中，应当如何更具体地表达社会工作服务的专业性呢？除了前文相关论述，此处我们借用社会工作专业性之三部分构成论的框架，分别阐述其基本要义。

1. 乡村振兴社会工作服务的专业价值伦理

价值观方面：

*友善和相互支持、互助合作的关系（团结和爱）——看重珍视友善、相互支持性及互助合作的家庭、邻里、村社等各种内部关系，以及对外界的友善开放态度；关爱扶助弱者。

*身份群体和个人间的平权公正（自由基础上的社会正义）——尊重年龄（代际）、性别、身体、职业阶层、民族、信仰等多样性差异和普遍权利与正当利益，相互平等公正对待。

*环境正义——生态环保可持续、对待土地等自然环境的公正互惠。

*高度参与——既作为手段，也是目的本身，乡村社会的所有成员充分参与共同事务，也共同分担责任，尤其是在地新老村民高度参与和承担任何与之相关的事务。

*包容性发展——包括弱势边缘个人、家庭和群体在内的乡村所有成员拥有实质平等的发展机会和多样充足的发展道路方式选择，自主参与共同发展行动，合理分享发展成果。

---

① National Association of Social Work,Code of Ethics.参见 https://naswor.socialworkers.org/Membership/Resources/Code-of-Ethics

*沟通对话、共同成长——重视沟通，乡村社会各相关方坦诚对话交流、平等协商解决争议争端，激发彼此成长和共同进步。

概而言之，这些价值观核心就是“原乡价值”结合现代的合理价值，是内外有机、生态又开放进步、发展成长的和谐、美丽、丰富多彩、富有生机活力的新型乡村家园共同体的价值。

伦理方面的基本要求就是秉持上述价值信念并努力将其贯注到具体实际的每个方面和每一项行动中。例如，在为某些村民或相关人群等开展和提供服务时，怎样做到既尊重差异的存在和多样选择，包括生活方式的多样性，又恰当地表达关切关心、友爱互助，并提供和促成人的发展和生命成长的更多机会与更好的可能性。又如，在直接进行参与式的社区组织工作、陪伴支持乡村居民及其组织走向为改善社区和社会的共同理想携手同行时，如何深刻把握和全方位践行“参与”理念、将之落实到每一步具体行事对待中，遇到达不成共识甚至发生矛盾冲突的情况时，如何坚持沟通理性，真正贯彻对话行动，切实带来“视域融合”[①]的“调谐”可能[②]，成就彼此和共同成长。再如，当投身于生计和经济发展的实践时，如何具体又可行地做到“包容、共享”的发展，并尽力追求“开放、创新、协调”和绿色可持续的发展？此外，我们还可从一般社会工作专业伦理守则 [如前述全美社工人员协会（NASW）等所订] 的几个维度来说具体到乡村振兴场域时的有关要求，比如：对待服务对象（乡村各方当事人）要怎样落实出“服务”所要求的接纳尊重、平等公正和爱与关怀；对待各方面同事怎样做到既相互支持、包容沟通又公正平权、高度参与到共同成长；对待相关各方组织机构怎样做到既交代负责又正直诚信、贡献于其更好的共同成长；对各界公众人士怎样做到既友善开放、包容参与又坦诚沟通、力促公正美好的关系；以及对所属专业和特别的领域、对自身怎样做到参与尽

① 有关生活世界中主体间性的视域融合可参见阿尔弗雷德·舒茨：《社会世界的意义构成》，游淙祺译，商务印书馆，2012 年。

② 笔者认为，社会工作（专业）的使命是（不同的）个人与社会之间的“调谐”。参见陈涛：《社会工作专业使命的探讨》，《社会学研究》，2011 年第 6 期。

责、积极贡献和不断追求自我成长与共同成长；等等。

笔者注意到，一些实践者或相关研究者已总结提出了相关的原则[①]，我们认为其中一些是适当的，再加上此处增加的，可作为乡村振兴社会工作服务应遵循的最重要的基本专业伦理守则。一是刚开始入场时的服务行动要“弱势优先，关注边缘”。二是计划和实施服务行动时“既注意当下需求分析回应，又重视优势潜能评估运用”，“批判反思把准‘需要’，‘社区为本’整合介入”。三是整个服务过程要以“发展性眼光”“开放性思维”“本土性主力”走出从“救助照顾”到“社区社会综合发展”贯通的道路。四是实践者自身要与相关各方一道寻求“沟通协同”的伙伴关系，共同在“做中学”“学中做”，力求“知行合一”，推动共同实践，促进所属专业和团队与个人的成长进步。

2. 乡村振兴社会工作服务的专业理论视角和重要观点与知识

在乡村振兴社会工作服务场景中，将社会工作专业核心的“社会视角”以及相关重要视角如生态系统视角、优势视角甚至灵性视角等更为具体化地表达和实践，以下的这些观点是非常重要的。

（1）乡村社会是一复杂有机的生态系统，其中人文、自然、经济、政治等因素相互交织影响，并与外部更大环境的各种因素直接或间接互动，共同构成动态的整体，也使之既呈现出某些一般特征趋势又具有个体差异的多样性。

（2）乡村社会成员尤其是在地居民始终以各种方式主动或被动地应对周遭各种环境，寻求与之建立合适的关系，维持自己的生活并形成相应的文化意义，他们的主体性和优势或潜能从未完全丧失，最多只是以不同的形式来存在和表达。

① 参见童敏：《社会工作本质的百年探寻与实践》，《厦门大学学报（哲学社会科学版）》，2009 年第 5 期；杨胜勇、贺云珊：《后现代主义视角下社会工作实务中的价值伦理：困境与重构》，《广西社会科学》，2014 年第 9 期。何历宇：《社会主义核心价值观与中国社会工作伦理之建构》，《浙江学刊》，2012 年，第 4 期。

（3）围绕乡村居民“整全生活”这一中心目标，乡村地方社会形成了其内部的层次结构，以农业生产等主体生计运作所依靠的土地等自然条件为基础的村落是其核心构造，满足各种基本交换所需的“集镇”曾是这一重要的功能结构结点，相应地演化出匹配的治理架构与机制，包括权力—文化的配置。

（4）在扭曲或偏颇的现代化进程中，片面的市场经济和机器工业摧毁损害着乡村社会及其生态系统，破坏乡村人们的生活系统，是造成乡村诸多问题的主因。但与此同时，乡村居民和相关主体从未停止各式各样的抵抗，并探寻其他的出路。

秉持以上这些视角，乡村振兴社会工作服务中还需特别重视一些知识，诸如有关农业生产劳作、农工相辅的家庭和社区生计模式及其与土地、水资源利用、气象条件等配合的知识，有关乡村社会、文化、政治与经济构造和运行的历史与现实知识，以及有关中国自改革开放以来城乡关系、国家治理、乡村变迁的基本知识，有关农村社会“半熟人化”“原子化”“空心化”的讨论分析，有关“老人农业”“打工经济”“三留守”群体，农村人口与家庭结构功能变化等的具体知识。当然，还有关于农村土地制度改革、社会保障福利服务、社会治理等的知识，以及关于乡村经济社会文化生活与人居环境和生态方面的最新动态与行动的知识，如“合作经济”“团结经济”“社会经济”“有机生活”“生态文明”的新实践进展与理论发展知识等。的确，乡村振兴社会工作服务的实践者需要具备更丰富、全面的知识，才能支撑起具有“社会视角”的贯彻实施和“社会技艺”的服务落实。

3. 乡村振兴社会工作服务具有专业性的方法技巧

除前述之外，乡村振兴社会工作服务的行动知识和观点同样需予明确和坚持，也就是在此场景中具备特别专业的一些方法技巧的东西。它们的重要内容如下。

一是这种服务的核心工作目标是重建乡村家园共同体，其中首要、重中之重的是恢复重建村落社区共同体，使之成为村落所有成员共建、共治、共享的拥有无限美好前景的真正“家园”。

二是这种服务一定是综合干预，运用整合的社会工作方法，兼具社会工作的疗救、预防和发展的功能，将“助人自助”和社区发展、社会建设相统一，重在培养乡村所有人的“社会性”，实现共同主体性及其能力的复苏与增长。

三是从微观到中观直到宏观的社会工作方法与模式策略，当格外重视生态视角、优势视角、增权赋能以及直接间接结合生计发展的社区组织、能力建设等，乃至“灵性视角”与“绿色社会工作”和“结构—调谐”的社会工作。常用技巧中各种参与式方法技巧如家庭和村庄口述史、自助互助组织培育、志愿者运用等，都应当特别予以关注。

四是这些服务一定要放诸城乡融合发展的背景中来设计和实施并且使其贡献于促进城乡之间良好而公平公正的互动交流、共同发展。实践者们须深刻把握流动性作为一种常态所意味着的机遇与挑战，努力善用机遇、将挑战转化为动力与希望。例如，在新时代背景下提出和阐发的有关“六次产业”的理论的指导或启发作用[①]，“城乡合作公平贸易”[②]“社区支持农业”[③]等概念与方法，各种“互联网+”的城乡融合发展新技术实践等。

至此，从以上所述，我们实际已经接近用一个单独的理论模式来表达所有这些东西的地步了，即笔者等已经在诸多场合阐论过的“发展性社会

① “六次产业”的概念首先在日本提出，其目的是引导农业向二、三产业拓展，使得农产品从中获得更高的附加值以增加农民收入，打破农业发展的瓶颈并实现农业的可持续发展。参见张来武：《以六次产业理论引领创新创业》，《中国软科学》，2016 年第 1 期；周立、李彦岩、王彩虹、方平：《乡村振兴战略中的产业融合和六次产业发展》，《新疆师范大学学报（哲学社会科学版）》，2018 年第 3 期。

② 参见张和清，杨锡聪，古学斌：《优势视角下的农村社会工作——以能力建设和资产建立为核心的农村社会工作实践模式》，《社会学研究》，2008 年第 6 期。

③ 参见董欢，郑晓冬，方向明：《社区支持农业的发展：理论基础与国际经验》，《中国农村经济》，2017 年第 1 期。

工作”（developmental social work）[①]。笔者愈益确信，按照我们及伙伴团队倡导的“发展性社会工作”所说来践行的乡村振兴社会工作服务，就是适合服务于中国乡村振兴的专业社会工作服务，也是对乡村振兴社会工作服务之社会工作专业性的诠释、表达和展示。进一步说，使参与乡村场域或“三农”相关领域服务的社会工作者或相关实践者在掌握和运用“发展性社会工作”中，完整呈现出其实践主张，如目的目标、理念原则、策略路线、方法技巧等，也就能较好地确保实现相关社会工作服务的专业性，以及确保实现社会工作者或其组织机构或其他相关实践者们专业地、有力地、有效地服务于乡村振兴。

在此不赘述笔者等有关“发展性社会工作”的具体论述，感兴趣者可查阅相关文献。笔者只着重申明，这一实践理论是在米奇利（James Midgley）等重在主张社会工作与经济发展的结合含义之基础上[②]，由包括“青红—培力社工”团队在内的中国实践研究者们共同参与阐发的重要理论模式，更加强调综合运用社会工作服务的“照顾者”“陪伴（支持）者”“同行者”等多重角色[③]，通过参与式社区互助发展组织促进服务对象从“受助”走向“自助”，直到能够“助他”，完整发挥社会工作有效改善个人家庭状况和社会功能运作，并带来更大环境积极变化的潜力。我们认为其是较完整一致体现上述“乡村振兴社会工作服务专业性”的各方面内涵的。[或可与之相提并论的还有“调谐的社会工作”（mediative or mediating social work），但其更适合在往后的阶段作为主导理论] 而与之相比，诸如

① 参见陈涛、杨锡聪等，《发展性社会工作的本土化理论及实践》，《新视野》，2018 年第 4 期；徐其龙、陈涛，《发展性社会工作视角下社区服务、社区营造和社区发展的整合研究》，《华东理工大学学报（社会科学版）》，2020 年第 3 期。王小兰、陈涛：《发展性社会工作的理论与实践》，《中国社会工作研究》，2017 年第 2 期。

② 参见詹姆斯·米奇利：《社会发展：社会福利视角下的发展观》，苗正民译，上海：格致出版社，2009 年；James Midgley and Amy Conley，*Social Work and Social Development: Theories and Skills for Development Social Work*, New York: Oxford University Press， 2010.

③ 参见陈涛：《农村社会工作及其主体角色定位》，《湖南农业大学学报（社会科学版）》，2014 年第 3 期。

“转型（或转化）社会工作”（transformative social work）、“结构（性）社会工作”[①]（structural social work）乃至“绿色社会工作”（green social work），似不能完整一致体现乡村振兴社会工作服务专业性的各个面向，或者与中国乡村及更大的社会文化等情境不够契合。至于更为具体的某些“视角”或“方法/模式”（如优势视角、增权/能、能力建设模式等），则更狭窄了些，难以回应乡村振兴社会工作服务更全面整体的行动要求；它们的合理价值完全可以而且已经吸纳进“发展性社会工作”的含义之中。

五、乡村振兴社会工作服务的路径及其制度化

我们已清楚了社会工作在乡村振兴中具有的关键性重要作用和意义，也明确了乡村振兴社会工作服务的基本内涵和外延，接下来的问题就是：如何使乡村振兴社会工作服务得以践行，从而实现它的重要作用和意义。

在现实情境中，这涉及社会工作者在乡村振兴领域的“实践权”问题，因此这就涉及了关于专业服务的“嵌入式”与“嵌合式”发展的讨论[②]等。实际上也就是要讨论整个“乡村振兴社会工作服务”怎样才能够践行并延续扩展开来；更进一步剖析问题，假定它们是能够实际操作并延续扩展开来的，那么问题的重点就是，乡村振兴社会工作服务怎样才能够在各个鲜活的乡村场景之中落地实施；如前讨论乡村振兴社会工作服务的外延时所

① 参见严骏夫，《反讽实践：重建“结构”社会工作——来自“新古典社会学”的启示》，《浙江工商大学学报》，2017年第3期。

② 嵌入（embeddedness）是卡尔·波兰尼用来分析经济活动与社会关系的概念，后被马克·格兰诺维特用于论述经济行动与社会网关系。王思斌借鉴和使用嵌入概念来说明行政性社会工作与专业社会工作之间的结构性关系，他认为我国的专业社会工作是嵌入行政管理体系和行政性社会工作的框架之中的。参见王思斌、阮曾媛琪：《和谐社会建设背景下中国社会工作的发展》，《中国社会科学》，2009年第5期；王思斌：《中国社会工作的嵌入性发展》，《社会科学战线》，2011年第2期；葛道顺：《社会工作制度建构:内涵、设置与嵌入》，《学习与实践》，2012年第10期；张乐：《植入、嵌入和融入:社会工作的“在地化”路径》，《社会工作》，2019年第2期；王思斌：《我国社会工作从嵌入性发展到融合性发展之分析》，《北京工业大学学报（社会科学版）》，2020年第3期。

述，服务的首要阵地应当是各个村委会管辖的村庄与村落范围，或以集镇、乡镇作为核心的地域范围，那么问题就进一步具体化为：怎样才能在一个个村或乡镇切实地提供乡村振兴社会工作服务？

回答此问题，我们可以设想多种可能、构思多种方案。例如，倘若我们在各个村、各个乡镇已经有足够的社会工作者或者是能够从事乡村振兴社会工作服务的人，那就只需要提供必要条件让他们去提供相关服务、发挥实际的作用就好了。又如，在广大村落乡镇能够从事乡村振兴社会工作服务的人员，包括潜在的、可以培养发展成为这样的人才者虽然不足，但是我们可以将其临近的有较充足的社会工作者或其组织机构，转移配置到那些相对缺乏村落乡镇，问题似乎也会较容易地得到解决。再如，即便第二种情况也不存在，但最少我们已有众多高校在培养相当数量的社工专业学生，还有为数可观的持证社会工作人才，若将他们以适当方式加以组织并派送到各个村落乡镇，要使乡村振兴社会工作服务在各处村落乡镇都得以践行似乎也并非难事——当然，实际具体操作时肯定还有其他问题和挑战。甚至，就算所有这些可能性和策略方案都不成立，如果我们确实认定了要做乡村振兴社会工作服务这件事，我们下定了决心要在各处村落乡镇提供这种服务，那么还可以从零开始培养一批专门从事乡村振兴社会工作服务的人才，把他们安排到各个村落乡镇，或者这些人本身就来自于各个村落乡镇，那么服务的提供就会更顺利，由此得以全新践行乡村振兴社会工作服务。

同样重要的是，在这样的构想可能性中，我们逐渐深化廓清了认识，或许就抓住了事情的实质：乡村振兴社会工作服务也好，任何具有专业性的服务也好，其必定都是以特定的“人”——那些专业服务工作者——为载体的；可以说，没有这样一些人，没有能够从事乡村振兴社会工作服务的各种人才，就没有乡村振兴社会工作服务。因此，对“乡村振兴社会工作服务人才”的“人才”之界定，可以有更宽阔的尺度，符合一些基本条件的人才，为我们讨论乡村振兴社会工作服务提供了不可或缺的基础。关于如何能够使乡村振兴社会工作服务在各处村落乡镇得以践行的问题，主要有两点：一是乡村振兴社会工作服务人才遍布各村镇并且稳定持续存在；二是这些人才要实际地去从事乡村振兴社会工作服务，切实开展服务，履行职责，发挥角色作用。能够最好地做到这两点的方案和路径，就是确保乡村振兴社会工作服务得以有效实施的最佳方案和路径，反之，则需要慎重评判和对待，或是需给予认真反思、力求改进。若从实际操作性来讲，就是以如何能够更好地使乡村振兴社会工作服务人才留得下、做得出、立得住为标准，来评价和选择各种可能的方案或做法。

据此，我们考察了现实当中（包括历史上）已有的各种方案路径或基本做法。首先，早在国家提出和各界人士较热烈谈论“乡村振兴”或“新农村建设”之前若干年，一些高校社会工作专业师生已经通过不同的项目方式进入乡村场域，开展和提供了专业社会工作服务，这些服务人才可说是表现了“做得出”且相当“立得住”的特点，但是在“留得下”这一点上表现不佳，也影响到其乡村振兴社会工作服务实践的持续性及知识范畴的探索形成。再往前追溯，事实上这样的尝试还可以从 20 世纪二三十年代算起，主要的模式和主体人才亦是知识界依托一些大学和研究机构，有时间性地进到乡村场域开展相关工作、提供相关服务，不论其具体的周期长短和进入的实际方式方法有何不同，他们也都表现出服务人才一定程度“做得出”及“立得住”的特点，而在“留得下”这点上则表现欠佳——或许较大的例外是梁漱溟先生的“乡建学院”和“乡学”体系①，还有陶行知先生的南京“晓庄学校”②。更大规模的此类尝试是 2006 年中共十六届六中全会提出“建设宏大的社会工作人才队伍”之后，或更确切地说是自 2008 年汶川地震后，既有高校社会工作等专业师生借各种项目资助进入基层乡村开展服务，也开始出现其他社会工作者及社工组织机构依托项目或以其他方式入场乡村提供服务，特别是自 2012 年起各级民政部门实施社会工作

① 参见梁漱溟：《乡村建设理论》，商务印书馆，2015 年。

② 由陶行知先生于 1927 年 3 月在南京市郊创立，为实验乡村教育思想，以“教学做合一”为校训，融教学、教育与生产劳动和改革社会的实践为一体，是新教育运动中较有影响的学校之一。

专业人才服务“三区”计划[①]以及“牵手计划”[②]，史无前例地组织外部社会工作服务人才到一些边远贫困乡村地方提供服务。通过这些途径和方式，近十年来中国不少乡村有了一定数量的社会工作服务，也见证了相关人才“做得出”甚至“留得下”的表现，然而整体来看其“留得下”仍是颇为勉强的，“立得住”方面也只能说不尽如人意？因此这虽为后续的发展准备了一定的基础，但却还是不足的，特别是作为“乡村振兴社会工作服务”之提供的效能而言。总而言之，所有这些已有的探索做法的主要特征是：寄望于乡村——特别是基层乡村——外部的资源包括人才资源，主要通过“项目制”方式，以由上而下的途径注入当地，提供出一些侧重补救照顾的服务，而且是较为碎片化的服务，它们既非“引入”的，在“嵌入”乃至“嵌合”当地制度等情境的程度上更是参差不齐，“本地化”和“在地化”的水平总的来说较差，稳定性、持续性、整体性都比较弱，由此使得相关服务人才无论是从“留得下”“做得出”还是“立得住”来看，表现均不如人意。自然，要想使他们发挥出乡村振兴社会工作服务的重要作用，也就很难了。因而总的说来，以这种种途径、方式和做法要实现乡村振兴社会工作服务是难以成功的。从而这意味着可以基本上否定和排除前面谈到的第二种基本方案。当然，深入分析其失败或欠缺的具体原因，也能为我们寻找更优方案提供宝贵的借鉴启发。比如，我们会认识到“项目制”的途径和方式仍有其现实必要性和长久的合理性（后者特别是在城乡融合发展的乡村振兴之路的必然性和方向性上来说），但是，这种“项目”需要更多

① “三区计划”是“边远贫困地区、边疆民族地区和革命老区人才支持计划社会工作专业人才专项计划”的简称，该计划是为深入贯彻落实《边远贫困地区、边疆民族地区和革命老区人才支持计划实施方案》（中组发〔2011〕23号）、《关于加强社会工作专业人才队伍建设的意见》（中组发〔2011〕25号）和《社会工作专业人才队伍建设中长期规划（2011—2020年）》（中组发〔2012〕7号），充分发挥社会工作专业人才在支持边远贫困地区、边疆民族地区和革命老区社会工作事业发展中的积极作用而制定的。

② 2017年，为深入贯彻落实《中共中央、国务院关于打赢脱贫攻坚战的决定》要求，民政部、财政部、国务院扶贫办联合印发了《关于支持社会工作专业力量参与脱贫攻坚的指导意见》（民发〔2017〕119号），明确要求实施社会工作服务机构“牵手计划”。

元的来源，在管理运作上也需要更好地保障其服务的深度、系统性和可持续性，包括为人才及其人力成本提供更多的经费保障，使更多的人才队伍得以成长壮大，同时本地化扩展的效应问题也应得以保障；又如，“项目制”的某些弊端已足够清楚[①]，因此若有条件就应当尽可能采用别的制度性做法，包括“内嵌式”岗位制，或者政府与社会组织的“制度化政社协同合作”等多种合作方式（不限于通常的“购买”模式）。无论哪种路径方式，如欲更好地实现乡村振兴社会工作服务的有效提供之目的，首先是要做到使基本够数的服务人才能在乡村“留得下来”，这是首要前提，所有的举措均需围绕此点，并为此创造一系列条件；其次是创造条件使这些“留得下”的人才能够“做得出”相关服务，这既意味着某些内部条件需基本具备并不断改善加强，也意味着诸多的外部条件需体系化创设或完善建设，最后才是为更持久更长远的“立得住”创设条件和提供保障，这同样包括内在和外在两方面。

更详细充分地讨论和论证需要更多篇幅，其中一些问题笔者已在其他文章中谈过，例如在《大力发展农村社会工作，为乡村振兴战略提供坚实支撑》和《政社协同，确保乡镇（街道）社会工作专业服务落地生根》等文中[②]。在此，我们集中审视近了几年来的乡镇社工站建设所代表的路径或策略方案[③]。对照上述所及，对于从 2017 年正式启动的广东社工“双百”计划、2018 年开始的湖南“禾计划”等、一直到 2020 年 10 月至今在全国推开的乡镇社工站建设行动（这里我们不谈街道社工站，并不是因为它与

① 参见杨竹，吴晓萍：《从行政主导到专业主导：西部农村社会工作服务项目实践与反思——基于民政部“三区”计划在贵州的实践》，《农村经济》，2018 年第 5 期；贺志峰：《吊诡的逻辑：项目制带来了社会工作专业成长？》，《社会与公益》，2019 年第 2 期。

② 参见陈涛：《大力发展农村社会工作 为乡村振兴战略提供坚实支撑》，《大社会》2019 年第 6 期；陈涛：《政社协同，确保乡镇（街道）社会工作专业服务落地生根》，《社会工作》，2020 年第 5 期。

③ 2021 年 4 月 20 日，民政部办公厅又印发了《关于加快乡镇（街道）社工站建设的通知》统筹加快推进乡镇街道社工站建设进度，要求在建设条件好的地方，争取 2021 年年中前启动建设，2023 年底前完成建设任务；建设条件不完备的地方，争取 2021 年启动试点建设，2025 年底前完成建设任务。

乡村振兴社会工作服务的提供完全无关，而是关联不那么直接，本书的重点只能放在前者），正确的判断应该是很容易得出的：这是我们迄今找到的、能够实现乡村振兴社会工作服务的最佳路径，而且也是制度化的路径[①]——接下来的重点正是进一步加强这种“制度化”。

无疑地，通过普及的乡镇社工站建设——乡镇和村两级的社工服务站点建设——乡村振兴社会工作服务人才切实有望“留得下”“做得出”和“立得住”，这些人才有望成为“本地化”和“在地化”的存在，乡村振兴社会工作服务的践行也切实有望做到与当地制度等情境的“嵌入”与“嵌合”并且持续深入和整体系统化。虽然这一基本策略路径中依然存有各种挑战，各地在走这条路上也有着不同的步骤和具体走法，但是毫无疑问，这是现在和将来我们唯一真正可行的道路。笔者曾指出，如今的乡镇社工站建设堪比当年的乡村普及公办中小学和基础教育，以及普及建设乡镇卫生院和村卫生室等基层医疗卫生服务机构。而就像后两者的重要性和挑战一样，乡镇社工站（前已明确，这同时是指乡镇和村两级的社工服务站点）的普及、建设与运行，也是同等重要且面临类似的巨大挑战。从重要性上说，乡镇社工站建设是政府行为，意味着社区社会工作基本服务应纳入基本公共服务范畴，由国家保障其制度化地践行。无论是通过民政等部门经费资源整合还是财政直接投入，无论最后是政府体系直接来承担还是政社合作方式（表现在社工站的服务人员是政府直聘或以其他方式成为政府某种编制体系内的人，如像“公办教师”，还是双重身份、双重管理），乡镇社工站终归是“乡镇的”社工站，相关的社工服务是由这些乡镇政府担保并且直接来组织提供的。在中国，如同普及的公办中小学、普及的乡镇卫生院和村卫生室为乡村教师、乡村医生在各处乡镇、村落“留得下、做得出、立得住”提供了基本保证一样，普及的乡镇社工站的建设和运行，同样将为乡村社工在各处乡镇、村落“留得下、做得出、立得住”提供基本的且是当前最重要的保证。

① 关于社会工作制度化的讨论还可参见关信平：《论当前我国专业社会工作的制度建设》，《国家行政学院学报》，2017 年第 5 期。

当然，要通过乡镇社工站建设运行实现乡村社工人才在我国各处乡镇、村落更好地“留得下、做得出、立得住”，实现乡村振兴社会工作服务更有效地践行并更好地发挥对乡村振兴战略乃至更大目标的重要作用，还有许多挑战需要应对、许多课题需要研究。正如前文所述，需要社工专业界内部和外部共同努力行动，为之创造更好的条件、奠定更坚实的基石；这必须是政社协同、携手合作才能做到的。而共同的方向则是：进一步以“制度化”为目标，完善构建社工站相关的整套制度体系，包括运行机制等，从社工站的基本职能和组织领导，经费投入保障和管理，新型人事管理，服务运作管理，考核评估的各种制度创设和完善运行，到各种沟通协调机制等。可以想象，这些绝不是简单的任务，这也绝非一个轻松的过程。类比乡村中小学校和乡镇卫生院等基层医疗卫生服务机构的建设和运行，它们曾经面临诸多课题挑战，乡镇社工站的建设与运行也会同样面临艰巨的课题挑战。虽如此，我们也必须确信基本的社区社会工作服务是属于基本公共服务的，必须在乡村基层公平有效地有效实施，而且我们还确信它是为实现乡村振兴等重大战略目标所必需的。

在进一步加强乡镇社工站建设的制度化方面，另一个重点是通过这种建设务必使乡镇社工或乡村社工人才更加“本地化”甚至“在地化”。这也是从乡村中小学和乡镇卫生院及村卫生室等的经验和教训中可以得出的认识，是确保乡镇社工站建设得以更好地支撑实现乡村振兴社会工作服务目标的重要方面。相关的制度设计安排应当高度关注此点，并切实有力地提供保障支持。长远来看，通过乡镇社工站建设解决乡村振兴社会工作服务人才更好地留得下、做得出、立得住的问题，使有关的服务切实有效地提供并发挥深远重要的作用，很大程度上取决于最后在乡镇社工或乡村社工人才队伍上能否做到“本地化”和“在地化”[①]。这一点甚至比乡村中小

① 张和清在讨论社会工作参与乡村振兴时也认为整个社会是城市中心主义的文化氛围，很难推动社会工作者驻村实现“同吃、同住、同劳动”，但如果没有专业人才进村入户，发展乡村生计、乡风文明和环境友好的社会工作只是空话。参见颜小钗，张和清，廖晓义，兰树记：《乡村振兴，社会工作参与的路径和困境》，《中国社会工作》，2018 年第 22 期。

学校教师队伍和乡村医疗卫生服务机构中的医护人员队伍更加重要和关键，因为，乡村振兴社会工作服务必须是更深扎根进乡土社会的，必须是与村落等乡村共同体血肉相连的。实际上，在前面我们讨论到的各种实现乡村振兴社会工作服务有效践行的可能性中，除了许许多多主要靠外部“输血”的办法之外，还有从本地土壤中长出来的一条根本性的路（比如可以利用国家返乡创业人员鼓励政策建设本地社工人才队伍）。即使出于各种原因和考虑，刚开始是要“输血”，但也务必使输进去的“血”能够带动本体“造血”，生出更多有活力的血液。这样，乡镇社工站也好、各村的社工服务站点也好，都应想方设法地把根扎进乡亲们中，深深地植入本地土壤中。如此，乡镇社工站的建设运行才能也一定能发挥出对乡村振兴社会工作服务的关键性价值意义，助推乡村振兴战略目标的实现。

对于主导乡镇社工站建设的政府来说，其在确保乡镇社工站建设运行朝着前述完善制度化的方向前进并借以实现对乡村振兴社会工作服务的重要意义上也肩负主要及首要的责任。我们为此特别提出“二十四字”方针，作为有关方面把握政策和行动的重要遵循：“赋权专业，保守灵魂；植根社会，推动发展；多元组织，本土结合。”首先，务必充分尊重社会工作的专业性，切实保证专业的自治权，对专业的工作不可越俎代庖；同时首先重视专业性的灵魂部分即社会工作专业的价值观和伦理方面，务求支持社会工作者们始终秉持专业的价值理念，同时追求专业的理论知识和方法技巧的不断精进。其次，要支持引导社会工作者把根扎进社会，善用社会资源，调动和发挥广大人民群众的社会性和社会力，不仅仅停留在自己精细周到地做好服务，更能充分参与和推动社区和当地社会的整体发展，发挥多方面的角色作用，实现社会工作专业全方位贡献于乡村振兴和社会发展的价值；最后，在社工站的建设运行模式上允许多样性并存，紧密结合实际多元化地创造探索，及时总结形成合理有效的组织制度体系，而重要之点应当是努力推进本土化和在地化，真正建立起一支留得下来、根基深厚、懂乡土、爱乡村、爱农民的本地社会工作人才队伍。

六、乡村振兴社会工作服务对社工界的要求及其回应之道

前面一节论述了乡村振兴社会工作服务提供的路径及其制度化，较多偏重对政府方面提出一些要求，因为制度的建立完善当然首先是政府的责任重大。但是，这绝不仅仅是政府的责任，涉及专业性的事情，必须是政府与相关专业领域共同承担。实际上，乡镇社工站建设运行也好，整个乡村振兴社会工作服务的发展也好，必须按照新型治理的精神和原则来开展和进行，那就是“党委领导、政府负责、民主协商、社会协同、公众参与”乃至“法治保障、科技支撑”[①]。而就具体的层面来讲，前面我们也已提到，乡村振兴社会工作服务的践行，仅仅是整个服务从生产、传递践行完整过程中的一环，尽管它是尤为重要的一环，但却绝不可与生产和传递的其他环节分离开来。我们还提到，在整个包括乡镇社工站建设运行的乡村振兴社会工作服务的实施提供中，既需要许多外部的条件和相关资源，也同样需要很多内部条件和相关资源。这里“内部”“外部”是以专业社工界及其成员——各地各处的社会工作者，此处特别是指从事乡村振兴社会工作服务的那些社会工作者或其组织机构，也可概称为“乡村振兴社会工作服务人才及组织”——为主体视角，所谓“内部”即这些人和组织自身，所谓“外部”则是相对内部而言的，本书中特别指政府。

关于乡村振兴社会工作服务对社工界自身提出的要求，这要求是巨大和充满挑战性的，坦率地说，当下中国专业社工界尤其是那些看来在界内具有话语权的成员们，意识其实是不足的。不过，在此也必须指出一个例外，即以广东“双百社工”团队和湖南“禾计划”一些社工成员为例，他们已经在加快认识这些要求和挑战并努力寻求做出及时和适当的回应。

作者认为，乡村振兴社会工作服务对专业社工界提出了从实务实践（既指一线实务，也包括诸多间接工作）到社工服务机构组织管理运作，再到

① 参见十九届四中全会审议通过的《中共中央关于坚持和完善中国特色社会主义制度 推进国家治理体系和治理能力现代化若干重大问题的决定》，2019 年 11 月 5 日。

社工教育、训练和督导，一直到社会工作研究、理论发展与本土知识生产等各个层面、不同方向上的挑战与课题。事实上，最大的课题是如何保证我们能够提供出好的、有质量的乡村振兴社会工作服务，我们的乡村振兴社会工作服务人才及组织能够表现出合格、良好乃至优秀的专业能力水平，令人信服地证明我们服务于乡村振兴战略的效能。在此过程中，我们还要尽快有效地回答，随着普及化、制度化的社区基本社会工作服务体系包括在乡村基层社区的建设发展，怎样更好地推进这些社工人才包括乡村振兴社会工作服务人才的职业化、本土化、专业化。实际上，在政府方面，努力创造和提供外部条件使得乡村振兴社会工作服务人才能“留得下、做得出、立得住”之余，真正使这些人在乡村振兴社会工作服务方面能够“做得好”从而长久地“立得住”，主要靠的是社工界自身。而社工界自身要做出让各方信任的表现，又绝不只是一线社工的事，是整个专业界的事。事实上，当社工发挥作用的空间获得巨大的拓展，对社工们的挑战和考验也显著地增多了。如何迎接好这些考验和挑战，需要社工界同仁一起做好各方面的充分准备[①]。比如，社工站的社工们需要尽快地、恰当地证明自己工作的专业性和服务的成效，方能赢得各个方面不断增强的认可与支持，也让其专业作用的发挥空间愈加稳定和扩展，并产生更深入广泛的效应；一线社工需要得到各种及时有力的保障支持，特别是专业界自身内部应提供的督导、继续教育和培训等能力建设支持；社工服务机构、行业组织等需要相互配合并与相关党政部门特别是基层政府和城乡社区党组织等基层部门保持密切协同，带领社工机构和社工们走在正确的道路上；等等。的确，可以说这必定是专业整体的共同应对才可奏效，而我们恰恰在专业的体系化构建及其整体效能发挥方面还存在着很大的不足，特别是对于当前形势对我们的期待和要求来说可以说是严重滞后的。

---

① 有关社工在农村面临的挑战还可参见刘斌志，郑先令：《新时代乡村振兴社会工作者专业核心能力的构建与实现》,《重庆师范大学学报（社会科学版）》, 2019 年第 2 期；郭占锋，李卓：《中国农村社会工作的发展现状、问题与前景展望》,《社会建设》, 2017 年第 2 期。

同时，本书认为对社工界自身而言最重要的是进一步把持和更有效地表现出自己的专业性，否则将丧失其大部分的意义——如果不是因为社工是专业的，我们相当大程度上就没必要在现有的人员和架构外弄出这一套东西出来。而社工的“专业性”的核心和根本是它的专业价值理念，它对人的人本关怀、对每个个人和家庭福祉的担当、对社会公平正义的追求，以及它“助人自助”，促进人们和社区共同成长进步。其次，社工专业拥有经过上百年实践检验的有效服务和工作的方法技巧，背后有精深的理论知识和视角的支撑，赋予它在助人上有“化腐朽为神奇”的功效，更能够在助人的基础上引导受助者走向自助、互助直至助他的道路，促进社区和社会环境的积极改变。这样才使得它被人们寄予厚望，信任它在基本民生保障、基层社会治理、基本社会服务，以及在乡村振兴、城市美好生活营造等诸多方面能发挥重要的作用、提供重要的助力。对此，中国社工界自身需要愈加清醒地认识到，我们离党和政府、离广大人民群众的期望还有不小的距离，与人类社会整个专业界在历史发展中所达到的标准相比也还存在着一定的不足，我们的根本所系还不够稳固有力。因此我们需要紧迫地行动起来，加快在自身专业内部构建和完善起专业性的保障体系，特别是有效合理地抵御住愈发严峻的“商业化”及“行政化”趋势的冲击影响。在这方面，本书认为当下我国社工教育界、学界尤其要在各方支持下担负起自己的责任，尽快探索建设适应新的形势发展要求的专业教育培训和督导体系，使这样一个体系更能培养出符合现实所需的各类专业社工人才，包括大量的本土社工人才乃至“赤脚社工”人才，并支持和保证他们的专业价值理念始终都是不折不扣的、专业的理论知识与方法技巧能不断精进的。此外，社工行业组织等也要在此方面发挥更好的作用、做出更令人满意的表现。这方面先行的一些省份如广东“双百计划”已积累了较好的经验，值得好好总结并推广。此外，如像湖南、四川等地也都开始关注、重视相关的问题并做出了各种行动和努力，以求回答好种种挑战。本书认为，“发展性社会工作”在多层面上立体地给出了应对这种种挑战的答案，接下来全国社工界需要更全面充分地认识和掌握并以之为指引去行动。

行文至此，就社工界如何更好应对乡村振兴社会工作服务所提出的机遇和挑战而言，本书还有一个认识，即除了一些方法策略的层面，更重要的是根本之道。社工专业要更清明地寻根、认根、守根，才能在纷繁复杂的挑战和眼花缭乱的境遇面前保持定力、立于不败之地。我们追求专业性是为了更好地回馈社会和民众；我们当与政府和其他公益力量一起，努力推动政社合作的伙伴关系，携手同行，营造共建共治共享的共同体，造福于每个个人、家庭、社区、地方社会和民族乃至全人类。我们务必须时刻牢记，不负民众的期望、社会的托付、国家的信任和各方的支持，努力作为，不负时代。

结　语

乡村振兴必将为社会工作提供巨大的历史机遇和作用空间，乡村振兴社会工作服务必将成为中国社会工作的重要实践领域并且为全世界社会工作贡献出重要价值。同时，乡村振兴社会工作服务也对社工界和相关各方提出了巨大挑战。我们必须共同行动，一起做出有效回应。

这回应必须在民政部门和有关党政方面的高度重视和全力支持下才能达成目标。其中，关键性的是，有关部门组织应当坚持按照社会治理的原则，特别是“政社协同”的精神来把握和进行相关的工作，既强化领导统筹、政策规范等，也充分尊重专业、包容呵护社工和社工机构的成长，并全心全意提供保障支持“专业的人去做好专业的事”。事实上，这也是已有的类似计划行动取得成功的重要经验所在。就与此密切相关的乡镇社工站建设运行来说，相关政策制度一方面应以提供充足合理稳定的职业保障来帮助社工机构和社工抵制“商业化”的不良腐蚀，另一方面充分尊重和支持专业自律自治以抵制“行政化”的某些负面影响；同时要推动社工界在寻根、认根、守根中固本强基，成为适应、适合、适助中国优秀传统和现实与未来的存在力量。希望可供各方作为一点参考。此外，“发展性社会工作”需要被确立为乡村振兴社会工作服务普遍的重要指导理论模式得到践行。

最后，我们所有人都应更加清楚明确地认识到并努力确保：社会工作当用自己的专业之心和专业之行，回馈于社会和民众，并助力我们的国家进一步走向富强、民主、文明，助力乡村的复兴与振兴，使中华民族更为自豪地立于世界之林。

中国扶贫历史与乡村振兴发展回溯

陈太勇[①]　李觉华[②]

2021 年 2 月 25 日，习近平总书记在全国脱贫攻坚总结表彰大会上庄严宣告：“经过全党全国各族人民共同努力，在迎来中国共产党成立一百周年的重要时刻，我国脱贫攻坚战取得了全面胜利！”中国共产党自新民主主义革命时期就团结、带领广大农民“打土豪、分田地”，实行“耕者有其田”，帮助穷苦人翻身得解放，赢得了最广大人民广泛的支持和拥护，夺取了中国革命胜利，建立了全新的中国，为摆脱贫困创造了政治条件。中华人民共和国成立后，党和政府通过确立社会主义基本制度，推进社会主义建设，组织人民自力更生、发愤图强、重整山河，为摆脱贫困、改善人民生活打下了坚实基础。特别是 1978 年改革开放以来，国家实施了大规模、有计划、有组织的扶贫开发，着力解放和发展社会生产力，着力保障和改善民生，取得了举世瞩目的伟大成就。我国贫困人口从 1978 年的 7.7 亿到 2020 年的全部清零，减少了 7 亿 7 千万贫困人口。国家也意识到，部分贫困人口仍然比较脆弱，容易返贫。为了防止返贫，巩固脱贫成果，国家于 2018 年就开始推进乡村振兴，并于 2021 年全面实施，要求做到脱贫攻坚与乡村振兴的有效衔接，列出 160 个乡村振兴重点县进行重点支持。

一、国家层面扶贫的缘起

习近平总书记指出：“贫困是人类社会的顽疾。反贫困始终是古今中外治国安邦的一件大事。一部中国史，就是一部中华民族同贫困作斗争的历史。”

---

① 陈太勇，四川海惠助贫服务中心主任，成都市社会组织乡村振兴联盟会长。
② 李觉华，华中科技大学社会工作硕士研究生，成都师范学院讲师。

然而，一直到国家实行改革开放政策以前，我国农村社会事实上处于普遍贫困状况。1978 年 12 月党的十一届三中全会召开后，党和国家工作重心转移到经济建设上，率先在农村实行经济体制改革。以家庭联产承包经营制度取代人民公社集体经营制度，赋予农民农业生产自主权，极大地激发了广大农民劳动积极性，耕地粮食单产量不断提高，农村经济快速发展。1978—1985 年，农村没有解决温饱的人口从 2.5 亿人减少到 1.25 亿人。这部分人口占农村总人口的比例由 30.7%下降到 14.8%。国家解决温饱的成就巨大。但是，1986 年以前，我们国家并不承认社会主义国家有贫困现象，政府也没有专门的扶贫机构和制度。虽然存在扶危济困的行为，却没有上升到国家意志的高度。

1986 年，国务院贫困地区经济开发领导小组成立，中国式扶贫——“有组织、有计划、大规模的农村扶贫开发活动”拉开序幕。当年 5 月 14 日，时任国务院副总理田纪云主持了第一次领导小组全体会议。根据会议纪要，当时全国农村人均年纯收入低于 200 元的约有 1.02 亿人，占农村总人口的 12.2%，“部分农民的温饱问题尚未完全解决”。会议认为，此前多年“平均分散使用力量，一般化的领导方式”，是贫困地区发展缓慢的重要原因。两个月后的第二次领导小组全体会议宣布了国务院的决定：在原来用于扶持贫困地区资金数量不变的基础上，新增加十亿元专项贴息贷款。

在设立专门机构之前，1984 年，中央划定了 18 个需要重点扶持的贫困地带，国务院颁布《关于帮助贫困地区尽快改变面貌的通知》。此前，中央虽有性质类似扶贫开发的以工代赈计划和“三西”农业专项建设项目，但政策文件中却罕见“贫困”二字。到 1986 年，依据农村人均年收入和县级单位的财政状况，国定贫困县标准第一次划出，这标志着我国官方扶贫的正式开始。

二、国家官方扶贫的全面推进

1978—1985 年国家通过在农村实行家庭联产承包责任制大幅度解决温饱。1985 年，又实施了以市场化为导向的农产品流通体制改革，促进了农产品市场的发展，提高了农村贫困群众的收入。实际上这个阶段是以农村体制改革推动经济增长消除普遍贫困，可以称为改制扶贫。自 1986 年到 2020 年的 34 年间，我国贫困从区域贫困到基本解决贫困问题，再到全面消除贫困等多个贫困变化形态，也经历了制度不断变革、政策不断改革、方式不断创新的不同阶段及过程。从“救济式扶贫”到“开发式扶贫”；从“区域性扶贫”到瞄准贫困县、“整村推进”，从“扶贫入户”到“精准扶贫”，党和政府推进的程度越来越深，范围越来越广。

1. 从救济式扶贫转向开发式扶贫 （1986—2000 年）

1986 年，国家依据农村人均年收入和县级单位的财政状况首次划出国定贫困县标准：1985 年人均纯收入低于 150 元的县和年人均纯收入低于 200 元的少数民族自治县，对民主革命时期做出过重大贡献的老区县放宽到 300 元。这一时期，甄别贫困户没有统一的收入标准，只凭直观印象：“食不果腹，衣不遮体，房不蔽风雨”，简称“三不户”。对这些贫困人口来说，急需救济，这样的救济式扶贫可以立竿见影，解决燃眉之急，但不能从根本上解决贫困问题。1986 年我国开始实施开发式扶贫战略，通过开发贫困地区优势资源，引导贫困地区发展特色产业来提高其自身的“造血功能”，这是农村贫困地区脱贫致富的重要出路。然而，对于那些缺乏劳动能力的贫困群体，开发式扶贫远远不能满足他们的基本生活需要，必须以救济式扶贫为辅。推动开发式扶贫与救济式扶贫相结合，是我国农村扶贫工作的基本方针，有助于保障我国扶贫事业持续推进，也是我国扶贫事业顺利推进的一条宝贵经验。

此阶段从中央到县各级政府成立了专门扶贫工作机构，建立了以政府力量为主体的国家扶贫治理结构，改变扶贫开发瞄准方式，建立以县为对象的目标瞄准机制（1988 年确定了 370 个国家级贫困县，1994 年制定《国家八七扶贫攻坚计划》时调整为 592 个），将 70%的扶贫资金用于贫困县。考虑当时的贫困呈现出连片的地理特点，相当多的县从整体上明显落后于其他县，县又是政府行政计划的最低一级单元，以县为单位有利于政府政策和项目的计划和管理，以县为单元的瞄准和执行，对当时的扶贫工作起到了积极作用。

扶贫治理体系从体制改革向以政府主导的公共治理力量转变和扶贫资源的县级瞄准，使得我国农村贫困人口以较快的速度、较大的规模持续减少，在减贫效果上获得了较好的效果。到2000年年底，国家“八七”扶贫攻坚目标基本实现，农村尚未解决温饱问题的贫困人口由1985年的1.25亿人减少到2 000年的3 000万人，农村贫困发生率从14.8%下降到3%左右。其中《国家八七扶贫攻坚计划》的实施对国定贫困县的发展产生了积极作用。该计划开篇第一句就是1992年邓小平南方谈话时的论断：“社会主义要消灭贫穷。”“八七”的含义就是在20世纪的最后7年，集中力量基本解决全国农村8000万贫困人口的温饱问题。根据“四进七出”标准（凡是1992年年人均纯收入低于400元的县全部纳入国家贫困县扶持范围，凡是高于700元的原国定贫困县一律退出），列入“八七扶贫攻坚计划”的国家重点扶持的贫困县共有592个，占全国县级单位的27%，云南、陕西、贵州、四川、甘肃省的贫困县均在40个以上。

1996年，第一次高规格的中央扶贫开发工作会议在北京召开，时任中共中央总书记江泽民重申：“今后五年扶贫任务不管多么艰巨，时间多么紧迫，也要下决心打赢这场攻坚战，啃下这块硬骨头，到本世纪末基本解决贫困人口温饱问题的目标绝不能动摇。”国务院扶贫开发领导小组专家咨询委员会（以下简称“专委会”）成员、中国社会科学院贫困问题研究中心副主任吴国宝认为，1996年是中国扶贫政策的一个关键节点：“我们现在看到的很多扶贫政策都是1996年以后出台的，比如鼓励企业、社会组织参与扶贫。”持续十年的实际扶贫资金下降的局面也得以扭转。“八七扶贫攻坚计划”实施的7年间，中央政府累计投入扶贫资金1 240亿元，相当于年度财政支出的5%~7%。1993至2000年，中国农村贫困人口从8 000万下降到3 200万，年均下降速度比改革开放以来的平均减贫速度高3.6个百分点。专委会成员、中国人民大学农业与农村发展学院教授汪三贵主持的一项研究显示，在此期间国定贫困县的粮食和农业生产以及农户纯收入增长高于全国平均水平。

1993 年，国务院贫困地区经济开发领导小组更名为“国务院扶贫开发领导小组”，其设在农牧渔业部（现中华人民共和国农业农村部）的办公室亦更名为“国务院扶贫开发领导小组办公室”（以下简称“国务院扶贫办”）。

2. 以整村推进深化细化扶贫工作，即整村扶贫（2001—2010 年）

进入 21 世纪，随着我国贫困规模不断变小，农村贫困人口分布呈现出“大分散、小集中”特点。贫困人口分布由以前的集中在扶贫开发重点县的区域集中向更低层次的村级社区集中，国家扶贫开发重点县贫困人口占全国贫困人口比例下降到 61.9%（2001 年）。针对新时期贫困问题，扶贫政策瞄准目标降低到村级，2001 年在全国确定了 14.8 万个贫困村作为扶贫工作重点，强调以村为单位调动农民的参与性进行农村扶贫综合开发。这些重点村占全国行政村总数的 21%，分布在全国 1 861 个县（区、市），覆盖了全国 80%的农村贫困人口。这一调整源于许多学者的研究建议，专委会成员、中国农业大学人文与发展学院原院长李小云是其中一位。李小云从 20 世纪 90 年代起研究扶贫，当时他重点关注三个问题：谁是穷人？穷人需要什么？对于未能在经济发展中受益的人，如何通过扶贫措施使其受益？他认为，瞄准村级才能瞄准穷人，令他们真正受益。国务院扶贫办在总结各地实践经验，以贫困村整村推进扶贫规划为切入点，在全国范围开展“整村推进扶贫工作”。国家根据减贫新形势在扶贫工作重心和扶贫资源下沉（进村入户），并据此建立以贫困村为重点的“一体两翼”扶贫治理体系获得了较好的减贫效果。就整村推进而言，同一县域内，实施整村推进的贫困村农民人均纯收入比没有实施的增幅高出 20%以上。就整体减贫效果而言，根据 2010 年 1 274 元的扶贫标准衡量，农村贫困人口从 2 000 年年底的 9 422 万人减少到 2010 年的 2 688 万人，农村贫困人口占农村人口的比重从 2000 年的 10.2%下降到 2010 年的 2.8%。

2007 年，农村最低生活保障制度建立。国务院相关通知称，仍有部分贫困人口尚未解决温饱问题，需要政府给予必要的救助，以保障其基本生活。同在 2007 年，王小鲁、李实、汪三贵等学者撰写的《中国发展报告 2007：在发展中消除贫困》引起了国务院扶贫办的重视。专委会成员、北京师范大学中国收入分配研究院执行院长李实在接受《南方周末》记者采访时提到“当时在政策层面，更多是就贫困谈贫困，没有从更广义的角度看到贫困问题。那份报告提出了一些新的扶贫理念，比如不仅要看到绝对贫困，还要看到相对贫困（与社会平均水平相比，收入水平少到一定程度时维持的社会生活状况）；除了收入贫困，也要看到教育、卫生、生活水平等多维贫困。”。国务院扶贫办官员后来找到他，委托他对《中国农村扶贫开发纲要（2001—2010）》的实施情况进行总结评估。李实作为课题组组长，邀请了十多位扶贫领域的专家共同评估。这是中国扶贫历史上，第一次由官方委托第三方对阶段性扶贫工作进行总体评价。报告在肯定扶贫成果的同时提出了不少问题，例如扶贫标准过低、城乡收入差距不断扩大制约扶贫效果、贫困户在扶贫资金分配中没有受到优待等。李实说：“当时虽然没有‘精准扶贫’的概念，但是思路已经明确提了出来：一定要把区域发展和个人帮扶结合起来，使得扶贫效果有效集中在贫困人口身上。以往贫困地区在发展过程中可能非贫困人口受益更多，这种情况下怎么更集中地帮扶贫困人口，这是当时的重点。”

3. 以精准扶贫实现贫困人口如期脱贫，即精准扶贫（2011—2020 年）

进入 21 世纪第二个十年，随着制度改革的纵深推进以及国际国内经济社会发展环境的变化，我国反贫困任务更为繁重，反贫困形势更为复杂。一方面随着扶贫标准的提高，农村地区存在着规模庞大的贫困人口。《中国农村扶贫开发纲要（2011—2020 年）》提出，到 2020 年要稳定实现扶贫对象不愁吃、不愁穿，保障其义务教育、基本医疗和住房。2011 年中央扶贫开发工作会议宣布，将农民人均纯收入 2 300 元作为新的国家扶贫标准，这一标准比 2009 年提高了 92%，对应的扶贫对象规模到 2011 年底约为 1.28 亿人。另一方面农村贫困人口面临的各类风险加大，返贫困现象时有发生，再加上贫困地区农村劳动力向城镇转移，农业生产粗放化、农村空心化现象突出，农村相对贫困问题凸显。

2012 年 11 月党的十八大提出 2020 年全面建成小康社会的宏伟目标，农村地区和贫困地区是全面建成小康社会的重点和难点，扶贫开发步入新的攻坚阶段。2013 年，党中央提出精准扶贫理念，创新扶贫工作机制。提出了打赢脱贫攻坚战，实现贫困人口如期脱贫，贫困县全部摘帽，实施精准扶贫精准脱贫基本方略。2015 年，党中央召开扶贫开发工作会议，提出实现脱贫攻坚目标的总体要求，实行扶持对象、项目安排、资金使用、措施到户、因村派人、脱贫成效“六个精准”，实行发展生产、易地搬迁、生态补偿、发展教育、社会保障兜底“五个一批”，发出打赢脱贫攻坚战的总攻令。扶贫目标的多元化表明，在新的阶段既要从超越重点县、重点村、贫困户三个层次的区域层次来解决一些整体性特殊困难，解决区域发展差距日益扩大问题,也要从具体的贫困农户脱贫问题入手实施扶贫攻坚，实现贫困地区社会的全面小康。因而，实现区域精准和个体精准是新阶段实施精准扶贫的新要求。脱贫攻坚成为“十三五”期间的头等大事和第一民生工程，压力层层向下传递。在 2015 年 11 月末召开的中央扶贫开发工作会议上，中西部 22 个省区立下了扶贫“军令状”，若不能限期完成任务，省委书记或省长将被问责。

2015 年 12 月 15 日，国务院扶贫办政策法规司司长苏国霞在新闻发布会上表示：“从财政投入说，文件（指《中共中央国务院关于打赢脱贫攻坚战的决定》）要求各级的财政投入要和中央打赢脱贫攻坚战的决心相匹配。我们现在初步了解到的，2016 年中央和省级的财政扶贫投入都会有大幅度的增加。……国家真的拿出了真金白银来支持打赢脱贫攻坚战，兵马未动，粮草先行。”

2017 年，党的十九大把精准脱贫作为三大攻坚战之一进行全面部署，锚定全面建成小康社会目标，聚力攻克深度贫困堡垒，决战决胜脱贫攻坚。从 2015 年到 2019 年，全国建档立卡贫困人口从 5 575 万人减少到 551 万人，平均每年减贫人口超过 1 000 万，贫困县数量不断减少，贫困发生率从 5.7%降至 0.6%，脱贫攻坚取得决定性成果。

2020 年，为有力应对新冠肺炎疫情和特大洪涝灾情带来的影响，党中央要求全党全国以更大的决心、更强的力度，做好“加试题”、打好收官战，信心百倍向着脱贫攻坚的最后胜利进军。贫困县、贫困村相继脱贫摘帽，绝对贫困人口全部清零。例如，2020 年 11 月 12 日，甘肃省宣布 2020 年度 8 个贫困县摘帽；11 月 14 日， 新疆莎车等 10 个县退出贫困县序列，云南宣布 88 个贫困县全部退出贫困县序列；11 月 17 日，四川宣布凉山州普格、布拖和昭觉等 7 县退出贫困县序列，全省 88 个贫困县全部清零。11 月 19 日在国新办举行的新闻发布会上，国务院扶贫办副主任欧青平表示，目前所有贫困人口的收入水平都超过了脱贫标准，完全能实现一超过、两不愁、三保障的脱贫目标。

2021 年 2 月 25 日，习近平总书记宣布：“现行标准下 9 899 万农村贫困人口全部脱贫，832 个贫困县全部摘帽，12.8 万个贫困村全部出列，区域性整体贫困得到解决，完成了消除绝对贫困的艰巨任务，创造了又一个彪炳史册的人间奇迹！”

三、不同参与主体的扶贫工作情况

一直以来，政府在社会公共事务中处于主导地位，在脱贫的道路上，我国政府付出了巨大的努力。正如世界银行所评价：“中国反贫工作在减少贫困方面，创造了令人难忘的记录，中国政府为帮助最落后的农村地区所做出的努力要比其他许多发展中国家所做出的努力成功得多。”然而早期政府主导的扶贫也存在一定的局限性。如国内学者刘颖提到的政府扶贫主要起全局性和政策性的作用，具体工作很难细致化，扶贫监督机制缺乏社会监督，特别是来自受益者的监督。在新的时期下，社会发展呈现多样化的趋势，以政府为主导的扶贫机制开始暴露出不足，政府作为社会公共事务管理的主体所能涉及的领域及所起的作用显得力不从心，寻求多样化的合作方法，减轻政府负担，实现社会管理主体多元化成为一种新的趋势。非政府组织或者社会组织等公益组织随势而入，尤其是针对西部大面积的贫困，带着一种非政府组织或社会组织天然的责任感和使命感投入中国的扶贫工作中。

公益组织进入扶贫领域也符合我国扶贫形式的变化，随着扶贫工作持续开展，我国贫困人口数量显著下降。当贫困人口规模缩小时，如果继续以政府为主体进行广泛扶贫，那么效率就不高，此时非政府组织的优势就体现出来，因此非政府组织参与扶贫活动具有重要意义。随着经济的发展，人民生活水平进一步提高，贫困理念也发生了显著变化，从传统的收入贫困到如今的权利贫困，扶贫工作变得多样化，并且相对于收入贫困而言，权利贫困对于贫困人口的贫困状态起着基础性影响。

在西部大开发中，"消除贫困"是一项重要任务，各省（区）扶贫工作一直受到国家和本省（区）政府部门的重视，然而政策扶贫出现的遗漏和缺失使得贫困现实始终处于"待销"状态。越来越多的人逐渐认识到：扶贫不单是政府的事情，"填补政策空白"也就成了非政府组织扶贫的切入点。

在整个脱贫攻坚战中，政府扶贫是主力军，公益扶贫则主要是拾遗补缺，做一些服务类的和类似产业扶贫、消费扶贫等创新型的项目。脱贫攻坚期间，公益组织的积极性很高，内生驱动性尤其强烈，无论东部还是西部的公益组织都发挥各自优势，参与其中。早在 2014 年，国务院办公厅发布的《关于进一步动员社会各方面力量参与扶贫开发的意见》中，就明确了社会组织是扶贫开发的重要主体之一。2018 年初，国务院扶贫开发领导小组发布《关于广泛引导和动员社会组织参与脱贫攻坚的通知》，明确规定"参与脱贫攻坚是社会组织的重要责任"。

（一）境外非政府组织与我国扶贫

我国的贫困由来已久，在我国正值经济、社会、文化蓬勃发展之际，国家财政压力大，尽管已投入大量的人力、物力、资金支持扶贫，但也难免照顾不到更多的贫困山区。境外非政府组织的涌入为我国的扶贫力量注入了一剂强心剂。

1. 境外非政府组织在我国的扶贫工作

本文所指的境外非政府组织，是指在境外合法成立的基金会、社会团体、智库机构等非营利、非政府的社会组织。从 20 世纪 80 年代至今，境外非政府组织进入中国活动的时间已近40年，经历了我国从改革开放初期，到 20 世纪末经济高速增长，到新时代中华民族伟大复兴的不同阶段，也为我国社会经济发展和公共服务带来了大量的资金支援和人才经验引进，在扶贫救助、医疗慈善、环境保护、法律维权、儿童教育等方面做出了积极贡献，推动了我国社会经济的发展。境外非政府组织在我国扶贫的三个阶段。

第一阶段：试探进入阶段（1980—1989 年）。1978 年，党的十一届三中全会胜利召开，党和国家的工作重心由阶级斗争向经济建设转变，改革开放的历史序幕由此拉开。在此时代背景下，为了推动国内经济发展，我国需要境外非政府组织给予一定的资金和技术支援，政府开始接纳境外非政府组织进入国内。随着国家对外开放的逐步推进，境外非政府组织将目光投向中国，并由试探性接触，逐步开展项目，在中国发展。据不完全统计，1980 年代在华活动的境外非政府组织数量超过30个。这些境外非政府组织在当时有着充沛的资金支持和先进的管理理念，并将这些优势带入改革开放初期的中国。我于 1984 年开始就参与了四川省畜牧局引进国际小母牛组织到四川开展畜牧扶贫项目的过程。1987 年 4 月，外经贸部、外交部和财政部上报国务院《关于同国外非政府组织开展经济技术合作若干问题的请示》,确定了外经贸部的中国国际经济技术交流中心为中国与国际民间组织合作的协调机构，并设立国际民间组织联络处负责具体事务，明确了中国政府与国外非政府组织合作的方式和渠道。

第二阶段：快速扩展阶段（1990—2015 年）。随着改革开放的加快发展，中国经济的快速增长，对外交流与交往活动与日俱增，各种社会组织如雨后春笋般迅速成立，境外非政府组织在中国的发展也进入了一个快速发展的阶段。据 2005 年统计数据显示，1990 年代是境外非政府组织大批量进入中国的时期，在此阶段进入中国的非政府组织数量占总体的六成以上。截至 1995 年，在华境外非政府组织数量已超过 100 个。1995 年以后，以第四次世界妇女大会在北京召开为契机，短短 5 年就有 46 个境外非政府组织首次进入中国。进入 21 世纪后，境外非政府组织入华进程进一步加快，随着中国加入世界贸易组织（WTO），每年新增的境外非政府组织数量逐年增加。据不完全统计，长期在华开展活动的境外非政府组织超过 1 000 家，来源以美国、英国、德国、瑞士、日本等发达国家的非政府组织为主，活动地点主要集中在云南、四川、北京等地。数量众多的境外非政府组织也带来了巨大的资金流入，每年有数亿美元的资金进入国内，涵盖了医疗救助、灾难预防、扶贫教育、儿童福利、少数民族、环境保护等多个领域。据清华大学公共管理学院王名教授估计，截至 2005 年，在中国有 3 000 到 6 000 个国际非政府组织。也有专家估计大约有 7 000 个境外非政府组织。而且，早先进入中国的境外非政府组织的资金规模也大幅度增长，我后来担任首席代表的国际小母牛中国（成都）办 1992 年单独注册，到 2014 年，年度机构进账资金达到 5 000 多万元人民币，比注册时增长了 30 余倍，项目已经扩展到以中西部为主的 16 个省市自治区的 100 多个县市。

在华开展活动的境外非政府组织基本都在北京设有代表机构，但其活动范围则主要分布在中国的西南、西北等民族地区，即广义上的“三省五区”：云南、贵州、青海、广西、内蒙古、新疆、西藏、宁夏，这些地区的经济、教育、卫生等领域发展状况相较于沿海地区有一定的差距，因而受到了境外非政府组织的普遍关注，例如：国际救助儿童（英国）在西藏开展教师培训项目，自 20 世纪 90 年代以来，共计为拉萨各县培养了教师近 6000 人，可谓是教育扶贫；世界宣明会在广西、新疆、甘肃等地区开展特殊儿童服务项目，为这些地区的特殊儿童在健康、教育等方面提供了较大的帮助；应善良基金会在青海、云南等地区的学校中实施奖学金、助学金等项目，旨在帮助优秀的贫困学生；中国—默沙东艾滋病基金会在四川大凉山地区开展防治艾滋病的项目，宣传普及防艾卫生知识，对感染艾滋病的民众进行救治。

第三阶段：依法活动阶段（2016 年以来）。我国首部规范境外非政府组织在中国境内活动的法律——《中华人民共和国境外非政府组织境内活动管理法》（简称《境外法》）于 2016 年 4 月 28 日全国人大通过，2017 年 1 月 1 日正式生效施行，我国进入在华境外非政府组织法治化运行与监管阶段。这既是改革开放以来政府对在华境外非政府组织监管经验的概括总结，也是新时期不断继续深化改革开放、建设法治中国的必然要求。境外非政府组织要在中国境内开展活动，享受优惠政策和便利条件的首要前提是必须按照中国法律法规规定进行登记备案，获得合法身份和法律地位。政府依法制定准入的条件和程序，规定能够在中国境内开展活动的境外非政府组织的组织形态、业务范围、活动地域等内容。依法登记或备案的境外非政府组织从而具备主体合法和行为合法的地位。根据北京师范大学中国公益研究院慈善法律中心 2018 年的报告，在《境外法》实施的首年中，共有 259 家境外非政府组织登记了 305 家代表机构，另有 224 家境外非政府组织备案了 487 个临时活动。截至 2017 年底，代表机构数量在前三位的北京、上海和云南三地分别登记 106 家、71 家和 22 家境外非政府组织代表机构。北京有 52 家代表机构开展济困、教育等公益性活动，上海则以经贸类组织居多，仅 6 家代表机构开展公益性活动，云南的代表机构则全部开展公益类活动。而在临时活动中，西南地区开展的临时活动数量最多，达到 182 个。笔者协助香港小母牛找到国务院扶贫办做主管单位，2018 年 3 月在北京市公安局登记建立代表处，继续开展扶贫工作，地域范围包括四川、云南、重庆、贵州、甘肃和内蒙古等西部省市区。

2. 境外非政府组织在扶贫中发挥的作用

（1）境外非政府组织在精准扶贫、脱贫攻坚方面发挥积极作用。其在资金、技术与管理经验方面的优势，可以支持中国同领域的公益组织提升工作能力和成效，有效发挥社会力量参与脱贫攻坚的重要作用。在21世纪头十年，云南有超过200家境外非政府组织和不计其数的中国本土公益组织在这里设立机构或开展项目，是中国非政府组织最活跃的地方。这些境外非政府组织从事着慈善、扶贫、生态保护、医疗卫生、禁毒宣传等诸多领域的工作。据统计，仅2006年，云南省接受多、双边政府及境外非政府组织的援助项目共计230个，援助金总额2 256.98万美元。

（2）弥补政府资源与服务不足。一些活跃在我国贫困地区的境外非政府组织，通过开展一系列的公共项目，弥补了政府公共服务缺失的不足，促进了当地社会经济发展。例如世界宣明会在云南开展的“儿童为本、小区扶贫”项目，通过与民政部门和中华慈善总会合作，资助了许多困难家庭儿童健康成长，推动云南地区扶贫事业的发展；洛克菲勒基金会通过“国际水稻生物技术”，帮助提高贫困地区水稻种植的单位产量；国际小母牛组织帮助四川等地农户发展，向当地贫困家庭提供家畜、农作物及开展农业教育等等这些项目，有效提高了我国部分贫困地区人口的经济收入，缓解了因贫困引发的一些社会矛盾，为当地的经济发展和人民生活水平的提高做出了积极的贡献。

以贵州全省为例，据不完全统计，截至2007年12月31日，在该省活动的国际性非政府组织共计271个，主要来自美国（80个，占29.5%）、英国（7个，占2.6%）等西方发达国家，日本（20个，占7.4%）、韩国（7个，占2.6%）等周边国家以及中国香港（93个，占34.3%）、中国台湾（24个，占8.9%）等地区。在黔活动的国际性非政府组织对于贵州文化教育、卫生、环保、弱视群体关怀等方面的工作起到了积极的促进作用，更重要的是为贵州社会经济的发展带来了许多可资借鉴的经验，例如：小额扶贫贷款、参与式社区发展模式等，对于贵州省实现社会经济可持续发展，减少财政压力等起到了重要作用。

3. 境外非政府组织在扶贫中与当地政府的扶贫合作模式

（1）实施参与式扶贫的管理模式，几乎所有的境外非政府组织都采用参与式扶贫的方式实现贫困地区由“输血扶贫”向“造血扶贫”转变。新模式采取的参与式扶贫方式，其全称为“参与式农村评估方法”（Partipatory Rural Appraisal，简称 PRA），这种方式的具体实施方式是由政府和非政府组织的工作人员下到基层群众中，分析当地贫困的原因，通过开会讨论找出解决的办法，然后将讨论结果告知群众，召开村民大会进行表决，根据结果制定出扶贫规划书，交由村民小组实施。新的合作模式下，扶贫更加强调群众的主体性，项目的负责人是以一种开放的心态和参与式的管理方式去开展工作，增加公众的参与度，让县、镇分管领导、各项目村妇女干部及村民以一种平等的地位研究和讨论项目中的重大问题。在旧的扶贫模式中，扶贫项目是由主管部门统揽包办，忽视了当地贫困群众的实际需求，群众是一种被动接受。而参与式扶贫则是实行“谁使用、谁参与、谁决策”原则，让利益相关者参与进来，为自己的利益出谋划策。通过实施参与式管理，利益相关者都要参与决策，从而体会到自己的利益与项目发展密切相关，因此产生强烈的责任感。贫困群众是共同扶贫开发的主体，不再是传统被动接受援助的对象，只有这样，才能实现“输血扶贫”向“造血扶贫”的发展。

（2）世界宣明会的永胜扶贫模式——境外非政府组织出人、财、物，地方政府给予合法性授权。世界宣明会与当地地方政府的扶贫合作模式，主要是由世界宣明会出人力、物力、财力，永胜县地方政府给予合法性授权。这样的合作模式可以使双方通过借助对方的力量实现自己的目标，永胜政府借助世界宣明会帮助当地群众脱贫，世界宣明会通过当地政府实现其援助贫困地区的目的。

（3）乐施会在农村的扶贫模式——境外非政府组织与地方政府共同出资金和人员。乐施会的宗旨是“助人自助，对抗贫困”。乐施会在国内农村的扶贫属于境外非政府组织提供资金技术和人员，政府提供资金和人员支持的一种合作模式。如乐施会在昆明设立办事处，与云南民族事务委员会进行亲密合作，提供了资金、人员及技术支持。同时，乐施会在拨款扶贫时，坚持实行地方政府项目资金配套，也就是说当地政府也要提供资金和人员上的支持，而且明确规定相关合作部门的职责。乐施会一般承担项目总预算中的材料费，其他费用（包括管理费、水费、群众投工投劳费等），地方政府配套解决。这样的合作模式下，由政府出面负担一部分费用，可以避免当地项目申报项目时漫天要价，政府监督可以保证项目工程按期按质完成。在香港乐施会与云南省扶贫办 2004 年签署的最新协议中，乐施会承诺在 3 年内力争为云南省提供不少于 1 000 万元人民币的扶贫发展与赈灾资金，并向云南省扶贫办及其他合作伙伴提供物资、技术、管理和培训等方面援助。云南省扶贫办则承诺与乐施会共同进行项目选点、选项、立项、监督、评估等项目周期活动；确保资金专款专用；根据合作项目情况按 30%的比例提供国内配套资金及其他配套措施。乐施会在县一级基本都是临时机构，这样的非政府组织临时机构都以项目为导向而成立，往往挂靠在县一级的扶贫办、民族和宗教事务委员会或者农牧局甚至县政府内。

（4）国际小母牛组织的农村社区发展扶贫模式——国际小母牛组织，由其创始人丹·威斯特提出的理念“赠人牛奶，不如助人养牛”而得名，是最早进入中国的为数不多的境外非政府组织之一。国际小母牛早期的项目通过四川省畜牧局引进，并通过各地县畜牧局实施。后来虽然单独注册登记，仍然主要与政府畜牧局、扶贫办、民政局、妇联和团委等部门合作。从 1985 年至 2016 年，小母牛中国项目先后在中国 17 个省市区的 153 个县实施项目 169 个，帮助 127 615 户贫困农户通过“小母牛项目”脱贫或致富。国际小母牛在四川简阳、郫县（现为郫都区）、洪雅、宣汉、新疆吐鲁番和西藏拉萨等县市开展的诸如山羊、肉兔和奶牛产业助贫项目更是为当地建立畜牧产业基地，促进农民脱贫致富做出了贡献。小母牛中国项目是“一个参与性的以社区为基础的乡村发展机构”，其运作模式主要有独立援助、项目合作和对象互助三种。国际小母牛组织最初是以礼品传递的方式来进行受助的互帮互助，即“小母牛”以最直接的方式向贫困人群独立地提供牛羊等牲畜类的物质援助，再由这些农户把牲畜成熟后所产的幼仔以礼品的形式赠送给其他贫困农户。该扶贫模式不仅投入小收益大，能够及时有效地改善贫困人口的生活水平；而且，“礼品传递”作为小母牛项目的最大特色，体现并扩散着自力更生和互助脱贫的价值理念，增强了扶贫减贫的可持续性。与此同时，小母牛组织与政府部门、企业和本土社会组织在资金供给、项目运作、管理经验和发展理念上积极交流与合作。在新合作项目的前期准备中，“小母牛”会用至少半年的时间对合作方进行能力培训，并通过培训促进沟通，使双方的信任关系成熟化。此外，脱贫的参与性还体现在其对象互助的扶贫方式中。互助组一般由 15~25 户农户组成，在小母牛工作人员的引导下，通过识别共同的价值观、接受个人领导力培训、村级调查、项目规划等程序，实现组内成员的互助和组间互助，提高了救助的效率和质量。

2020 年 3 月 12 日上午，国务院新闻办公室举行新闻发布会，国务院扶贫开发领导小组办公室主任刘永富在评价香港对内地扶贫事业的贡献时指出，在内地发展慈善事业和扶贫工作中，无论是香港特区政府还是香港社会组织、企业家和民众，都做了很多的工作，发挥了很好的作用。他特别赞扬了香港小母牛与内地合作的扶贫模式。

（二）国内社会组织参与扶贫

我国扶贫开发领域的本土社会组织主要有：中国扶贫基金会、中国国际非政府组织合作促进会、中国人口福利基金会、中国计划生育协会、中国青少年发展基金会、中华慈善总会、中国影视演员协会、明星慈善基金、农家女实用技能培训学校、爱德基金会、招商局慈善基金会、北京农禾之家咨询服务中心、四川海惠助贫服务中心、四川农村发展组织和小云助贫中心等。社会组织在扶贫的过程中也经历了不同的发展阶段。

1. 国内社会组织参与扶贫的阶段

（1）起步阶段（1986—1993 年）。这个时期社会组织发展举步维艰，扶贫能力有限，自筹社会资源。改革开放后，沿海贫困地区的经济得到快速发展，中西部贫困地区由于客观地理环境的限制，发展缓慢。为提高扶贫效果，缩小区域差距，1986 年国务院成立专门的扶贫开发领导小组，开始实施有组织、有计划、大规模的扶贫，制定救济式扶贫政策，确定 331 个国家级贫困县，开启政府主导的扶贫模式。这一时期的政府财力十分有限，难以满足巨大的扶贫需求，因此政府鼓励社会资源投入扶贫，并主动成立社会组织来吸纳和承接这些资源，如 1989 年成立的中国扶贫基金会就是为了承接国际和港澳台援助。这一时期的慈善组织处于起步阶段，组织数量较少、能力不足。同时，慈善组织多数是以官办慈善组织的形式存在，民间慈善组织参与扶贫的形式单一且多数受到政府的干预，扶贫对象的识别由当地政府决定，扶贫实践活动处于无序状态，慈善公益组织对社会扶贫的总体贡献率不高。据统计，1986 年至 1993 年，社会组织扶贫投入的资金累计不超过 40 亿元，而当时的扶贫资金总投入为 456 亿元。

（2）成长阶段（1994—2000 年）。此阶段发展环境改善，外引内驱，慈善组织快速发展，独立开展扶贫项目。随着农村改革的深入和扶贫开发工作的持续推进，到 20 世纪 90 年代，我国的贫困治理取得了一定成效，贫困问题得到了极大缓解，但脱贫难度也逐渐增大。为解决我国具有长期性、艰巨性和复杂性的贫困问题，调动社会力量的积极性，1994 年，《国家八七扶贫攻坚计划（1994—2000）》设立财政专项扶贫资金，加大扶贫资金投入，制定了一系列扶持、优惠政策支持慈善组织参与扶贫开发工作。这一时期，由于国家对慈善组织的政策支持、国民财富的不断积累、人民慈善公益意识的加强，越来越多的企业、社会团体和公民参与到扶贫开发工作中，除官办慈善组织外，还有许多民间慈善组织和境外非政府组织，慈善组织的存在形式更加多元化。随着慈善组织数量的增加，慈善组织在扶贫领域的竞争越来越激烈，它们开始重视自身的组织管理和改革，也越来越重视扶贫项目的运作和管理，出现了很多具有社会影响力的扶贫项目和公益品牌，如 1995 年中华职业教育社实施的“温暖工程”、1995 年中国人口福利基金会实施的“幸福工程”等。

（3）创新阶段（2001—2012 年）。这一时期为内生驱动期，本土组织能力不断提升，多元主体合作扶贫。进入 21 世纪，经过多年的实践积累和发展，公益组织在扶贫领域的贡献得到社会的认可，积极性不断提高，政府陆续出台相关政策、法规对公益组织参与农村扶贫给予大力支持，并开始探索政府与公益组织合作的扶贫治理模式，公益组织的内生驱动力和创新力增强，能力持续提升。2006 年，为解决“因病致贫”“因病返贫”这一重要的贫困根源，中国青少年发展基金会推出“希望医院——乡镇卫生院救助行动”项目，由中国青基会一次性捐资50万元，地方政府按不低于捐资额 60%的比例匹配资金，用于改造危房、更新医疗器械、培训医技人员。同时，慈善公益行业内也不断创新合作模式，通过互联网等信息平台进行信息公开，注重扶贫模式的创新，涌现出社会企业、企业基金会等多种形式，还注重通过网络形式拓宽扶贫渠道和募集资金。如 2011 年 4 月，邓飞联合中国社会福利基金会发起免费午餐行动，倡议人们每天捐款 3 元为贫困地区儿童提供免费午餐。该项目通过微博进行倡议和募捐，2011 年共募集资金 1 800 多万元人民币。

（4）法制化、常态化阶段（2013 年至今）。公益慈善组织能力得到认可，积极参与扶贫，内生驱动更强。党的十八大以来，脱贫攻坚在国家战略层面的地位凸显，扶贫工作成为全面建成小康社会的关键步骤。2013 年，习近平总书记做出“实事求是、因地制宜、分类指导、精准扶贫”的重要指示，这标志着我国扶贫工作进入精准扶贫阶段。经过长时间的经验积累和成长，慈善公益组织成为政府扶贫开发的重要补充力量。2016 年 9 月 1 日正式实施的《中华人民共和国慈善法》为慈善公益组织参与扶贫提供了明确的法律依据。截至 2016 年底，全国共有社会组织 70.2 万个，接受各种社会捐赠 786.7 亿元。各地公益社会组织、基金会针对不同的贫困群体，按照精准识别、精准帮扶的原则开展扶贫工作，慈善公益组织参与扶贫的领域向教育、医疗、就业等方面不断拓展，参与扶贫的模式涉及产业扶贫、旅游扶贫、技术扶贫等多种创新性扶贫模式。2018 年以来，全国共有约 4.2 万家社会组织专门立项开展脱贫攻坚，项目超过 6 万个。其中，全国性社会组织共有 686 家，开展项目 1 536 个，支出约 323 亿元，受益建档立卡贫困人口约 581 万；省级社会组织超过 4 500 家，立项逾 8 000 个，投入资金 80 多亿元，受益人口 1 600 多万。

2. 社会组织在扶贫中发挥的作用

1）促进农村经济发展，实现脱贫减贫

（1）通过直接提供包括资金、物资等经济资源，以强制投入的方式打破贫困所固有的恶性循环，从量和质两个方面改变贫困人口的生活状态。

（2）通过开展项目，包括各种形式的培训，将大量有用的信息和技术技能传授给受益人，使农村经济向着专业化、规模化、社会化方向发展。社会组织成员由于拥有自己的专业技能，在扶贫领域有更强的专业性。同时，社会组织成员更容易接受新事物，学习新技术，运用新设备，他们通过运用创新的方式和方法改变贫困人口的生活状态。

（3）通过小额贷款制度等扶贫项目，对农户贷款实施利率低、期限长的贷款方式实施农村扶贫。在投入资源的同时，社会组织形成责任和约束机制，采取正向激励机制，在农户按时还清所有借贷本金和利息后，给予贫困农民更大数额的后续贷款，从社会资本和生产制度上改变贫困人口的生活状态。

（4）通过开展科学教育，实行科教扶贫。“授人以鱼不如授之以渔”，社会组织成员在农村扶贫中除了发挥自身的专业特长外，还积极发现农村中具有专业特长的专家。这些人多是农村专业户，是农村科技致富带头人，他们生长在农村，和自己的乡亲们朝夕相处，了解本地的资源特征和发展强项。社会组织成员将他们团结到一起，组成农业专业技术协会，从信息技术、管理销售等方面进行全程服务，帮助农村脱贫致富。

2）协调并监督各级政府贯彻执行有关扶贫开发的方针政策

社会组织作为政府组织和农民之间的中介，在协调政府和农民之间关系，监督政府扶贫政策实施方面，有自己的优势和作用：一方面，社会组织可以发挥自身的专业性以及深入基层的优势，协调有关政策并监督其实施，更好地保证扶贫政策的落实；另一方面，社会组织独立于政府组织之外，更能以客观的眼光监督和评价扶贫效果，确保扶贫效果的真正实现。

3）对其他公共事业的推动作用，助力扶贫

（1）促进农村教育事业发展。社会组织在农村扶贫的过程中注重对教育的投资，开办希望学校，以及进行各类职业教育培训，从教育入手，改变农民安于现状、不思进取的落后观念，培养农民敢想敢做、敢闯敢为的进取精神；同时，通过职业培训，将大量有用的知识和技术传授给农民，让农民通过自己的实践，掌握技术，改变农村贫困的生活。农村教育事业的发展，有利于提高农民的文化素质和科技水平，有利于农村的进步和发展。

（2）促进农村基础设施事业建设。造成我国的贫困地区不富裕的部分原因是自然条件和地理环境恶劣。因此，农村扶贫中首先要保障农村的基础设施建设，尤其是交通运输的通畅，因为农业结构的调整和农副产品的深加工，都离不开交通运输。因此，社会组织通常会将筹集到的资金积极投入到交通设施建设上来。近年来，随着通信事业的发展，社会组织的扶贫项目也开始涉及通信、信息网络等方向。

（3）促进农村环保事业发展。农村贫困不仅体现在经济发展落后上，还包括农民由于各种原因而对当地环境造成的破坏。例如，山区农民对于当地森林和植被等资源的过度利用和采伐，对水资源的污染破坏，对垃圾没有专门的处理方式而导致蚊蝇等害虫肆虐，造成传染病流行，从而对人们身体健康造成伤害。环境保护领域的社会组织通过实施自然资源和环境保护等项目来改善农村环境，减少农村贫困人口的医药支出等。

4）更好地实现社会公平

改革开放以来，我国处于社会急剧转型期，重效率轻公平使得我国的财富倾向于部分群体，社会成员之间存在着贫富差距现象，同时，由于我国的社会保障系统不完善，尤其农村的社会保障体系极度不健全，因病致贫、因病返贫的情况在农村更是普遍，因此贫富差距有日益扩大趋势。社会组织因其民间性，可以更好地了解这类情况，同时，其自身的自愿性、公益性也为农村扶贫吸引了更多的关注和支持，这对促进社会公平、减少社会矛盾、保持社会稳定有着举足轻重的作用。

3. 社会组织参与政府扶贫项目购买服务

随着我国经济的快速发展，国家财力大增，与早先政府欢迎境外资金弥补经济社会发展所需资源的情形大为不同。2006年国务院扶贫办尝试扶贫项目招标，经过竞标，国际小母牛项目组织、江西省山江湖可持续发展促进会、江西省青少年发展基金会、宁夏扶贫与环境改造中心、中国国际民间组织合作促进会和陕西省妇女理论婚姻家庭研究会6家机构在村级扶贫规划项目招标中最终胜出。这6家机构也因此成为政府扶贫资源首次公开向非政府组织（NGO）开放试点工作的第一批中标机构。这是中国首次将政府扶贫资金委托 NGO 管理。村级扶贫规划项目是由国务院扶贫办发起的开展扶贫模式创新的试点之一。江西省扶贫办提供 1 100 万元财政扶贫资金，全权委托中国扶贫基金会组织招标，选择一些非政府组织在江西省乐安县、兴国县和宁都县的22个重点贫困村实施村级扶贫规划项目。这些年，中共中央和国务院对加快转变政府职能、改善公共服务做出重大部署，明确要求在公共服务领域更多利用社会力量，加大购买服务力度。

四、乡村振兴

2017年，中共十九大报告中，首次提出实施乡村振兴战略。报告指出，农业农村农民问题是关系国计民生的根本性问题，必须始终把解决好“三农”问题作为全党工作重中之重。要坚持农业农村优先发展，按照产业兴旺、生态宜居、乡风文明、治理有效、生活富裕的总要求，建立健全城乡融合发展体制机制和政策体系，加快推进农业农村现代化。

2018年，中央1号文件提出全面部署实施乡村振兴战略。文件从提升农业发展质量、推进乡村绿色发展、繁荣兴盛农村文化、构建乡村治理新体系、提高农村民生保障水平、打好精准脱贫攻坚战、强化乡村振兴制度性供给、强化乡村振兴人才支撑、强化乡村振兴投入保障、坚持和完善党对“三农”工作的领导等方面进行安排部署。随后，国务院印发《乡村振兴战略规划（2018—2022年）》，提出乡村振兴分阶段的目标，对实施乡村振兴战略第一个五年工作做出具体部署，是指导各地区各部门分类有序推进乡村振兴的重要依据。

2021年2月，《中共中央国务院关于全面推进乡村振兴加快农业农村现代化的意见》，即2021年中央一号文件发布。这是21世纪以来第18个指导“三农”工作的中央一号文件。文件指出，“十四五”时期，是乘势而上开启全面建设社会主义现代化国家新征程、向第二个百年奋斗目标进军的第一个五年。民族要复兴，乡村必振兴。全面建设社会主义现代化国家，实现中华民族伟大复兴，最艰巨最繁重的任务依然在农村，最广泛最深厚的基础依然在农村。在中央于2021年2月25日宣布脱贫攻坚取得全面胜利后，国务院扶贫办更名为国家乡村振兴局，在中央农办和农业农村部的领导下负责全国乡村振兴工作。

2021年3月16日是第15个国际社工日，民政部将社会工作宣传活动主题拟定为“凝聚社工力量，助力乡村振兴”。鼓励社会组织员工参与和助力乡村振兴工作。

2021年，全国人大表决通过了《中华人民共和国乡村振兴促进法》（简称《乡村振兴促进法》），为全面实施乡村振兴战略，开展促进乡村产业振兴、人才振兴、文化振兴、生态振兴、组织振兴，推进城乡融合发展等活动提供法律保障。2021年6月1日，《乡村振兴促进法》正式实施。促进法规定，每年农历秋分日为中国农民丰收节；建立乡村振兴考核评价制度、工作年度报告制度和监督检查制度；实行永久基本农田保护制度；建立健全有利于农民收入稳定增长的机制；健全乡村人才工作体制机制；健全重要生态系统保护制度和生态保护补偿机制；建立健全农村住房建设质量安全管理制度；分类有序推进村庄建设，严格规范村庄撤并，严禁违背农民意愿、违反法定程序撤并村庄。

2021年8月27日，中央农村工作领导小组办公室和国家乡村振兴局发布关于公布国家乡村振兴重点帮扶县名单的通知。根据党的十九届五中全会精神、中央农村工作会议精神和《中共中央、国务院关于实现巩固拓展脱贫攻坚成果同乡村振兴有效衔接的意见》安排部署，中共中央办公厅、国务院办公厅印发有关文件，西部10省、区、市综合考虑人均地区生产总值、人均一般公共预算收入、农民人均可支配收入等指标，统筹考虑脱贫摘帽时序、返贫风险等因素，结合各地实际，确定了160个国家乡村振兴重点帮扶县，经中央农村工作领导小组批准同意，现予以公布。各有关省区市要认真贯彻党中央、国务院决策部署，强化政策倾斜，加强监测评估，集中支持做好巩固拓展脱贫攻坚成果同乡村振兴有效衔接工作，让脱贫基础更加稳固、成效更可持续。

2022年2月15日，“民政部国家乡村振兴局关于动员引导社会组织参与乡村振兴工作的通知”中指出：参与乡村振兴，既是社会组织的重要责任，又是社会组织服务国家、服务社会、服务群众、服务行业的重要体现，更是社会组织实干成长、实现高质量发展的重要途径和广阔舞台。在推动实现巩固拓展脱贫攻坚成果同乡村振兴有效衔接上要求：保持支持、激励、规范社会组织参与帮扶政策总体稳定，聚焦全面加强巩固拓展社会组织领域脱贫攻坚成果同乡村振兴的有效衔接，引导社会组织在促进脱贫人口稳定就业，加大技能培训力度，发展壮大脱贫产业，加强农村低收入人口常态化帮扶方面发挥积极作用，努力增强脱贫地区的自我发展能力。民政部门、乡村振兴部门要精准对接脱贫地区人民群众帮扶需求，推动社会组织工作重心从解决“两不愁三保障”逐步向助力乡村产业兴旺、生态宜居、乡风文明、治理有效、生活富裕转变，接续引导社会组织从集中资源支持脱贫攻坚转向巩固拓展脱贫攻坚成果和全面推进乡村振兴。地方各级乡村振兴部门要会同同级民政部门打造社会组织助力乡村振兴公益品牌行动和社会组织乡村行活动。以开展专项行动为载体，进一步整合社会资源、挖掘社会组织潜力，形成社会组织参与乡村振兴的共同意愿与行动。通过开展专项行动，启动一批社会组织帮扶合作重点项目，打造一批社会组织助力乡村振兴服务的特色品牌，推广一批社会组织参与乡村振兴和对口帮扶的典型案例，在全国范围内起到示范带动作用。省级民政部门要会同同级乡村振兴部门利用政务服务网，建设集中统一、开放共享的社会组织参与乡村振兴互联网服务平台。要通过统一平台，及时发布本省和帮扶地区乡村振兴规划、政策、项目等信息，提高社会组织参与乡村振兴供需对接成功率。省级民政部门会同同级乡村振兴部门，通过政府购买服务等方式，在强化网络安全保障的基础上，鼓励社会力量参与平台建设、加强共享合作，充分利用信息技术提高平台服务的可及性和便利性。要通过定期组织项目对接会、公益博览会、现场考察调研、慈善展览会等多种形式，促成社会组织乡村振兴资源供给与帮扶地区需求精准、有效对接。民政部门、乡村振兴部门要加大投入力度，建设社会组织参与乡村振兴的项目库，推动帮扶工作靶向化、精准化、智能化发展。县级乡村振兴部门要坚持需求导向，组织本地社会组织重点面向现行政策保障不到位的困难群众和地方，加强摸底、走访、调研、筛选，通过“问需于民”“问计于社会组织”等方式，建成便于社会组织参与、聚焦困难群众关切、“输血”与“造血”相结合的需求项目库。民政部门要不断优化社会组织项目资源供给，通过加大宣传动员、举办展览展示、组织公益创投大赛、开展实地考察等方式，组织本地社会组织提出项目方案，建立健全易于困难群众“点单”、便于本地社会组织“接单”，多层次、多领域、有重点的社会组织参与乡村振兴供给项目库。省级民政部门、乡村振兴部门要统筹好本省社会组织参与乡村振兴项目库建设和共享推送工作，推动资源、项目、人才向基层倾斜、向欠发达地区倾斜、向困难群众倾斜。有条件的地方可探索将区块链技术与精准帮扶数据相结合，通过“区块链+帮扶”方式助推精准帮扶优化升级。民政部门支持以服务乡村振兴为宗旨的社会组织依法登记，发挥社会组织在产业振兴、科技助农、文化体育、环保生态、卫生健康、社会治理、民生保障方面的积极作用。大力培育服务性、公益性、互助性农村社会组织。推动有关部门和地区将政策、资金、人才等各项资源更多用于农村社会组织发展。支持高校毕业生、退役军人和返乡创业农民工等依法领办创办农村社区社会组织，参与乡村治理体系建设。乡村振兴部门要会同民政部门完善帮扶合作机制。引导全国性社会组织、省级社会组织集中支持乡村振兴重点帮扶县。积极支持各中央单位，引导相关领域全国性社会组织开展定点帮扶和援疆援藏。搭建东西部协作交流平台，支持具有较大辐射力和影响力的东部地区社会组织参与定点帮扶、对口支援。鼓励、支持社会组织重点参与所在地的乡村振兴。民政部门要会同乡村振兴部门推动“五社联动”，创新社会组织与社区、社会工作者、社区志愿者、社会慈善资源联动机制。要注重帮扶地区社会组织能力建设，动员枢纽型社会组织通过强化业务培训、引导参加相关职业资格考试等措施，着力培养一批项目意识强、专业水平高、热心乡村振兴事业的基层社会组织领军人才，确保帮扶项目用得上、留得住、出成效。要坚持系统谋划，推动不同层级、不同类型、不同领域的社会组织精准发力、协调配合，在帮扶行动中实现信息共享、资源互动、功能互补。要鼓励引导社会资金支持服务乡村振兴的社会组织发展，支持有意愿、有能力的企业、个人和其他组织在社会组织中设立乡村振兴专项基金。要大力表彰在乡村振兴中做出突出贡献的社会组织，通过表扬通报、典型选树、案例宣传等方式，提高社会组织参与乡村振兴的积极性。要在社会组织评估、评优等工作中增设社会组织参与乡村振兴指标，加大有关分值比重，通过政策引导和激励，激发社会组织参与乡村振兴活力。

2019 年，在成都市民政局的支持下，四川海惠助贫服务中心联合成都农禾之家公益发展中心、成都汇智社会工作服务中心、成都心家园社会工作服务中心、金堂县社会工作者协会、成都高新区安逸舍社区服务中心共同发起成都市社会组织乡村振兴联盟，于 2020 年 7 月 6 日正式注册成立。联盟以“振兴乡村、跨界联合、合作共进”为宗旨，现已经有包括中国扶贫基金会在内的会员单位 65 个。联盟截至 2022 年 5 月与成都慈善总会合作建立了“乡村振兴专项基金”并设立专项基金办公室，拟立足成都、面向四川乃至西南、西北地区促进社会组织参与乡村振兴。

五、郫都区的扶贫与乡村振兴

（一）郫都区的扶贫历史

郫都区在郫县时期就在县农村发展局设有农村扶贫开发办公室（挂郫县农村扶贫开发工作领导小组办公室牌子）设主任 1 名。负责制订全县农村扶贫开发计划；负责全县农村扶贫开发的指导、协调和政策制订；负责做好全县农村贫困户扶贫工作以及集中扶贫项目的初审、督查和考核工作；负责全县对口帮扶工作；负责农村扶贫开发资金的监督管理；承担县农村扶贫开发工作领导小组交办的事项。

国际小母牛组织于1996—2005年通过郫县畜牧局在郫县开展过畜牧扶贫工作。第一个项目是一个肉兔助贫项目，1996 年 5 月 20 日，我们从小母牛组织帮扶的大邑县肉兔助贫项目里运送了50只良种兔给安德镇高里村的 7 户贫困户。由于郫县畜牧局项目管理、技术培训和服务搞得好，项目取得了很好的效果。到 2000 年 6 月底，共发放 560 只兔给 42 个贫困家庭，平均每户年收入 4 000 元，远远高于当时的贫困线，摆脱了贫困。第二个项目则是 2002—2005 年间引进了 64 头美国高产奶牛在古城建立了高产奶牛繁育中心，帮助三道堰和古城一带的 375 户农户通过饲养奶牛户均增收超过 8 000 元。

县扶贫办于 2009 年 6 月 28 日—7 月 3 日组织部分经济发展相对缓慢村的支部书记或村主任 20 名赴县外开展以社会主义新农村建设、现代农业发展为内容的专题培训。旨在帮助基层领导进一步开阔视野，改变观念，增强他们致富农村、服务农村的能力。《2009 年郫县调研农业和农村经济工作课题推荐》的 32 条中，第 12 条“新形势下产业扶贫的对策建议”就是专门针对扶贫的。

2011年，中共郫县县委组织部发出《关于开展“领导挂点、部门包村、干部帮户”活动工作安排的通知》（郫组通〔2011〕8 号）。中共郫县农村发展局委员会则发布了《关于开展“领导挂点、部门包村、干部帮户”活动的实施方案》。要求紧密结合打造“一城两带三基地”，建设宜居宜业现代田园城市，要充分发挥各科室、下属事业单位的人才和资源优势，结合帮扶社区、村、农户实际，帮助找准发展路子，明确发展重点，努力为困难群众做实事、办好事，使帮扶活动过程变成密切党群干群关系的过程，变成促进社会和谐稳定的过程。力争在 “四大基础工程”、产业扶贫开发、干部作风和基层组织建设四个方面取得新成效。在具体帮扶任务上，局领导班子成员每人帮扶一户贫困党员或困难户。副局级下属事业单位中心主任每人帮扶一户贫困党员或困难户。根据帮扶对象具体情况，充分发挥行政科室、下属事业单位的职能优势，找准适合的脱贫致富项目，送信息、送技术、送优良品种、送优良畜禽到户，确保帮扶对象在生产上有新提高，生活质量上有新改善，精神面貌上有改观。原则上每年要到各自联系帮扶对象走访慰问两次以上，特别是要认真帮助解决就业、就医、就学等方面的具体困难。

2014年，成都市宣布，全市相对贫困村民人均收入 9 325 元，全市消除了 2 736 元农村扶贫标准以下的贫困对象，全面完成省政府下达的减贫目标任务，相对贫困村人均收入增幅超过全市农民人均收入 14 个百分点。

2017年11月22日在郫都区机关第二办公区召开了全区农村扶贫工作推进大会。会议由区政府办纪检组组长张峻主持，区扶贫工作领导小组办公室主任黄晓云同志通报了区内帮扶、定点帮扶、对口帮扶简阳市三项工作的进展情况。对工作推进中发现的问题进行了通报；对脱贫验收工作的验收标准所需准备的档案和印证材料以及工作开展中的短板如何及时弥补进行了详细安排。扶贫工作取得的成绩主要有四点。一是基础设施建设有序推进。二是产业帮扶有效实施。三是各包帮单位、驻村工作队主动作为，通过向贫困户送政策、送知识、送种苗等形式，极大地激发和调动了贫困户发展产业、自主脱贫的积极性。四是社会各界积极参与充分挖掘社会潜力，引导社会各界关注扶贫、支持扶贫、参与扶贫。

2019年，成都市郫都区农村扶贫开发领导小组办公室发出《关于巩固“两不愁三保障”大排查成果深入开展“三落实”“三精准”“三保障”回头看的通知（郫扶领办〔2019〕16号）》。“三落实”方面：一是责任落实。排查各级党委政府脱贫攻坚（扶贫开发）主体责任、各级行业部门分工责任以及驻村结对帮扶责任等方面存在的问题，重点查看各级党委政府研究部署、抓落实的体制机制是否健全，一把手负责制是否落实到位。二是政策落实。排查饮水安全、产业扶贫、就业扶贫、易地扶贫搬迁、农村危房改造、健康扶贫、教育扶贫、金融扶贫、综合保障等方面政策举措是否落实到位，政策措施与帮扶需求是否精准对接，是否达到应有效果等。三是工作落实。排查年度脱贫攻坚（扶贫开发）目标任务完成情况，各类扶贫开发项目组织实施情况，扶贫资金拨付、使用、管理，项目库建设，资金项目公示、公告情况，驻村结对帮扶工作开展情况等。“三精准”方面：一是精准识别，排查是否存在漏评，是否存在大排查未发现的突出问题，数据是否精准，是否做到“账账相符”“账实相符”等；二是精准帮扶，排查“五个一”“三个一”帮扶工作是否扎实，帮扶责任人是否落实到位，帮扶措施是否有针对性等；三是精准退出，排查贫困退出程序是否规范，是否存在错退情况，贫困退出后续巩固措施是否到位，“四个不摘”是否落实到位等。“三保障”方面：一是义务教育，排查义务教育保障是否有遗漏，因身体原因不能上学的是否落实送教上门政策，贫困学生资助政策是否落实，是否存在贫困学生失学辍学等；二是基本医疗，排查贫困人口是否存在没有纳入基本医疗保险、大病保险、医疗救助保障范围，常见病、慢性病是否能够在县乡村三级医疗机构获得及时诊治，得了大病、重病基本生活是否有保障等；三是住房和饮水安全，排查贫困户所居住房屋是否存在安全隐患，居住在CD级危房的贫困户是否纳入农村危房改造、地灾避险搬迁等住房保障政策，是否按时保质完工等。排查饮用水量、水质、供水保障率、取水方便程度等指标是否满足《农村饮水安全评价准则（T-CHES18-2018）》相关规定。

（二）郫都区的乡村振兴探索

2018 年 2 月 12 日上午，习近平总书记到成都市郫都区唐昌街道战旗村视察。习近平对乡亲们说，在实现了温饱、实现了全面小康以后，我们还要继续振兴乡村。中国有 13 亿多人口，吃饭问题始终要靠自己解决，无论城镇化怎么发展都会有几亿农村人口，我们不能一面有繁荣的城市，一面却是落后甚至衰落的乡村。农村的发展不单是产业发展，不单是物质文明，精神文明、文化生活也要搞好。自此，战旗村成为全国乡村振兴第一村。

战旗村从 2006 年开始以合作社为平台，把村民承包地整合起来，实行股份合作制。土地整合之后发展现代农业、壮大集体经济。因为有全村的土地整合，才有了战旗村今天的农业产业，比如中延蓉珍菌业、妈妈农庄、蓝彩虹蓝莓基地等几个农业产业。该村成功敲响了四川农村经营性建设用地"第一槌"，为全村资源盘活打下了很好的基础。此外，村里还组织进行了村庄的土地规划，农地的集中流转、企业化经营，产权制度改革，确权确地等。

郫都区委书记杨东升表示，总书记视察战旗村时既对郫都区的工作给予了肯定，也对未来的工作提出了更高要求，要求郫都"要继续发扬光大、再接再厉，把乡村振兴这件事做好、走在前列、起示范作用；要加强以党支部为核心的农村基层组织建设"等，这为该区下一步深入实施乡村振兴战略、推动城乡融合发展指明了方向、提供了遵循。"我们将牢记总书记'走在前列、起好示范'的殷切嘱托，满怀信心、主动担当，狠抓落实，奋力建设全国乡村振兴示范区。"在具体工作上，郫都区将按照"多规合一、成片连线"思路，以战旗村为核心，整合周边村进行整体规划设计，启动 AAAA 级景区创建，联动推进唐昌、三道堰、安德、友爱等农村区域发展，打造绿色有机农产品生产、休闲体验、乡村旅游等农商文旅融合发展生态圈。同时，大力培育发展集体经济，进一步深化农业供给侧结构性改革，加快农村集体产权制度改革、农村土地制度改革和农村金融改革等 17 项国家省市试点改革，探索农村“资源变资产、资金变股金、农民变股民”发展新模式。此外，实施农业品牌提升工程，利用京东云创、“人人耘”等服务平台，做强“天府水源地”区域品牌，持续擦亮都江堰精华灌区高效精致农业金字招牌。

2018 年 10 月 22 日，郫都区入选 2018 年全国农村一、二、三产业融合发展先导区创建名单。2019 年 12 月 19 日，郫都区入选国家城乡融合发展试验区。

2020 年 12 月 25 日，郫都区在推进城乡融合发展情况总结里提到，按照《成都市“乡村振兴”战略空间发展规划》的要求，打破街道、镇、村行政空间界线，重点强化“人村境业高度和谐统一”，推进农商文旅体融合发展，构建了以“大美田园”乡村振兴走廊本底，以郫都都市农业城乡融合发展单元为动力，以多村连片实施片区为基础的乡村振兴村三级乡村规划体系。郫都先后启动编制完成了“郫都区乡村振兴规划”“郫都区安唐片区概念规划”“郫都区战旗五村连片实施规划”“花友片区产业发展研究及杨雄文化走廊重点区域概念规划”等一系列相关规划。明确了各级规划工作内容、工作深度及相互间的传导、指引关系。构建了“一环四带四单元”的全域乡村振兴功能结构。统筹各类资源，郫都区最终规划形成“城市带动多村连片”“特色镇带动多村连片”“产业功能区带动多村连片”和“多村连片组团发展”4 种乡村振兴融合发展类型。通过全域、发展廊道、融合发展单元三个层面重塑新时期郫都区乡村地区经济地理。

2020 年，郫都区城镇居民人均可支配收入 4.97 万元，增长 5.5%；农村居民人均可支配收入 3.08 万元，增长 8.2%。农业总产值 51.3 亿元，按可比价格计算，同口径比 2019 年（下同）增长 0.1%，其中种植业 48.8 亿元，下降 0.1%；畜牧业 0.3 亿元，增长 0.1%。全年粮食作物播种面积 8.7 万亩（1 亩≈667 平方米），增长 4%；油料作物 4.76 万亩，下降 3.6%；蔬菜 24.72 万亩，下降 9.2%。全年粮食总产量 4.4 万吨，增长 3.4%；油料产量 8 751 吨，下降 0.7%；蔬菜产量 70.41 万吨，下降 9.8%。全年出栏生猪 6 968 头，增长 42.6%；全年肉类总产量 686 吨，增长 24.6%。其中，猪肉产量 489 吨，增长 37.7%；禽肉产量 196 吨，增长 0.1%。禽蛋产量 123 吨，下降 58.4%；牛奶产量 87 吨，增长 86%。

2021 年 5 月 17 日中共成都市郫都区委农村工作领导小组发布《2021 年成都市郫都区实施乡村振兴战略推进城乡融合发展行动计划》（简称《计划》）。为全面贯彻落实中央、省委、市委农村工作会议和中央、省委一号文件精神，立足农业农村发展新阶段、新要求、新任务，对标对表习近平总书记提出乡村振兴“走在前列、起好示范”的总要求，以全国乡村振兴示范区建设为主线，有力有序推进乡村振兴重点工作开展，深化融合共享的内生型乡村振兴发展实践，促进农业高质高效、乡村宜居宜业、农民富裕富足。力争 2021 年，全区农村居民人均可支配收入达到 33 000 元，增幅达到 8%，城乡收入比缩小到 1.6 ∶ 1 之内。在《计划》中提到构建完善防止返贫监测和动态帮扶机制。严格落实过渡期内“四个不摘”要求，持续巩固拓展脱贫攻坚成果，推进区内、简阳、道孚、凉山“一区三点”帮扶，抓好产业提升、基础提升、能力提升、人才提升、对口支援提升“五大提升行动”，强化政企联动科技支撑、产销对接、资本对接、产业融合、农民培训等，明确具体帮扶方案，助力被帮扶地区推进乡村振兴。

2021 年 3 月，郫都区被命名为 2020 年度成都市实施乡村振兴战略推进城乡融合发展先进区（市）县。

2022 年 1 月 26 日，四川省委农村工作会议宣读了《中共四川省委、四川省人民政府关于命名 2021 年度四川省乡村振兴先进县（市、区）、成效显著县（市、区）、重点帮扶优秀县（市、区）、先进乡镇、示范村、重点帮扶优秀村的决定》。郫都区唐昌镇平乐村、三道堰镇古城村获评“2021 年度四川省乡村振兴示范村”。

平乐村——坐落于郫都与都江堰交界处，辖区共有 17 个社。2020 年，平乐村以唐昌国家农业大公园为依托，全面推进君平故里景区组团建设。两年多来，平乐村积极统筹挖掘、整合、丰富君平历史文化、林盘院落自然风光等旅游资源，以党建为引领，因地制宜，积极探索文化振兴、人居环境整治、产业融合三结合模式，提升集体自身造血，实现集体经济壮大和农民增收双赢。

三道堰镇古城村——北邻新都区，西与唐昌镇福昌村相邻，面积 4.39 平方公里，共有 23 个社。近年来，古城村按照以促进农业增效，农民增收和农村繁荣为目标，发挥各资源优势，加快产业结构调整，创新农业发展模式，大力发展特色产业，力求实现全面乡村振兴。竹编鸟笼是古城村独特的文化记忆和技艺传承，古城村以打造“中国鸟笼第一镇”和“古城鸟笼产业化发展基地”为目标，打造乡村文旅产业公园，以特色产业项目推进乡村振兴，带动农民快速增收致富。

最近，成都市郫都区农业农村和林业局《关于成都市郫都区乡村振兴创新提升项目公示》中列出的成都市郫都区乡村振兴创新提升项目中“四川战旗乡村振兴培训学院承办成都市乡村振兴主题培训项目” 旨在：一是广泛征集全国先进地区乡村振兴经验模式,形成自编教材或案例进行推广；二是通过培训，整合一批经典师资、经典课程资源，挖掘、汇聚成都市乡村振兴各领域的专家，形成专家智库；三是通过培训，在工作实务、创新创业领域等方面，汇编工作指南，形成操作手册等，突显培训的指导性，打造一批高素质、高技能、高水平的干部队伍，助力我市乡村振兴继续走在前列、作好示范。

结　语

从国家提出扶贫，到推进开发式扶贫、整村扶贫和精准扶贫，再到乡村振兴，我们看到中国共产党始终不忘初心，牢记使命，为人民谋幸福，看到国家对乡村消除贫困并全面振兴的高度重视和大力投入，看到了社会各界的参与，看到了贫苦地区、贫困村子和贫困人口通过艰苦奋斗、积极努力摆脱贫困奔向小康的巨大变化。社会组织在参与扶贫和乡村振兴的过程中，基于不断变化的需求和错综复杂的形势，不断更新观念理念，探索、实践、创新模式方法，取得更好的成效，越来越受到党和政府的高度重视和社会的广泛支持。社会组织过去为消除贫困做出了不懈努力和重要贡献，在乡村振兴中也必将更好地发挥自己的优势，持续实践，不断创新，为乡村全面振兴，为实现共同富裕，为中华民族的伟大复兴做出更大贡献！

社会工作参与乡村振兴的政策梳理

孙长勇[①] 李觉华[②]

党的十九大提出全面实施乡村振兴战略，提出要按照产业兴旺、生态宜居、乡风文明、治理有效、生活富裕的总要求，加快推进农业农村现代化。党和国家的“十四五”规划进一步指出，走中国特色社会主义乡村振兴道路，全面实施乡村振兴战略。乡村振兴的全面实施，是我国三农问题的“总抓手”，也为我国社会工作尤其是农村社会工作的发展提供了机会和空间。

乡村振兴战略与农村社会工作具有价值亲和性和耦合性[③]。社会工作产生之初就与乡村结下不解之缘，我国的乡村建设运动、美国的睦邻友好运动都体现了这一点。中国的社会工作实践本质上是推动国家政策落地的过程，因此本土的农村社会工作必须以乡村振兴为目标（何雪松，王天齐，2022）。社会工作参与乡村振兴需要物质资本、人力资本和社会资本，也需要参与机会、参与空间和参与能力。乡村振兴战略提出后，中央政府和地方各级政府先后出台相关政策，为社会工作参与乡村振兴提供参与机会、拓宽参与空间、提升参与能力，为社会组织和社工机构提供物质资本、人力资本和社会资本。

本文从国家顶层设计、部门专项政策和地方性政策法规等层面梳理社会工作参与乡村振兴的相关政策，坚持问题意识，尝试对政策进行分析，发现规律、提出问题。最后，以成都市郫都区为例，分析社会工作参与产业振兴、人才振兴、文化振兴、生态振兴和组织振兴的具体政策。郫都区是乡村振兴的先发地区，习近平总书记2018年在郫都区战旗村考察时强调

① 孙长勇，绵阳师范学院讲师。

② 李觉华，华中科技大学社会工作硕士研究生，成都师范学院讲师。

③ 汪鸿波，费梅苹.乡村振兴背景下农村社会工作的实践反思及分层互嵌[J].甘肃社会科学，2019年4期。

"要继续把乡村振兴这件事办好，走在前列、起好示范"①，因此，分析郫都区相关政策的制定和实施具有一定的现实意义。

一、国家顶层设计

自党的十九大提出乡村振兴战略以来，党中央、国务院相继发布系列政策法规，逐步形成了乡村振兴的顶层设计"制度群"，不断促进我国农业农村现代化，提升农村基层治理能力。作为国家治理体系中一支不可忽视的专业力量，社会工作专业人才在乡村振兴中的作用也越来越受到国家层面的重视与认可②。具体政策如下表：

表 1　社会工作参与乡村振兴战略的重要政策一览表

政策名称	发布机构	发布时间
《中共中央、国务院关于实施乡村振兴战略的意见》	中共中央、国务院	2018.2
《乡村振兴战略规划（2018—2022 年）》	中共中央、国务院	2018.5
《中华人民共和国国民经济和社会发展第十四个五年规划和 2035 年远景目标纲要（草案）》	党中央	2021.3
《中共中央 国务院关于全面推进乡村振兴加快农业农村现代化的意见》	中共中央、国务院	2021.2.21
《关于实现巩固拓展脱贫攻坚成果同乡村振兴有效衔接的意见》	中共中央、国务院	2020.12.16 印发 2021.3.22 发布
《中华人民共和国乡村振兴促进法》	全国人大常委会	2021.4.29 通过 2021.6.1 实施
《中共中央 国务院关于做好 2022 年全面推进乡村振兴重点工作的意见》	中共中央、国务院	2022.2.22

① 四川战旗乡村振兴培训学院官网，四川战旗乡村振兴培训学院简介（http://www.xczxschool.cn/newsInfo.aspx?pkId=16074）。

② 本刊编辑部，汪昊.乡村振兴 社工有为[J].中国社会工作，2021（13）：10.

（一）政策梳理

2018 年 2 月，《中共中央、国务院关于实施乡村振兴战略的意见》[（以下简称《意见》（2018）] 正式实施，《意见》（2018）系统全面部署实施乡村振兴战略，提出了实施乡村振兴“三步走”战略。《意见》为实施乡村振兴战略定方向、定思路、定任务、定政策，其出台标志着中央关于实施乡村振兴战略大政方针已经明确（韩俊，2018）。《意见》（2018）明确提出，要加强农村基层基础工作，构建乡村治理新体系。指出要大力培育服务性、公益性、互助性农村社会组织，积极发展农村社会工作和志愿服务。《意见》（2018）的出台为社会工作参与乡村振兴提供了政策依据和制度空间。

在《意见》（2018）的指导下，2018 年 5 月，中共中央、国务院印发《乡村振兴战略规划（2018—2022 年）》[以下简称《规划（2018—2022）》]，这是我国全面推进乡村振兴战略的第一个五年规划。《规划（2018—2022）》中两处提到社会工作，一方面，是对《意见》（2018）的具体落实，提出要积极发展农村社会工作和志愿服务；另一方面，强调乡村人才振兴战略，推动各地通过政府购买服务、引入社会工作专业人才和志愿者等方式，为农村留守儿童和妇女、老年人以及困境儿童提供关爱服务。《规划（2018—2022）》是社会工作参与乡村振兴的制度指引，明确当前社会工作参与乡村振兴的基本方式和重点服务人群，也对地方政府引进社会工作人才提出明确要求。

乡村振兴，人才是关键。为加强乡村振兴人才队伍建设，2021 年 2 月，中共中央办公厅、国务院办公厅印发了《关于加快推进乡村人才振兴的意见》[以下简称《意见》（2021）]。《意见》（2021）直面当前乡村人才供求矛盾，乡村人才遭遇城市“虹吸效应”，持续外流等问题，提出要加快推进乡村人才振兴。社会工作在基层治理中能发挥重要作用已成为社会共识，《意见》（2021）在加快培养乡村治理人才中专门提及农村社会工作人才队伍建设。提出要加快推动乡镇社会工作服务站建设，加大政府购买服务力度，吸引社会工作人才提供专业服务，大力建设社会工作服务类社会组织；

加强本土社会工作专业人才培养力度，鼓励村干部、年轻党员等参加社会工作职业资格评价和各类教育培训。持续实施革命老区、民族地区、边疆地区社会工作专业人才支持计划。加强乡村儿童关爱服务人才队伍建设。

2021 年 6 月，《中华人民共和国乡村振兴促进法》实施。《中华人民共和国乡村振兴促进法》是我国首部以“乡村振兴”命名的基础性、综合性法律，是实施乡村振兴战略的法治基石、法治保障与法治利器（唐仁健，2021），保证乡村振兴事业有法可依。《中华人民共和国乡村振兴促进法》为社会工作参与乡村振兴提供了政策依据。该法第 25 条提出，各级人民政府应当采取措施培育社会工作人才。第 28 条提出，县级以上人民政府应当搭建社会工作和乡村建设志愿服务平台，支持和引导各类人才通过多种方式服务乡村振兴[①]。

2021 年 11 月，国务院印发《“十四五”推进农业农村现代化规划》[以下简称《规划》（2021）]。《规划》（2021）站在脱贫攻坚取得胜利、全面实现小康社会的历史拐点上，明确了下一步乡村振兴工作的重点和方向。《规划》（2021）从两个方面涉及社会工作。一方面是提升村级综合服务能力，提出要加快推动乡镇社会工作服务站建设，吸引社会工作人才提供专业服务。另一方面是开展乡村招才引智行动。建立城市人才定期服务乡村制度，引导社会工作人才服务脱贫等地区。

2022 年 2 月，中央一号文件发布，对 2022 年全面推进乡村振兴重点工作进行了部署。该部署提出要扎实有序做好乡村发展、乡村建设、乡村治理重点工作，标志着乡村振兴战略相关政策基本健全，乡村振兴进入常态化阶段。同时，该部署指出，要加强基本公共服务县域统筹，加强乡镇便民服务和社会工作服务。将社会工作纳入公共服务领域，强调通过城乡融合、县域统筹的方式加强社会工作服务，为社会工作参与乡村振兴提出了新的思路和要求。

除此之外，近两年政府工作报告都提出要大力发展社会工作。社会工

① 澎湃新闻网：中华人民共和国乡村振兴促进法（https://m.thepaper.cn/baijiahao_16347364）。

作连续两年被写入政府工作报告，不断提高社会工作的“政治地位”，提高各级政府对社会工作的认识，客观上促进了社会工作参与乡村振兴。

（二）政策评述

全面实施乡村振兴战略以来，党中央、国务院相继发布一系列政策法规，逐步形成乡村振兴的顶层设计“制度群”，不断促进我国农业农村现代化，提升农村基层治理能力。作为国家治理体系中一支不可忽视的重要专业力量，社会工作专业人才在乡村振兴中的作用也越来越受到国家层面的重视与认可。党中央国务院的顶层设计，为相关部门和地方各级政府相关政策制定指明了方向，为社会工作参与乡村振兴提供了参与机会和参与空间。同时，中央政策在个别方面缺少相应评估指标，这影响了地方上的政策制定和实施。

二、部门专项政策

为贯彻落实中共中央和国务院的重要部署，国务院各部门结合部门优势，积极出台专项政策，确保乡村振兴战略的具体实施。在这些专项政策中，民政部门出台的相关政策对社会工作参与乡村振兴影响深远。

（一）政策梳理

2021 年 4 月，民政部办公厅印发《关于加快乡镇（街道）社工站建设的通知》[以下简称《通知》(2021)],《通知》提出要统筹加快推进乡镇（街道）社工站建设进度，把握专业化、高质量的乡镇（街道）社工站发展方向，要求要聚焦服务人群，发挥社会工作专业优势。基于广东社工“百人计划”和湖南省“禾计划”的相关探索提出，2020 年民政部部长李纪恒在湖南调研时提到要大力发展乡镇（街道）社工站。2020 年 10 月 17 日，民政部在湖南召开推进乡镇（街道）社工站建设的会议，提出在“十四五”

末，力争实现乡镇（街道）社工站的全覆盖[①]。社会工作参与乡村振兴需要人才，也需要组织和平台。乡镇（街道）社工站的建设为社会工作参与乡村振兴提供了平台，能发挥着战斗堡垒的作用，在政策上和现实中都赋予了社会工作参与乡村振兴的“空间”。目前，乡镇（街道）社工站的建设在全国如火如荼地开展，为社会工作参与乡村社会提供了机会，同时也伴生了一些现实问题。正如王思斌教授指出的，乡镇社工站建设既要坚持专业化，也要坚持本土化、本地化。

2022 年 1 月，民政部、国家乡村振兴局联合印发《“十四五”时期社会工作服务机构“牵手计划”实施方案》，明确“十四五”时期继续实施“牵手计划”，以 160 个国家乡村振兴重点帮扶县为主，从社会工作先发地区遴选一批社会工作服务机构一对一牵手帮扶受援地区，推动社会工作专业人才在巩固脱贫攻坚成果同乡村振兴有效衔接中发挥作用。“结对子”是我国中央政府应对复杂问题时常用的解决办法，在“汶川地震”灾后重建、东西部协作扶贫、脱贫攻坚中都取得了一定成效。在我国区域发展不均衡的现实背景下，中央政府通过行政命令和组织动员协调区域资源，先发带动后发，调节区域发展不平衡的问题。通过牵手计划，动员社工机构和社会组织援助乡村振兴的后发地区，具有一定的现实意义。

2022 年 3 月，民政部、国家乡村振兴局又联合发布《关于动员引导社会组织参与乡村振兴工作的通知》，引导各级各类社会组织积极参与乡村振兴事业，其中提到要持续优化社会组织参与乡村振兴支持体系。社会组织参与乡村振兴需要物质资本、人力资本和社会资本，也需要参与机会、参与空间和参与能力。该通知指出要培育社会工作专门人才尤其是领军人才，为乡村振兴提供人力资本；推动“五社联动”机制[②]，为社会组织参与乡

① 民政部，加强乡镇（街道）社会工作人才队伍建设推进会在长沙召开 李纪恒出席会议并讲话，2020 年 10 月 17 日（http://xxgk.mca.gov.cn:8011/gdnps/pc/content.jsp?id=14849&mtype=1）。

② “五社”即社会工作者、社区、社区社会组织、社区志愿者、社区慈善资源等五种社会力量，“五社联动”即上述社会力量协同联动，共同服务于乡村振兴。

村振兴提升能力、拓宽空间。

其他部委也都积极行动，主动作为，出台一系列乡村振兴政策法规。2021 年 2 月，国家卫生健康委等 13 部委出台《关于巩固拓展健康扶贫成果同乡村振兴有效衔接的实施意见》，提出鼓励社会组织等社会力量积极探索农村婴幼儿照护和老年人健康服务发展项目。2022 年 3 月，农业农村部关于落实党中央国务院 2022 年全面推进乡村振兴重点工作部署的实施意见，提出要做好重点帮扶和协作帮扶，鼓励引导社会组织参与乡村振兴。2022 年 4 月，文化和旅游部、教育部等 6 部委联合出台《关于推动文化产业赋能乡村振兴的意见》，提出鼓励各类公益组织、公益基金等积极参与文化产业赋能乡村振兴工作。

（二）政策评述

从政策制定的部门来看，社会工作参与乡村振兴的相关政策以民政部为主，其他部门相关政策则基本没有提及社会工作[①]。这一方面在民政领域保证了社会工作在乡村振兴战略实施中的参与空间，另一方面也在其他领域限制了社会工作的参与。作为我国未来农村发展的重大战略，"三农"工作的重要抓手，乡村振兴战略实施需要系统思考，通盘考虑。社会工作是乡村振兴的重要力量，在农村产业、人才、文化、生态、组织等领域都具有一定的专业优势，缺少参与空间使得社会工作在乡村振兴中的作用发挥受到限制，社工在参与一些领域的具体活动时缺乏制度的"合法性"。王思斌提到，2011—2012 年，中央 18 部委、19 部委联合发文指出了社会工作优先发展的近 20 个领域，但是至今还有不少部委、部门对发展社会工作不冷不热，甚至置若罔闻[②]。因此，需要进一步提高相关部门对社会工作

① 卫健委、农业农村部、文旅部部门政策提及的都是社会组织而非社会工作，社会组织与社会工作有一定的关联关系，但在当前我国的行政体系下，没有明确提及社会工作一定程度上限制了社会工作的参与空间。其他部委乡村振兴专项政策规划则基本没有涉及社会工作、社会组织、慈善组织等。

② 王思斌.切实畅通社会工作参与社会治理的途径[J].中国社会工作，2021 年第 4 期。

的认识，给予社会工作在其主管领域的参与机会与空间。

从政策涉及的领域来看，相关政策对社会工作的定位是具有一定专业优势和专业能力的专门人才，构建专业的社会工作人才队伍是实现乡村人才振兴的有效途径。目前而言，我国社会工作人才在数量和专业性上都存在不足，影响其参与乡村振兴的效果，民政部等部门出台专项政策培育专门社会工作人才是应有之义。社会工作人才培育需要从理念、知识、能力、素质等多方面展开，既要“练拳”，也要“练功”。如何在短期内培育出一批“用得上、留得下、爱农村”的乡村振兴社会工作人才，需要考验政策制定者的智慧。

三、地方政策

为贯彻落实党中央国务院关于实施乡村振兴战略的重要部署，各级地方政府也结合地区优势，积极出台各项政策，确保乡村振兴战略的具体实施。我国各省份在经济发展水平、福利水平和乡村振兴发展阶段都存在较大的地区差异，具有不均衡发展的典型特征，本研究选择广东省、湖北省和四川省作为东中西部的代表省份，研究其社会工作参与乡村振兴的政策制定和实施情况，进一步检验社会工作参与乡村振兴与经济发展水平等因素的关系。同时，本研究还将选取江苏省、贵州省等政策制定中的特色省份作为研究对象，作为上述省份研究结论的佐证。

（一）四川省政策法规

2021 年 3 月，《中共四川省委　四川省人民政府关于全面实施乡村振兴战略开启农业农村现代化建设新征程的意见》正式公布。该意见是对中央一号文件的具体实施，为四川省脱贫攻坚到乡村振兴的有效衔接指明方向。该意见第二十七条和三十五条两处提到社会工作，提出要提升乡村基本公共服务，支持建设乡镇社会工作服务站点；创新职业农民培养机制，探索在具有一定基础的农民中培养社会工作人才。社会工作参与乡村振兴需要人才，也需要“阵地”，该意见对这两个方面都有所回应。该意见提出要建设一批乡镇（街道）社会工作服务站，为社会工作参与乡村振兴提供组织平台。2021 年 11 月发布的《四川省乡村振兴促进条例》和四川省 2022 年一号文件进一步明确了这两个方面的建设意见。该条例将社会工作人才作为四川省乡村振兴的六类人才之一，要求各地方政府积极培育。

2022 年 2 月，四川省民政厅联合组织部等部门，发布《四川省社会工作专业人才队伍建设“十四五”规划》，明确了“十四五”期间四川省社会工作人才队伍建设的基本原则、发展目标和人才培养、使用、服务的相关安排。该规划提出，要建设一支“带不走、不会走”的本地社会工作专业人才队伍，打造一支本土化、社会化的乡村振兴人才队伍。要建立健全社会工作专业人才助力乡村振兴的制度机制。大力推进乡村发展性社会工作，以农村社区和居民为对象，调动社区资源，助力产业发展，有计划、有步骤地解决农村、农民的发展问题；围绕乡村留守老人、留守儿童、留守妇女“三留守”问题，加强社会工作关爱服务，有效改善其物质和精神生活；充分发挥社会工作专业人才在乡风文明、移风易俗等方面的重要作用，助推构建积极健康、生动活泼的乡村文化；推动社会工作专业人才助力乡村治理，着力营造邻里互助、团结和谐的乡村共同体[①]。该规划鼓励社会工作参与农村产业发展、乡风文明、基层治理等乡村振兴领域，重视本土、本地社会工作人才队伍的建设，为四川省社会工作参与乡村振兴提供了政策空间，为社会工作人才培育明确目标。

除此之外，四川省政府各部门还出台多项专项政策，积极贯彻落实省委省政府关于乡村振兴的重要部署，此处不再专门提及。

（二）广东省政策法规

为贯彻党中央国务院关于乡村振兴战略的部署安排，广东省委省政府先后颁布《中共广东省委 广东省人民政府关于全面推进乡村振兴加快农业

① 四川省社会工作专业人才队伍建设“十四五”规划（征求意见稿）。

农村现代化的实施意见》《中共广东省委广东省人民政府关于实现巩固拓展脱贫攻坚成果同乡村振兴有效衔接的实施意见》《广东省实施乡村振兴战略规划（2018—2022年）》《广东省乡村振兴促进条例》等政策，为广东省实施乡村振兴战略提供政策依据。后续还将陆续出台《关于做好2022年全面推进乡村振兴重点工作的实施意见》《关于进一步加强乡风文明建设的实施意见》等政策文件，全面推进乡村振兴战略。

广东社工“双百计划”是广东省社会工作参与脱贫攻坚和乡村振兴的“亮点工程”。广东省是我国经济第一强省，但也存在发展不均衡的问题；同样广东省虽然是我国社会工作发展的“先进”省份，也存在社会工作欠发达地区。2016年，为解决广东省各区域发展不平衡的问题，广东省民政厅初步计划安排在省内社会工作发展较落后的地区——粤东西北等地建立200个社工站点，并制定出《广东省民政厅关于做好粤东西北地区“双百镇（街）社会工作服务站”建设运营示范项目申报工作的通知》等政策来具体实施该计划。2017年“双百计划”正式实施，截至目前共建设镇（街）社工服务站407个[①]，基本覆盖广东全省，尤其是欠发达农村地区。

“双百计划”在农村地区（一般是乡镇、街道）建设社工服务站，每个站点配备3~8名社工，为农村居民尤其是弱势群体提供养老、残障、社会救助等专业社会工作服务。同时，“双百社工”积极介入当地社会治理，依托社工站，整合多方资源，培育居民的主体意识，孵化居民组织，推动社区发展。“双百计划”实现了精准而有温度的政策输送、弥补原有治理机构条块分割的不足、形成本土社区的公共性，超越了现有的乡村治理模式[②]。广东社工“双百计划”的意义并不限于社会工作本身，而且是呼应乡村振兴战略的重大而适切有效的行动，表明大力发展农村社会工作对乡村振兴战略的实施起到持续的、坚实的支撑作用[③]。

① 参见广东社工双百工程官网（http://www.shuangbai-plan.org/about/5358/）。

② 向羽，袁小良，张和清.“双百社工”在乡村社会治理中何以可为[J].社会工作，2020年第4期.

③ 陈涛.大力发展农村社会工作 为乡村振兴战略提供坚实支撑[J].大社会，2019年第6期.

湖南、湖北、北京等地也都积极探索发展农村社会工作参与乡村治理和乡村振兴，取得了一定的成效。乡镇（街道）社工站政策是对民政部社工人才服务“三区”计划、广东社工“双百计划”、湖南“禾计划”等社会工作参与乡村振兴的经验总结，为当前尤其是“十四五”期间我国社会工作参与乡村振兴提供了资源和平台，为乡村振兴尤其是人才振兴和组织振兴奠定了基础。广东社工“双百计划”作为乡镇（街道）社工站政策的“雏形”和“试点”，为社会工作参与乡村振兴做出了突出贡献。

（三）湖北省政策法规

2018 年 4 月，习近平总书记在湖北省视察期间明确提出，要切实实施乡村振兴战略。为贯彻党中央、国务院乡村振兴战略，推进湖北省脱贫攻坚和乡村振兴的具体实施，湖北省委省政府先后出台《湖北省乡村振兴战略规划（2018—2022 年）》《中共湖北省委 湖北省人民政府关于实现巩固拓展脱贫攻坚成果同乡村振兴有效衔接的实施方案》《湖北省乡村振兴战略促进条例》（全国首部）、《中共湖北省委 湖北省人民政府关于做好 2022 年全面推进乡村振兴重点工作的意见》等政策文件，为湖北省乡村振兴战略的具体实施提供了政策依据，为乡村振兴事业的健康有序发展提供了法治保障。

“五社联动”机制是湖北省社会工作者参与基层治理和乡村振兴的制度创新。“五社”即社会工作者、社区、社区社会组织、社区志愿者、社区慈善资源等五种社会力量，“五社联动”即上述社会力量协同联动，共同服务于城乡社区治理。“五社联动”是对“三社联动”的创新和发展，是在基层党组织的领导下，以居民需求为导向，以社区为平台，以社会组织为载体，以社会工作专业人才为支撑，以社区志愿服务队伍为依托，以社会慈善资源为助推的新型社区治理机制①。

① 湖北省民政厅，省民政厅关于创新“五社联动”机制 提升社区治理效能的意见，2021 年 11 月 11 日（http://mzt.hubei.gov.cn/fbjd/zcwj/gfwj/202111/t20211111_3857246.shtml）。

2020年新冠肺炎疫情发生后，湖北省民政厅链接多方资源，在民政部和腾讯基金的支持下，针对社区居民“疫后综合征”，设计“五社联动·爱满荆楚”项目，开展“五社一心”服务，建立“五社联动”机制，在提升基层治理效能、服务社区群众中取得良好成效。2021年4月，《中共中央 国务院关于加强基层治理体系和治理能力现代化建设的意见》进一步明确“五社联动”在基层治理中的地位和作用，提出要创新“五社联动”机制。2021年11月，湖北省民政厅发布《关于创新“五社联动”机制 提升社区治理效能的意见》，强调要培育壮大“五社”要素，推动“五社”有机融合，实现“五社”优势互补，形成治理合力，助推共治共享格局。2022年中央一号文件指出，要广泛动员社会力量参与乡村振兴，表明乡村振兴战略实施需要多方参与，“五社联动”机制在乡村振兴中大有用武之地。2022年3月，民政部将“五社联动聚合力 社工服务暖基层”作为本年度社会工作宣传主题，强调将“五社联动”助力乡村振兴、社区治理的典型案例作为宣传重点，进一步强化了“五社联动”机制在乡村振兴中的重要价值，提高民政相关领域对“五社联动”的认识。

“五社联动”不是三社联动的简单升级，更不是单纯的“要素”堆叠。“五社联动”是复杂的系统性问题，五社如何联动、统筹安排、协同优化需要更多的理论研究和实践检验。

（四）其他省份政策法规

1. 江苏省

党的十九大以来，江苏省政府将实施乡村振兴战略纳入民政事业工作要点，催生出一批乡村振兴政策法规，多项政策中提及社会工作。其中影响最大的是2021年12月多部门联合发布的两项重要政策。

2021年12月，江苏省民政厅、江苏省委组织部、江苏省乡村振兴局等18部门联合发布《关于加快推进社会工作高质量发展的意见》，完善江苏省社会工作人才队伍建设和社会工作服务体系建设，加快推进社会工作服务保障和改善民生、基层治理和乡村振兴等领域。该意见提出，引导社会工作服务从兜底性服务延伸至助力村民增收、培育社区社会组织、引导乡风文明、参与乡村治理等，推动、巩固、拓展脱贫致富奔小康成果同乡村振兴有效衔接。该意见为江苏省社会工作人才参与乡村振兴的途径和方式做出说明，为社会工作参与乡村振兴事业指明了方向。

2021 年 12 月，江苏省民政厅、江苏省人才办出台《江苏省“十四五”社会工作专业人才发展规划》，系统规划“十四五”期间江苏省社会工作人才发展相关事宜，落实《加快推进社会工作高质量发展的意见》。该规划指出，落实乡村振兴战略，对社会工作发展提出更高要求；通过乡村社会工作专业人才培养计划，鼓励社会工作专业毕业生等专业人才投身乡村振兴等国家战略，通过培养培训提升本土社会工作人才理论水平和专业能力；通过建设乡镇（街道）社会工作服务站点，建立县、乡、村社会工作三级服务体系，支持社会工作服务机构、社会工作专业人才下沉到一线，社会工作服务延伸到村。该规划从人才培育、平台搭建、服务体系等方面明确江苏乡村振兴社工人才的发展方向。

2. 贵州省

贵州省高度重视社会工作人才队伍建设，2021 年贵州省委组织部等 4 部委联合发布《关于推进社会工作人才高质量发展 畅通参与乡村振兴途径的意见》。该意见重视社会工作人才队伍建设，提出通过整合多方资源、搭建发展平台、畅通治理途径等方式引导支持社会工作参与乡村振兴事业。该意见既是对党的十九届五中全会关于“畅通和规范市场主体、新社会阶层、社会工作者和志愿者等参与社会治理的途径”的具体践行，也是新发展阶段贵州省实施乡村振兴战略，尤其是人才振兴的有效抓手。

（五）政策评述

社会工作参与乡村振兴的地方政策基本上是对中央政策的具体实施，这符合上位法与下位法的基本关系，也是我国纵向政府间关系的政策表达。

同时，中央政策的制定也受到某些地方政策的影响，如广东社工“双百计划”、湖南“禾计划”为民政部制定、推行乡镇社工站相关政策提供了经验；湖北的“五社联动”机制在疫情防控工作中成效显著，也成为中央基层治理和乡村振兴政策的“样板”工程。基于地方政策创新的中国政策过程呈现为一个在中央和地方政府的互动过程中不断完善的政策循环[①]。

经济发展水平和社会政策水平具有一定的时空耦合性。受经济发展水平的影响，各地政策发展水平并不一致。经济发达的广东、江苏等地基本已形成社会工作参与乡村振兴的“政策群”，在践行中央战略的同时不乏制度创新，并不断提升相关政策的福利水平[②]；而对于经济欠发达地区而言，则更多是对中央政策的具体实施，保证实施过程中不打折扣。社会工作参与乡村振兴政策水平也似乎存在发展不平衡不充分的问题。

需要注意的是，虽然目前社会工作参与乡村振兴战略被写入中央政策和地方各级政策文件中，但除少数地区外，地方上还没有形成清晰的参与思路和成熟的参与经验。地区社会工作参与乡村振兴相关政策基本上是对中共中央国务院政策的简单沿袭，缺乏深层次解读；缺乏对社会工作参与乡村振兴的价值、优势、领域、空间的认识和理解，无法安排具体的地方实施策略；前期对于社会工作人才培育缺少系统规划安排，社会工作参与乡村振兴“无人可用”“无将可点”；对于社会工作参与乡村振兴事业缺少制度支持和价值引导，无法激发社工和社会服务机构的积极性和创造性。基于此，需要中央层面在政策制定中形成更明确的指标体系为地方政策明确目标；制定出更具体的专项政策便于地方政府具体实施；强调专业人才的重要性提高地方政府的认识；安排专项资金调动社会组织和社工人才的积极性；扩大参与空间、开放更多领域激发社会工作的创造性。

① 赵慧.社会政策创新与福利理念趋异：基于纵向政府间关系的视角[J].公共行政评论，2018，11（05）：138-157+189-190.

② 如双百计划中要求每个站点配备 3~8 名社工，而民政部乡镇社工站建设要求是每个站点配置 1~2 名社工。

四、郫都区政策法规

2018 年 2 月，习近平总书记在郫都区战旗村考察时强调“要继续把乡村振兴这件事办好，走在前列、起好示范”[①]。为贯彻落实习近平总书记的重要指示，全面贯彻落实乡村振兴战略系列大政方针，郫都区委区政府制定出台一系列乡村振兴专项政策。

社会工作是乡村振兴的专门人才和专业队伍，郫都区区委区政府高度重视社会工作人才队伍的建设,将社会工作纳入社区治理和乡村振兴中来。乡村振兴是产业、人才、文化、生态、组织“五位一体”的全面振兴，郫都区社会工作参与乡村振兴主要体现在人才振兴、文化振兴、组织振兴等领域，为保证乡村振兴的实施效果，郫都区也制定了相应保障措施。

（一）人才振兴

乡村振兴，人才是关键。习近平总书记在人才工作会议上指出“国家发展靠人才，民族振兴靠人才”[②]。中共中央、国务院《关于加快推进乡村人才振兴的意见》中也强调“乡村振兴，关键在人”。社会工作人才作为《关于加快推进乡村人才振兴的意见》中重点培育的二十一类人才之一，具有一定的专业优势和专门能力，能为乡村振兴战略实施提供人力资本。因此，探索一种兼具本土性、专业性与职业性的农村社会工作人才队伍建设机制尤为重要[③]。

2006 年党的十六届六中全会提出，要建设宏大社会工作人才队伍。2012 年，中组部等推出《边远贫困地区，边疆民族地区和革命老区人才支持计划社会工作专业人才专项计划实施方案》,鼓励社会工作人才为老少边

① 四川战旗乡村振兴培训学院官网，四川战旗乡村振兴培训学院简介，（http://www. xczxschool.cn/newsInfo.aspx?pkId=16074）。

② 光明日报，强化乡村振兴的人才支撑，2022 年 01 月 07 日，（https://epaper.gmw.cn/gmrb/html/2022-01/07/nw.D110000gmrb_20220107_3-11.htm）。

③ 卫小将，黄雨晴.乡村振兴背景下农村社会工作人才队伍建设研究[J].中共中央党校（国家行政学院）学报，（2022，26（01）：104-112.DOI:10.14119/j.cnki.zgxb.2022.01.009）。

穷地区扶贫脱贫事业提供智力支持。乡村振兴战略实施后，民政部、组织部等部门陆续制定《乡镇（街道）社会工作人才队伍建设》《关于加快推进乡村人才振兴的意见》等专项政策。

上述政策为郫都区农村社会工作人才队伍建设的具体政策出台指明了方向。

2018 年 5 月，成都市郫都区《城乡社区发展治理工作十条指导意见》发布，文件提出为全面实施乡村振兴战略，提出引进培育社会工作机构，并通过社工机构承接公共服务项目和介入社会救助，满足社区居民多元化需求，为郫都区社会工作人才振兴基础和领域提供方向。

2019年出台了《成都市郫都区落实社区专职工作者政策实施方案（试行）》，提出构建一支结构合理、来源广泛、素质优良的专业化、职业化社区专职工作者队伍。该方案从两个方面培育社会工作人才：一是吸引社会工作专业毕业生到郫都区工作，另一方面强化社区工作者接受在职教育好培训，提升专业技能。坚持“两条腿走路”培育人才，为郫都区社会工作人才振兴的实施提供了具体路径和制度保障。

2021 年郫都区委农办出台《实施乡村振兴战略推进城乡融合发展行动计划》，提出完善农村社区、社会组织、社会工作“三社联动”机制；搭建公共服务平台，健全社会企业、社会组织和退役军人、乡贤能人等力量共同参与农村治理的体制机制，促进多元主体有效参与农村治理；将社会工作嵌入共建共治新格局中，建平台，组机制，引导社会工作人才与其他社会力量联动协同，共同服务于郫都区乡村振兴事业。

2021 年，《成都市郫都区全龄友好包容社会营建工程实施方案（2021—2025）》发布，聚焦“一老一小”和特殊群体，全面回应全龄阶段居民的多层次需求。该方案指出，要实现专职社工岗位城乡社区全覆盖，形成纵向到底、横向到边的基层社会服务网络①。

① 郫都区人民政府，郫都区幸福美好生活十大工程·全龄友好包容社会营建工程 让生活在郫都的人感受城市的关怀和温暖，（2021.3.36，http://www.pidu.gov.cn/pidu/c125557/2021-03/26/content_6b67f5f1862541e99253b9c755f258ac.shtml）。

郫都区一方面制定专门政策鼓励社区专职工作者积极参与专业资格考试和学历提升教育，不断提高专业能力；另一方面大力建设社会组织，构建“三社”联动机制，为社会工作人才健全外部环境，培养了一批“懂农村”“爱农村”的社会工作专门人才。相关政策既是对上位政策的具体实施，又基于郫都区的具体情况做出制度创新，如整合社会企业等资源共同参与乡村治理。

（二）文化振兴

乡村振兴，既要塑形，也要铸魂，文化振兴是检验乡村全面振兴的重要维度。习近平总书记在 2018 年郫都区战旗村考察时强调“农村的发展不单是产业发展，不单是物质文明，精神文明、文化生活也要搞好”[①]。

习近平总书记在扶贫开发工作会议上专门强调：要激发内生动力，调动贫困地区和贫困人口积极性。“只要有信心，黄土变成金。”人穷志不能短，扶贫必先扶志。要做好对贫困地区干部群众的宣传、教育、培训、组织工作，让他们的心热起来、行动起来[②]。

社会工作参与乡村文化振兴的路径主要体现在两个方面：一方面是塑造诚信文化、乡贤文化，实现乡风文明（萧子扬，刘清斌，桑萌，2019），另一方面是尊重农民话语，提升农民主体性意识（张红，赵凡凡，赵天予，2021）。另外，社会工作在塑造乡村共同体意识、以农民的组织化重建乡村的主体性（吴重庆，张慧鹏，2018）、重塑“家文化”（焦若水，2021）等领域也能发挥积极作用。

为落实习近平总书记重要指示精神，落实乡村振兴战略，郫都区积极探索，打造出战旗村“乡村十八坊”等文化振兴的样板工程。2018 年，郫都区委发布《郫都区乡村振兴三年行动计划（2018—2020）》，系统规划郫都区乡村振兴实施。该规划明确提出，要加强国学教育，推广战旗村“村

① 国务院官网，习近平在四川战旗村强调：城市与乡村要同步发展（http://www.gov.cn/xinwen/2018-02/12/content_5266421.htm）。

② 《十八大以来重要文献选编》（下），中央文献出版社 2018 年版，第 49 页。

（社区）+社会组织+专业社工+志愿者”的四社联动模式，让国学教育进课堂、进村（社区），并融入村规民约，坚定农村文化自信。

（三）组织振兴

基层组织是乡村振兴的重要保障。习近平总书记强调“推动乡村全面振兴离不开组织振兴，组织力量是推动乡村发展最强有力的保障”①。基层组织的外延是更丰富的，既包括基层党组织，也包括农村社会组织尤其是农民自组织。培育农村社会组织，尤其是农民的自组织，既是构建具有中国特色乡村治理体系的内在要求，也是激发农民内生动力、加快推进实现“以农民为中心”的乡村振兴战略的客观需要②。

党的十九大以来，郫都区制定专项政策助力组织振兴。通过加强基层党组织建设，鼓励社会组织参与乡村振兴，积极培育农民自组织等方式，逐渐形成了党建引领+“三组互动”+“四社联动”的组织振兴新机制。

2018 年，《郫都区乡村振兴三年行动计划（2018—2020）》发布，提出要构建完善的村综合服务设施，拓展社区公共服务、便民服务、专业社工服务、志愿服务功能，为社会组织、社工机构参与乡村振兴提供制度空间和政策依据。

2019 年，四川战旗乡村振兴培训学院成立，为郫都区乡村振兴人才培育提供平台。2021 年《“绿色战旗·幸福安唐”乡村振兴博览园三年行动计划（2021—2023）》出台，该计划指出推广战旗村“村（社区）+社会组织+专业社工+志愿者”的“四社联动”模式，优先发展社区服务、公益慈善、专业调处等与居民日常生活密切相关的社会组织。

2020 年，《中共成都市郫都区委 关于深入贯彻党的十九届四中全会精神 加强城乡社区发展治理 推进全面体现新发展理念的城市中心城区治理

① 央视网，【党建论坛】激活乡村振兴“组织动能”，2022 年 3 月 15 日（http://news.cctv.com/2022/03/15/ARTIzLX4kETt7dBOIWwtxzZB220315.shtml）。

② 张照新，吴天龙.培育社会组织推进“以农民为中心”的乡村振兴战略[J].经济纵横，2019，(01)：29-35.

体系和治理能力现代化的决定》发布，该决定提出要支持符合条件的社会工作人才通过选举进入村（社区）党组织、村（居）民自治组织。探索社工加入党组织和村民自组织，激发基层党组织、社会组织和村民自组织三方互动，为其他地区乡村组织振兴发展提供了经验借鉴。

（四）保障措施

社会工作具有一定的独特视角、专业优势和专业能力，社会工作与乡村振兴在专业属性、价值理念、实践方式等多方面具有契合性、一致性（向德平，2021）[①]。乡村振兴赋予了社会工作更广阔的实践和发展空间，推动我国社会工作本土化、本地化发展；社会工作在微观、中观、宏观等层面推进乡村振兴。自党的十六届六中全会提出“构建宏大的社会工作队伍”以来，社会工作人才队伍建设取得一定成果（人数），但农村社会工作人才仍然缺乏。如何调动社会工作人才的积极性，激发其创造性，引导其积极投身于乡村振兴事业，是值得思考的问题。

2019 年出台《成都市郫都区落实社区专职工作者政策实施方案（试行）》，提出逐步提高社区专职工作者专业化、职业化水平，鼓励社区工作者报考社会工作职业资格考试和提升学历，并从工资福利方面给予相应激励。社区工作人员通过职业水平考试每月增加200~1 200元的基本工资；社区专职工作者取得大学本科、硕士研究生、博士研究生学历的，每月分别增加 400 元、600 元、800 元的基本工资。

2021 年，郫都区委农办发布《2021 年度成都市郫都区实施乡村振兴战略考评激励工作方案》，将社会工作服务站点服务功能实现乡村全覆盖作为考核指标，激励政府部门加快推进社会工作服务站点建设，为社会工作参与乡村振兴提供组织基础。

自党的十九大提出全面实施乡村振兴战略以来，郫都区制定出台系列

① 中国社会科学网，在乡村振兴中发挥社会工作专业作用，2021 年 12 月 29 日，（https://baijiahao.baidu.com/s?id=1720440693727594323&wfr=spider&for=pc）。

社会工作参与乡村振兴专项政策。政策涉及产业振兴、人才振兴、文化振兴、组织振兴等领域；涉及社会工作人才队伍建设、社会组织培育、社会工作参与乡村振兴的具体服务领域等内容。政策具有一定的系统性和有效性，为社会工作参与郫都区乡村振兴提供了政策依据和制度空间；探索出“村（社区）+社会组织+专业社工+志愿者”的“四社联动”模式；打造出战旗村、四川战旗乡村振兴培训学院等样板工程，为郫都区乡村振兴事业快速健康推进奠定制度基础。

PART TWO

实务案例篇

- 资源整合与乡村产业振兴
  ——以郫都区安龙村“安乡来客”文旅品牌社区营造项目为例
- 组织再造与乡村文化振兴
  ——以郫都区广福村“院落耕心”川西林盘修复与保护项目为例
- 多方协作与乡村人才振兴
  ——以郫都区“2+6+N”社工实训基地运作为例
- 集体经济培育与乡村经济振兴
  ——以郫都区战旗村乡村经济振兴之路为例
- 社会企业参与乡村生态振兴
  ——以郫都区“汩汩乐园”农场为例
- 乡村社工的“本土化”与“在地化”
  ——以新盛镇乡镇社工站为例

资源整合与乡村产业振兴
——以郫都区安龙村“安乡来客”文旅品牌社区营造项目为例

张志辉[①]

案例概述

该项目以“安乡来客”文旅品牌社区营造项目为切入点和契机，通过挖掘乡村旅游本土人才、以联盟形式对社区本土人才进行组织化建设，并通过文旅产业品牌建设，逐步探索出了安龙村乡村文化旅游品牌化的乡村振兴发展新模式。该模式一是注重以社区产业资源为依托；二是挖掘和培育了社区人才；三是通过组织化建设为社区人才提供了参与乡村振兴的平台和机制；四是通过文旅产业发展为社区文化挖掘和建设奠定了基础，并最终关注社区一、二、三产业的融合发展。该项目有效地探索了内生式发展的乡村振兴发展之路，其实践经验能够被其他社区和同行机构学习和借鉴。同时，该项目也为未来社会工作者参与乡村振兴摸索出了一条道路，增强了社会工作者参与乡村振兴战略的信心，为下一步大力发展社会工作专业和推动社会工作者参与乡村振兴发展战略奠定了坚实的基础。

一、缘起

1. 政策背景

2018年，中共中央、国务院颁布了关于实施乡村振兴战略的意见，并于2021年4月29日第十三届全国人民代表大会常务委员会第二十八次会议通过了《中华人民共和国乡村振兴促进法》，中国由此开始全面实施振兴乡村战略。乡村振兴战略目标具体内容包括实现产业振兴、人才振兴、组织振兴、生态振兴和文化振兴五个目标。该促进法还特别提到汇聚全社会

① 张志辉，救世界（香港）四川办事处高级项目官员，主要研究方向：农村社会工作、城乡社区治理。

力量，多元化引入资源，强化乡村振兴人才支撑，促进乡村产业兴旺。但大多数中国乡村的现状则是缺少支撑产业和缺少乡村振兴的后备人才。目前，现有的乡村振兴发展理论视角主要有两种：一是引入外部资源，包括资金、人才和技术投入乡村，以外界力量来推动实现乡村发展、乡村振兴和城乡融合的目标；另外一种视角则是聚焦乡村现有资源，通过整合乡村现有资源，包括资金、技术和人力，通过资源重新布局和规划，通过对在地乡村人才的培养和组织化建设，来实现乡村振兴战略目标。第二种理论视角被称为内生式发展的乡村振兴，乡村发展工作者、乡村社会工作服务机构等普遍接纳和采用第二种理论，并在各地实践。成都市郫都区安德镇安龙村地处郫都区西部，距离郫都区县城 12 千米，距离成都市主城区 25 千米，具有天然的地理位置和交通优势。地方政府多年以花卉苗木和生态蔬菜的种植为主导产业，已逐步形成了一定的乡村产业基础，但同时也面临村民合作意识不足、资源整合和利用受限、尚未形成社区集体意识、社区自有品牌少、影响力弱等问题。成都市郫都区益家社会工作服务中心在成都市民政局和安龙村村委会支持下，以“安乡来客”文旅品牌社区营造项目为切入点和契机，将社会工作和乡村旅游进行融合，通过挖掘乡村旅游本土人士、以联盟形式对社区本土人才进行组织化建设，并通过文旅产业品牌建设，助力和探索乡村振兴发展新模式。

2. 社区概貌

成都市郫都区安德街道安龙村紧邻成灌高速、第二绕城高速、国道 317 线和温郫彭快速通道，交通优势明显。全村面积 3.8 平方千米，耕地面积 3 473 亩，辖 18 个社，2021 年共有 1 140 户、3 474 人，分别居住在 10 个川西民居风格的院落。安龙村生态优势明显，自然条件禀赋，大小林盘散落其中，河流沟渠纵横交错，是极具川西民居风格的特色村落。社区内先后建有安龙书院、蝉鸣学堂、新时代文明研究所、生态蔬菜园等景观点位，获得四川省城乡环境综合治理环境优美示范村、四川省园林示范村、四川省乡村振兴示范村，并成功创建国家 AA 级景区、成都市 AAA 林盘景区，有中国盆景名村的美誉。社区居民主要从事花卉苗木和生态蔬菜的种植等相关产业，当地政府和村两委以乡村振兴为契机，不断加强安龙基础设施建设，期望发挥属地优势，进一步推动安龙乡村旅游，促进社区经济发展。

但在发展乡村旅游产业的过程中也出现了一些问题和需求。一是乡村旅游产业的发展和社区治理之间的冲突，具体表现在大部分村民的理念意识落后所导致的经济和乡村环境不平衡发展，村民的环境维护和治理意识一直都比较薄弱；二是村民在发展乡村旅游的过程中缺乏内在动力和抱团意识，导致乡村旅游的发展水平参差不齐，进一步影响到了乡村旅游与社区治理融入的品牌化建设；三是随着目前安龙村的乡村旅游体系逐步完善，对于宣传和推广方面的需求逐渐增大，一直想要营造充满人文情怀的乡村旅游名片，但由于乡村旅游缺乏与本土乡村治理的有机融合，导致关注度不高、服务性品牌活动较少，难以引起外界游客（城市市民）的关注。

3. 合作缘由

成都市郫都区益家社会工作服务中心（简称益家社工）是在郫都区民政局和郫都区社会工作协会的指导和支持下，于 2012 年在郫都区首批登记成立的民办非社会组织。中心始终秉承“益人、益家、益社会·人和、家和、社会和”的服务宗旨，以社会工作专业理论为指导，主要在社区、企业、老人、青年、儿童、妇女等领域开展专业社会工作服务。益家社工长期扎根在郫都区各个社区开展社会救助、社区服务等领域的专业服务工作。2017 年，益家社工荣获成都榜样“十强社工机构”荣誉称号，同时被郫都区民政局评为郫都区 5A 级社会组织。受村两委的邀请，益家社工有机会进入社区，结合社区发展旅游业的契机，与社区一起积极争取到成都市民政局专项基金支持，实施“安乡来客”文旅品牌社区营造项目。

二、介入策略

“安乡来客”文旅品牌社区营造项目由成都市民政局支持，以乡村文旅服务和乡村社区治理为契机和切入点，对内开展“乡旅合伙人”计划、对外开展“安乡来客”计划。项目一是通过“合伙人计划”和“合作人联盟”挖掘和培育社区人才；二是通过为安龙村量身打造开发“安乡来客”文旅服务品牌，并协调合伙人持续运营开展乡村旅游和乡村治理互融的品牌服务，从而推动社区的可持续发展，助力乡村振兴战略目标的实现。

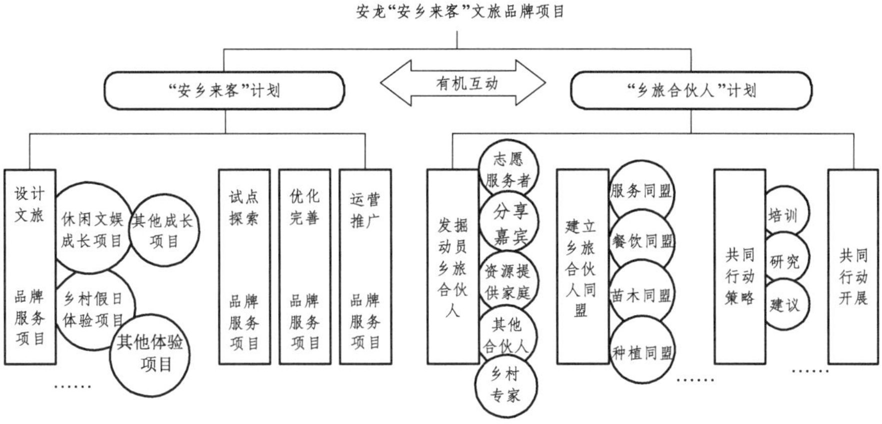

安龙“安乡来客”文旅品牌项目结构图

对内开展“乡旅合伙人”计划指通过驻村社工和村两委合力搭建乡旅合伙人平台，充分整合辖区物资及人力资源形成乡旅合伙人同盟，通过乡旅合伙人同盟引导村民梳理在地资源、归纳社区产业发展的优劣势、分析社区的需求和问题，并在此基础上开发品牌服务项目，以此产出各项乡村旅游发展及乡村治理行动，例如苗木种植联盟、餐饮业联盟、院落环境治理行动联盟等，逐步引导联盟成员共同形成共同治理策略和共同治理行动开展。同时，不断通过社区动员助推村民持续参与乡村旅游品牌项目开发，社工结合村两委通过向村民增权赋能，引导村民共同参与乡村旅游发展和乡村治理行动，逐步提升社区居民的参与意识和行动能力。

对外开展“安乡来客计划”指在融合了众多乡旅合伙人的基础上，积极激发乡旅合伙人的创新思维，因地制宜设计、开发相关的乡村文旅特色项目活动，同时社工在此基础上充分融合在地的特色和不同群体的需求设计开发乡村文旅体验式活动，面向大众开放，例如：亲子田园历奇、农耕文化体验、乡村生活的一天等品牌服务活动。以此开展“安乡来客计划”的品牌项目活动，不断吸取外界的参与和关注，最终形成在乡村社区治理基础上的品牌化乡村旅游项目，进一步提升安龙村的社区治理水平和乡村旅游形象，实现乡村社区治理和乡村旅游的均衡发展。

三、行动过程

1. 通过“合伙人计划”挖掘社区骨干和发掘社区本土人才

人才者，求之则愈出，置之则愈匮。——清·魏源《默觚下·治篇》

2018年两会期间，习近平总书记首次提出要全面推动乡村产业、人才、文化、生态和组织共5个方面的全面振兴目标，其中产业振兴被放在首位，其次是人才振兴。目前，我国农村人才匮乏，缺乏高质量人才的乡村产业适应生产力发展和市场竞争的能力明显不足。要实现乡村产业振兴，就必须大力汇聚人才、培育人才，以此来增强农业农村内生发展动力和能力。乡村振兴，必须将自上而下的政策推动和乡村自发力量内生发展有机结合，因此要推动乡村振兴，加强顶层设计自上而下推动的同时，绝不能放弃并且要高度重视本土人才培育的乡村振兴路径。

益家社工入驻安龙村后，即刻开展入户走访、需求评估和项目宣传工作，通过漫步社区、问卷调查和关键人物访谈的方式，对安龙村社区的资源情况有了一个整体性认识，同时在此过程中还认识了安龙村手工匠人、农家乐和民宿老板（含新村民）、盆景（园艺）小院和安龙书院创办人等一批社区本土人才。安龙村地理位置优越，交通便利，近年来获得政府资源较多，产业发展已有一定的基础；同时早期已有一些社会组织在社区开展有机蔬菜种植、环境教育等工作，因此社区居民关注和参与社区公共事务较多，只是未进入系统的组织化培育阶段。

随后，在前期调研和需求评估基础上，益家社工正式发布“乡村文旅合伙人”招募令，通过宣传、村委/村民自荐和社工站劝募，最终有安农书院、蝉鸣学堂、安龙村小微盆景合作社、稻田秀场民宿、水韵安泷民宿酒店、水榭餐厅、龙都小雅、乡村浪漫花屋、宇意农业公司、天台氏豆瓣厂、安龙村舞蹈队、手工鸟笼制作、小型家庭农场、盆景苗木种植、三尺菜地生态农场新村民大海、新村民李星等28家单位和个人报名，共计80余名社区本土人才加入合伙人计划。合伙人计划招募完成后，一是物色了一大批扎根社区，拥有一定技能和资源（包括产业基础）的社区骨干和能人参与到项目中来；二是有机会重新梳理社区的产业，将社区产业进行整理和分类，为下一步整合社区产业资源、重组/重整社区产业奠定了基础。

2. 通过“合伙人联盟”将社区本土人才组织化

孤举者难起，众行者易趋。——清·魏源《默觚下·治篇》

众所周知，发展乡村产业之所以困难主要在于乡村人才匮乏和组织化程度不高，个体和小规模生产者/从业者难以应对大市场，因此要实现乡村振兴，除了挖掘和培育乡村本土人才外，更重要的是要将本土人才进行组织化建设，要让单个的个体和小规模生产者/从业者组织起来，以组织的形式去面对和应对复杂的大市场。因此，合作人计划招募完成以后，益家社工立即针对合伙人展开了系列培训，并在培训基础上根据居民需求和意愿成立不同类型的自组织。每个自组织组建了微信群，并通过群组共商发展大计。截至目前，社区组建了安龙村志愿者自组织、安龙村广场舞自组织、安龙村园艺自组织、安龙村新村民自组织、合唱团自组织和舞龙队自组织共计6个自组织，同时发起成立安乡来客品牌设计研发群、园艺组织群、合唱团群、妇女工作群等共10个微信群组，发展群成员948人。在各个自组织和微信群组的带动下，社区居民更积极和主动地参与社区产业发展、社区公共事务，社区产业发展迎来了新的契机。

3. “文旅项目”品牌项目试点与实践

（1）品牌服务活动试点。

益家社工邀请到具有丰富营会品牌设计经验的专业培训师多次深入漫步安龙村，并与合伙人计划的成员们共同讨论，为安龙村量身打造了具有本土特色的“安乡来客”文旅服务品牌项目。首期开发设计的品牌服务方案主要由益家社工为主、合伙人为辅来合作实施，分别是：① 针对社会工作专业大学生的社工成长营；② 针对 8~12 岁儿童的独立成长营；③ 针对有 6~15 岁孩子的家庭的乡村体验营。

① 品牌服务试点探索一：大学生的社工成长营。

2020 年 8 月 21 日，为了让更多社工从业者了解“安乡来客”品牌理念及形式，营会邀请了 16 名社工来到安龙村，开展了为期一天的“安乡来客”导师 TTT（Training to Trainer）培训营。此次营会以参与式/体验式的形式为培训手段，让参与培训的社工能够在体验式培训中感受安龙村品牌服务的优势与魅力。此次培训的主要目的是为未来安龙村举办营会培养骨干社工导师。

② 品牌服务试点探索二：8~12 岁儿童独立成长营。

2020 年 8 月 22—23 日，益家社工在安龙村开展了未来领袖独立营品牌服务试点探索。本次活动共吸引 27 组家庭报名、联动 25 名安龙村乡旅合伙人参与，营会由 17 位社工带领。独立营以提升儿童人际交往、团队合作、语言表达、问题解决、自我整理以及独立生活 6 种能力为目标，设计了 8 个活动主题；同时运用“川西乡村休闲文化+社会工作辅导”相结合的服务方式，将安龙村的文旅资源进行深度挖掘整合，同时也带动了本土居民（合伙人与营员）的参与。此次品牌服务试点探索有效地融合及满足安龙村（乡村）居民的需求与外部（城市）家庭的需求，活动得了参与营会的家长和儿童一致好评，也有效地实现了城乡的互动和对接，是一次较为成功的乡村文旅品牌服务试运营活动。

③ 品牌服务试点探索三：有 6~15 岁孩子家庭的乡村体验营。

2021 年 4 月 18 日，益家社工在安龙村开展了乡村体验营品牌服务试点探索。12 对亲子家庭在社工带领下开展了植物寻找乡旅体验，在盆景集市、盆景园林、安农书院、乡间绿道和檬梓园安置点，社工带领亲子家庭体验安龙乡村乡土植物景观文化，组织大家参与盆景集市盆景 DIY 活动。活动取得了较好的效果，营员给予体验营较高的评价，认为营会增加了营员的知识，促进了亲子关系。

④ 对社区“文旅品牌项目”进行优化、完善和推广。

每一次品牌服务试点探索结束以后，益家社工都会邀请社安龙村两委代表、乡旅合伙人一起开展优化和完善品牌服务沙龙，借助沙龙一是收集参与营会的合伙人对于参与营会接待的意见；二是征求大家对未来继续开展营会活动的建议；三是讨论合伙人未来持续参与机制和品牌服务项目的推广方案。通过沙龙会议，最终社区形成了亲子田园历奇、农耕文化体验、乡村生活的一天等品牌服务活动，还制定了乡村文化参访旅游路线和乡村文化旅游骑游路线。“文旅品牌项目”进行优化、完善和推广沙龙聚焦的不仅仅是品牌项目本身的活动内容，同时也注重合伙人在品牌项目活动中的参与营。在此基础上，益家社工与社区合作人一起着手“安乡来客”文旅品牌项目的实践和推广工作。

（2）品牌服务活动实践。

2021 年 5 月至 2021 年 6 月期间，社区共开展了 4 场品牌服务活动实践，分别是：盆景集市乡村体验营、盆景娃娃广场六一儿童节乡村体验营、盆景娃娃广场庆祝端午节体验营和父亲节体验营。四场营会共服务 106 名营员，营会成员主要为亲子家庭和长者，有来自社区内部的，但多数是来自外部的。服务内容包括互动历奇游戏、寻找植物乡旅体验、植物科普教育、乡间绿道和安龙村乡村景点盘点、盆景 DIY 和美食鉴赏等。以上营会活动不仅让参与者在视觉、听觉、味觉各方面充分感受到安龙村优美的乡村风景、丰富的产业文化内涵和独特的乡村美食；同时活动还推广了“安乡来客”文旅品牌，促进城乡融合，传播盆景创作技艺，带动乡村产业发展。以上实践活动取得了较好的成效，为社工和社区（合伙人）未来合作持续发展社区文旅产业增强了信心、奠定了基础。

（3）品牌服务活动推广。

品牌服务活动推广主要采用线下和线上结合的形式。其中线下主要结合大型社区活动，以及播放安龙村社区景点照片和利用过往活动照片、视频方式来宣传。比如建党 100 周年晚会，共吸引 400 多名社区居民和外来游客参与，有效地宣传和推广了“安乡来客”文旅品牌。安龙村举办的成都市郫都区川派盆景技能大赛，先后吸引了超过 100 家市内外盆景匠人和园艺公司参展参赛，也让“盆景”变“风景”，比赛当天销售量为 50 万元以上。线上主要以微信公众号、抖音推广为主，盆景技能大赛当日在抖音线上发布活动视频累计播放量在 5 万次以上，线上直播等形式的宣传和推广传播方式有效地提升了安龙村盆景产业的知晓度，带动了安龙村盆景产业的发展,也为推动郫都区盆景艺术和盆景文化产业发展起到了积极作用。

四、案例经验与成效

1. 项目有效地促进了社区产业发展和乡村产业振兴目标的实现

社区传统的产业主要以种植花卉和有机蔬菜为主，但安龙村地理位置优越，生态优势明显，自然条件禀赋，有发展乡村旅游的基础，因此村两委有意拓展和创新社区的旅游产业。项目通过品牌服务项目打造，对内吸引了社区居民参与，对外吸引了其他人前来旅游和参访，并通过开发社区文化旅游路线，开发社区品牌项目形式，为社区居民拓展了新的增收渠道和途径，促进了第一、二、三产业的融合，有效地促进了社区文旅产业的发展和乡村振兴中产业振兴目标的实现。

2. 项目聚焦社区本土人才的培育和组织化建设，为未来实现乡村振兴目标奠定了基础

乡村振兴战略的实施离不开人才，人才是乡村振兴战略目标实现的基石。该项目通过“合伙人计划”有效地挖掘了社区能人和社区骨干的参与，并通过合伙人联盟计划形式将大家组织起来，并赋予相关培训。挖掘社区人才，并通过培育和组织化建设使得社区居民有一个平台和机制参与到社

区产业发展中来，人才的培育和组织化建设为未来安龙村实践和实现乡村振兴战略奠定了坚实的基础。

3. 项目文旅品牌服务活动有效实践探索出了一条符合本土实际的乡村振兴路径

乡村振兴内容中的五个振兴并非单一的、独自分开的，相反五个振兴是合为一体、互补和相互支持的，彼此融合形成一个整体。该项目中，既关注了产业振兴、人才振兴，同时还在组织振兴和文化振兴方面体现出了共融性。通过组织化建设进一步巩固了产业和人才的培育，同时将地方文化融入旅游产业发展中，更有利于促进社区乡村产业振兴和人才振兴目标的实现。安龙村聚焦社区文旅产业，以品牌化建设的形式，将社区居民以“合伙人”形式组织起来，共同参与社区文化产业的发展这条实践道路是一条符合安龙村实际的本土乡村振兴路径。

五、结语

1. 乡村产业振兴一定要聚焦社区资源

因为地理位置、气候和土壤不同等原因，各个社区的资源是有差异的。乡村振兴要发展产业，首先要善于分析社区的资源情况，要充分利用好社区一切可以利用的资源，充分利用好社区的资源优势，克服社区的资源劣势，这样方能有效地推动社区产业发展，实现乡村产业振兴的目标。

2. 乡村振兴一定要聚焦社区本土人才的培养和组织化建设

乡村要振兴一定离不开乡村人才的参与。目前乡村发展的现状是单家独户各自为政，小农户（散户）难以组织起来，小农户在应对大市场的时候，就会出现失衡。将小农户组织起来，将有能力的人挖掘出来，能人带头，并赋予一定的平台和机会，方能让人才的能力/潜能得到最大发挥，乡村人才振兴的目标才能实现。

3. 乡村振兴要学会关注乡村一、二、三产业的共同发展

随着中国经济、社会和文化的快速发展，中国城镇化建设也取得了举世瞩目的成绩。但是随着经济进一步发展，城市化进一步推动，人们反而越来越向往乡村，尤其是那些具有优质（清新）的空气、美味（自然）的佳肴、具有一定文化特色的乡村。但城市居民到乡村旅游，不仅仅只是希望能够呼吸新鲜的空气，购买健康的食材，同时他们还希望能够体验或猎奇不同文化，学习相关文化知识。因此，通过品牌建设，将乡村打造成更具有多元化服务和体验的乡村，更能满足城市居民的体验需求，实现城市和乡村的共同发展，促进乡村振兴的战略目标早日达成。

组织再造与乡村文化振兴

——以郫都区广福村“院落耕心”川西林盘修复与保护项目为例

陈艳[①] 李觉华[②]

一、案例概述

“村落的终结”曾被认为是我国农村发展的宿命。在城市化和空心化的双重冲击下，我国的乡村数量从1990年的420个减少到2013年的280个，三分之一的自然村消失在城市化的洪流之中。许多乡村面临人员流失、房屋空置、田地荒芜、资源凋敝、社区解体的危机，村落终结的趋势似乎难以逆转。面对城乡建设的巨大差距，中国的乡村建设到底该去往何处？党的十九大提出乡村振兴战略，强调乡村振兴关系全面建设社会主义现代化国家进程，是关乎大局、关乎整体、关乎长远的一项重大战略。由此，中共中央、国务院先后出台《乡村振兴战略规划（2018—2022年）》《中共中央国务院关于全面推进乡村振兴加快农业农村现代化的意见》《关于实现巩固拓展脱贫攻坚成果同乡村振兴有效衔接的意见》等指导文件，挂牌成立国务院直属机构国家乡村振兴局，按照产业兴旺、生态宜居、乡风文明、治理有效、生活富裕的总要求，全面实施乡村振兴战略。

乡村要振兴，文化是灵魂。乡村振兴，既要塑形，也要铸魂。在乡村产业振兴、人才振兴、文化振兴、生态振兴、组织振兴等五位一体振兴战略中，文化振兴是乡村振兴的力量之“根”和发展之“魂。文化也是一个国家、一个民族发展中更基本、更深沉、更持久的力量。没有高度自信、繁荣发展的乡村文化，缺乏风清气正、遵德守礼的乡土文明，乡村振兴难以实现。文化振兴是乡村振兴的“固本之道”。从2018 年中央一号文件《中共中央 国务院关于实施乡村振兴战略的意见》明确提出的“乡村振兴，乡

---

① 陈艳，中南民族大学马克思主义民族理论与政策专业博士研究生，成都信息工程大学讲师。

② 李觉华，华中科技大学社会工作硕士研究生，成都师范学院讲师。

风文明是保障”，到2022年文化和旅游部、教育部、自然资源部、农业农村部、国家乡村振兴局、国家开发银行联合印发的《关于推动文化产业赋能乡村振兴的意见》,文化振兴是落实乡村振兴战略的重要之举越来越得到重视。在“怎样推进乡村文化振兴”实践中，全国各地积极探索，产生了许多成功经验和有益做法。其中，川西林盘广福村的“院落耕心”项目，通过乡村组织再造，实现林盘修复与文化振兴，进而为“产业兴旺”提供重要支撑，提升“生态宜居”的文化底蕴，为实施乡村振兴战略提供强大的精神动力，进而实现物质生活与精神生活的“双富裕”。2020年4月，广福村被命名为2019年度四川省实施乡村振兴战略工作示范村。院落“余家院子”在2020年被评为成都市十大川西林盘保护性修复示范点。2021年4月，广福村被四川省委城乡基层治理委员会评为“四川省首批乡村治理示范村镇”。广福村的案例分析，可为社会工作介入乡村振兴，尤其是乡村文化振兴提供一定的启示参考。

二、社会工作介入川西林盘修复与保护实践：广福村的过程表达

（一）案例概况

1. 川西郫都林盘概况

“郫县子鱼，黄鳞赤尾，出稻田，可以为酱”，这是三国时期曹操《四时食制》对郫都林盘靠山吃山、靠水吃水的内生循环生活系统的典型反映，也是目前文献关于我国稻田养鱼的最早记载。由林园、宅院及其外围的耕地组成的郫都林盘，整个宅院隐于高大的楠、柏等乔木与低矮的竹林之中，周边水渠环绕或穿过，构成沃野环抱、密林簇拥、小桥流水的田园画卷。人与自然呈现出“你中有我，我中有你”的强烈且牢固的“共生”关系，这是农耕文明时代的产物。而深居林盘的郫都人，也将“天人合一、人地一体“的“自然观”深深植根于日常生活之中，从林盘房舍建筑上反映古

代农耕社会“图腾崇拜”的龙凤吉祥图案，到门沿上贴的“福、禄、寿、喜、财”等红幅，既是林盘人家对美好生活的寄托，也是郫都人农耕生活理念的淳朴表达。世代生活于此的郫都人，以血缘宗亲为纽带，形成一个个既相互独立、又相互依赖，呈分散布局的宗祠村落，比如吕家院子林盘、吴家院子林盘、施家院子林盘、王家院子林盘、薛家院子林盘等。林盘小至几户、十几户人家，大至上百户。

郫都林盘，衍生于成都平原高度网络化的排灌体系之间，是古蜀农耕文明的直接产物。随田散居的居住格局，创造出了基于川西传统农耕文明而又独树一帜的内陆生产生活模式，传承了如地方美食、节庆习俗等独具特色的川西传统文化体系和非物质文化遗产，承载着包容并蓄的天府文化，是蜀人与环境磨合千年留下的生存智慧，也是成都人的精神原乡。然而，随着成都城市化进程加速，传统川西林盘正逐年减少，郫都林盘在几年间从大小林盘 11 000 多个减少至 8 000 余个，居住 10 户以上的林盘已不足 900 个。林盘基础设施建设滞后，服务功能已无法满足原有林盘居住条件，人去林空的“空心林盘”似乎成为不可逆的趋势。再加上农户自主无序地翻修和重建，一些林盘被钢筋水泥小楼房代替，原先川西林盘建筑的青瓦、木楼已经荡然无存，原有的川西林盘农耕文化正逐渐消失，似乎林盘的衰败是不可逆的趋势。

随着乡村振兴战略的全面铺开，川西林盘保护得到全社会的广泛关注。成都市自 2018 年以来，将川西林盘保护和修复作为乡村振兴“十大工程”之一，旨在打造一批打造体现天府记忆乡愁、独具天府文化魅力、可参与可体验的林盘聚落和旅游目的地。在此背景下，郫都林盘的保护修复行动全面展开。

2. 广福村介绍

广福村位于成都市西郊，属郫都区安德街道管辖，是川西郫都林盘的典型代表，先后获评市级三美示范村、省级四好村、省级乡村振兴示范村等荣誉。全村面积 2.57 平方千米，其中耕地面积 2 825 亩，下辖 14 个村民小组，总户数 988 户，总人口 2 383 人。乡村振兴精品环线、黄广路、棋广路穿村而过，交通便利。在乡村振兴行动中，广福村坚持“一村一品”的差异发展理念，以韭菜（黄）种植为特色产业，建有干撕韭黄加工厂、泥巴小院生态农庄等产业文化一体化的载体和平台，已初步形成一、二、三产业融合发展体系，每年村经济收入超过 6 000 万元。在产治融合新趋势下，村民参与后劲不足，缺乏共治意识；村治理念传统，形式单一，组织运作效率低下；大量乡村闲置空间及土地出现“三无”（无人管理、无人知晓、无人参与）现象，乡村资源浪费严重，乡村环境脏乱。2018 年通过政府购买引入益家社工参与乡村社区治理，“院落耕心”项目实施前，已有 1 家专业社工组织，孵化成立了 3 支社区治理专项队伍。

3. 项目介入过程及整体成效

益家社工在广福村的文旅融合项目始于 2020 年，旨在以在地村民骨干培养和乡旅特色文化梳理为中心，通过社工引领，促进本土村民共同参与，推动本村乡旅发展，打造特色乡村游学路线，推动以广福文化为主题的乡村文旅产业深度共融，助力乡村振兴。目前已经探索出一、二、三产业文旅融合服务体系，成功培育孵化出植保队、小韭芽宣传队、院落自治队、韭香苑舞蹈队、红星苑自治队、扎染小组志愿者等 6 支自组织，推动院落景观提升、游学路线与空间打造、院落氛围营造，助力广福文旅。项目开展文旅研学活动 15 次以上；打造了“游学餐厅”“老屋作坊”“韭香体验田”“韭途寻植”“亲子读书室”等 5 个游学空间；“韭别重逢”产业发展参观线路、“韭别重逢”亲子游学线路等 2 条参访游学路线。2021 年 7 月开始的“院落耕心计划——川西林盘院落治理自组织发展项目”，在前期项目成效基础上提档升级，综合产治融合思路，创新乡村合伙人联动机制，推动产业和院落治理联动，以组织化发展的契机更新社区整体治理思路，围绕乡村合伙人“耕心联盟”、建立联盟管理机制、开展治理微课堂；挖掘乡村资源和地图绘制、探索环境治理试点、打造环境治理地标、带动合伙人进行认领打造及运营，盘活闲置资源实现产业新生，营造舒适的共同生活圈，以经济带动治理，形成了更具在地特色的产治联动新模式。

（二）组织再造：乡村合伙人自治联盟

1. 自组织再造的基础

在五位一体的乡村振兴战略中，无论是乡村善治所需要的居民参与协商，还是乡村服务的共同分担，抑或是乡村产业的共同规划，都需要一个共同的基础，即村民从原生化的状态自组织起来，形成人际联结的共同体。社会工作介入乡村振兴的诸多模式中，都离不开自组织的培育。“社区自组织+空间规划”就有了居民参与规划；“社区自组织+社区文化”就会产生社区文化创意，甚至可以发展成为文创园区；“社区自组织+社会工作”能产生养老、育幼、青少年辅导等社区福利；“社区自组织+教育”会带来社区大学等终身学习机制；“社区自组织+人、文、地、产、景的产业应用”就有了社区可持续性经济发展等。罗家德教授认为，自组织是指一群人基于自愿的原则主动结合在一起，关系与信任是结合的基础，集体行动的需要是结合的动机，目的是管理集体行动而自定规则、自我管理。作为第三种治理模式，自组织与层级、市场三种治理机制结合，互为补充，形成善治效果。乡村振兴抑或社区营造即是在一个社区之内，营造出相互信任、相互合作的人际关系，产生相互惕厉、相互监督的机制，从而克服了有限理性、机会主义行为、不确定性、信息不对称等治理问题，使集体行动可持续的同时，又带来公共效益的结果。这些集体行动正是一个社区中居民参与公共事务、集体“造血”的机制所在。

广福村的“乡村合伙人联盟”便是以院落环境治理为行动路线，撬动村民对乡村公共事务的关切，进而发展培育村民骨干，如村落合并前红星村老书记及其两个孙女。在第一批骨干人才的带动下，逐步推进植保队、小韭芽宣传队、院落自治队、韭香苑舞蹈队、红星苑自治队、扎染小组志愿者等 6 支自组织的成立与发展，这是“乡村合伙人联盟”建立的重要基础。在院落自治行动中，逐步吸纳韭菜深加工企业、餐饮、民宿等6家商家加入，形成以6支自组织为基础、9名在地村治骨干为主体、6家商家为保障的产治融合自治联盟。

2. 自组织培育的过程

自组织的形成通常需要经历一个过程，所以不管是政府的引导，还是外来社会组织的帮扶，都是要经历诱发出社区自组织这个过程。社区自组织的成长分成育种、种子萌芽、小苗、小树、大树五个阶段，每一个阶段组织都需要不同的能力培育才能继续成长。这正是社区自组织成长过程中自发展、自治理所需要的能力，也是社工介入自组织培育的要点。

1）“三步走”组织培育计划

“乡村合伙人联盟”按照“三步走”战略逐步培育并成长。第一步，梳理“家底”，建立“乡村合伙人联盟”。通过整合内部骨干优势、外部能人资源，构建起具备服务社区治理、产治联动、文旅发展的乡村合伙人联盟，同时辅以各类主题培训和专项产治融合学习小组，提升乡村合伙人联盟的整体能力。通过挖掘并整合社区在地资源（闲置空间、土地资源、其他资源），制定社区资源地图，塑造更具线路化、特点化的社区可利用资源库，为后续的各项产治融合活动、文旅融合活动奠定坚实基础。通过试点打造和运行环境治理地标，凸显社区产治融合的优势和成效，透过基金联动、体验式活动打造提升社区发展规划的品牌性和多元化。第二步，完善乡村合伙人联动机制，充实资源及人员数量，壮大联盟队伍力量，逐步引导联盟成员自主开发品牌项目。第三步，形成完善的合伙人联动机制，引导联盟成员自主开展品牌活动并产生受益，实现对在地、基金的回馈和反哺。

2）“三耕曲”组织培育行动

“三耕曲”即通过“耕心”“耕行”“耕莘”这个“三耕曲”组织培育行动，实现乡村合伙人联盟扩面增能，并迈向可持续性发展。

（1）“耕心计划”主要包括“耕心联盟”孵化培育、“耕心联盟”管理机制、“耕心训练营”和“耕心互助小组”等四项内容，推动乡村合伙人联盟成立并逐渐提升自治能力。

①“耕心联盟”孵化培育。通过走访和盘点，发掘村内现有的骨干村民及产业带头人，推动向乡村合伙人转化。同时对外进行多渠道、多形式的合伙人公开招募，构建“耕心联盟”，充实人力资源，收集整理乡村合伙人档案，建立了不少于 30 人的资源种类多样化的乡村合伙人联盟。

②“耕心联盟”管理机制。通过开展两次联盟议事会，制定“耕心联盟”管理制度及进入退出机制，实现联盟有序管理及运作，对内规范要求联盟成员，对外展示联盟良好管理秩序，提升联盟管理标准化建设和影响力。

③“耕心训练营”。通过聚焦广福村现有产业发展问题、社区治理问题、产治融合问题等方面的需求进行专项能力提升学习和实操治理行动引领示范，开展主题培训活动 6 次，回应广福村在产业发展过程中的产业发展问题、社区治理问题、居民参与问题、环境重塑问题，推动产治融合发展新形势下的社区治理新局面形成。

④“耕心互助小组”。通过开展能力提升学习小组（6 节次），运用小组工作模式，引导耕心联盟进行产治融合的运作学习，聚焦产业文创发展的具体服务活动策划、活动执行、活动总结、活动提炼进行能力提升，构建更具自主能动意识的联盟学习氛围，提升合伙人联盟在产治融合发展层面的整体能力和行动力。

（2）“耕行计划”主要包括耕行“广福卷”、“耕行——再生环境地标”打造、“乡风田园”特色活动等三项内容。

① 耕行“广福卷”。动员联盟成员及社区院落骨干进行了 3 次社区资源挖掘及盘点活动，实施资源档案建立和分析，着重关注辖区闲置的空间和土地，并聚焦其特点进行了 2 次社区资源地图绘制，并结合社区院落环境治理行动的契机，开展闲置空间及空地的环境再生行动，组织居民及志愿者积极参与，营造良好的环境治理氛围。

②“耕行——再生环境地标”打造。通过联盟成员试点打造+认领运营的形式进行环境综合治理行动，通过定向的设计和打造植入产业文化和环境新生的元素，构建了 2 个具有产业特色和文化特色的“再生环境地标”，

并在后期通过持续营造逐步推动品牌性地标产生，为后续的各类体验式活动提供支撑。

③ “乡风田园”特色活动。引导乡村合伙人在“再生环境地标”的基础上，设计和开发体验式活动 2 个，并推出成熟的体验式活动，吸引外来人员持续关注和参与，构建产业经济带动社区治理发展的产治融合模式，提升产治融合的影响力和对社区发展的持续增能。

（3）“耕莘计划”主要包括“耕莘微基金”“耕莘研学营”两项内容。

① “耕莘微基金”。通过联动耕心联盟成员，建立耕莘微基金募集体系，联通联盟成员的各类资源壮大基金池，同时制定基金募集机制、基金管理、监督、使用机制，拓展基金在产治融合中的作用发挥，实现基金与产治融合的联动。初步募集资金 2 万元。

② “耕莘研学营”。组织联盟成员以线路设计和品牌服务活动研发的形式进行综合能力提升，开展 2 次研学参访活动学习先进经验，结合研学所得以团队或个人的方式开发具有广福在地特色的本土研学特色沉浸式活动，并通过招募志愿者试运行的形式提升研学活动，开展品牌研学活动 2 次。

3. 自组织培育措施及成效

一是创联盟，求共识。项目通过耕心计划，组建乡村合伙人自治联盟，以院落自治为抓手，通过外出参访、培训、会议等工作手法，撬动广福村乡村合伙人联盟共同参与，了解广福村文旅发展规划，挖掘、理清本村发展需求，明确“以广福村韭香苑小区为核心的景观提升”和“广福村研学品牌打造和人员引进”的联盟共识。

二是提需求，重参与。联盟根据小区景观提升需求推出《打造广福村韭香桃花源幸福小区实施方案》，落实《院落居民公约》《院落自治队规章制度》，通过收取管理费用以建立广福“耕莘”微基金，联盟成员调动村民广泛参与将小区内经营性活动进行规范管理。

三是盘资源，引进来。通过耕行计划，合伙人联盟参与在地资源地图盘点绘制、闲置资源盘活运营，从人、文、地、产、景 5 个方面进行资源整合，对整合的资源进行串联，开展参与性修复，提升院落及乡村环境，打造乡村生态文旅互动场景，推动研学品牌活动，引入外来研学游客，打开村民参与广福村研学路线设计的新思路。2019—2022 年，益家社工驻扎广福村聚焦文旅产业发展，目前和村民骨干梳理出 2 条游学线路，先后接待互动式参访、游学 18 次，超过 1 000 人次。

（三）乡村文化振兴成效

1. 林盘院落的修复与生态转化

项目介入前的广福村院落，是典型川西林盘居住模式，闲置的晚清房屋破旧脏乱，和农户新居形成强烈反差。通过文旅融合项目契机，广福村动员村民将闲置房屋 10 年的使用权交由村委，通过整体修复改造，恢复传统生活场景，建立文化与服务阵地。最具代表性的晚清老房“余家院子”，有住户 11 户 26 人，占地面积约为 11 亩。益家社工入驻后，将其作为活动阵地，与村委一同探索出“党建引领+院委会组织+社工带动+居民参与”林盘院落治理模式，原本脏乱凋敝的院子重新恢复生机与活力，并于 2020 年被评为成都市十大川西林盘保护性修复示范点。

2. 传统农耕文化的现代复归

川西林盘是天府文化、成都平原农耕文明和川西民居建筑风格的重要载体。在川西林盘的保护和修复中，蒲江县的明月村、崇州市的道明竹艺村和徐家渡林盘的凡朴生活圈、都江堰的川西音乐林盘早已成功转型，成为展示天府文化的地理标识和休闲度假旅游的靓丽名片。郫都林盘广福村的“家文化”传统、“福文化”地域特色、“久（韭）文化”产业特色，在益家社工的介入下，也成为广福村的文旅亮点。在人与自然、城市与乡村的联动互动中，广福村的生态自然之美、文化创意之美、味蕾留香之美也正在被广泛周知。品川西林盘农家美食、学农耕文化，真切感受林盘人文之美与文化底蕴。

3. 传统文化观念的现代重塑

“绿水青山就是金山银山。”人与林盘共建共生的生态文化观念是遵循“天人合一、道法自然”的朴素自然观，折射最本真的生活状态。益家社工在推进广福村林盘院落修复与治理中，按照“尊重自然，传承文化、因地制宜、科学规划、分类保护、修复利用”的原则，依照传统林盘“田、林、水、院”的空间格局，充分挖掘林盘独有的资源禀赋，综合产治融合思路，创新乡村合伙人联动机制，推动院落治理和在地韭菜（黄）产业实现联动，成功孵化出“泥巴小院生态文创体验园”“韭小二民宿”等项目，成功开发出韭菜挂面、韭菜绿酒、韭菜干粉等产品，创建了“广福干撕韭黄”品牌。天人合一的传统生态文化观念，在“生活—劳作—体验—参观—休闲—消费”产治融合新模式下焕发出新的生机与活力。多元化的文旅消费场景，将住、耕、赏、设计、串联在一起，实现传统文化观念的现代重塑，推动林盘村落的绿色振兴。

4. 共建共享的村治活力的激发

郫都林盘村落的组织再造、产业优化、志愿激活、文化培育，都旨在培育社区共同体意识，增强村民的社区认同感和互帮互助能力，实现“人的回归”。因此，以前期自组织队伍为平台，“院落耕心”项目建立的乡村合伙人联盟，不断培育本土社会工作者、组织权威、意见领袖，以组织化方式增强村民乡村振兴能力，实现村落自身互助文化生态的激活和延续。比如“一家人一家亲”邻里饺子宴，作为一种变形的院落坝坝会，让院落居民在轻松的氛围中自由表达院落治理意见和需求。邀请小区内不同协商主体（户代表、经营商家、租户、新村民、党员、网格员、巡逻队等）参与，建立民主协商制度。总之，广福村的院落治理离不开多元主体的参与，尤其是社会工作者的专业引导，但整个项目实施也是逐步凸显村民主体地位和其他力量渐次退出的过程。尤其是通过实施“耕行计划”“耕莘计划”，共建共享的村治活力得以激发，组织化的共治行动帮助村落实现传统文化与现代产业的接续，个体和群体产治融合能力得以不断提升。

三、结语

乡村文化振兴事关乡村发展的大局。乡村的文化振兴不是简单地靠各种“空间构建”或者“送戏下乡”之类的举措就能完成，而需要一系列的制度安排来激活乡村的内生动力，并进行全方位的人才、价值、文化赋能。在郫都林盘广福村的文化振兴中，是通过组织的勃兴来带动乡村精英或能人回归家乡、反哺家乡的。不同于传统的作为道德权威的士绅，新乡贤的构成多元，包括在地官员、企业家和专业人士，这意味着他们能够组织动员多种社会资源，包括资金、政策和专业技术，支持家乡的建设。这是乡村文化振兴的第一要素。从研学路线的设计与实施，在地文化的挖掘与打造，到“咬住韭菜不放松，一切围绕韭菜干”、韭菜产业链的产治融合模式的形成，绵密的活动增加了村民们对本乡本土的认同。天人合一的传统生态文化观念，也在多元化的文旅消费场景中焕发出新的生机与活力。因人而聚的乡村合伙人联盟，通过组织培育、参访学习等多种赋能手段，成为乡村振兴的重要组织力量，并日渐作为主体角色出现在乡村振兴的舞台。以乡村合伙人联盟为主线的“院落耕心”项目，通过组织化的共治行动，实现了村落自助互助文化生态的激活和延续，以及共建共享的村治模式的形成。

整体而言，广福村通过多方面的外部资源灌注和内部制度设计，实现了川西林盘文化的全方位复兴。在传统与现代融合的农耕文化的指引下，川西林盘村落正在成为成都田园景观的璀璨明珠、展示天府文化的地理标识和休闲度假旅游的靓丽名片。曾经，社会各界对农村的未来颇为悲观，或城市化、或空心化的村落的命运似乎是必然趋势。但是广福村的产治融合经验表明，乡村还可以有另外一种模式，那就是村民富足、活动绵密、生态宜居、文化繁盛。它们或许曾经满目疮痍、空心凋敝，但现在面目一新、成功转型。我们相信广福村的案例绝非孤例，它的成功经验也是值得参考和借鉴的。

多方协作与乡村人才振兴
——以郫都区“2+6+N”社工实训基地运作为例

张江甫[①]　李觉华[②]

一、案例概述

乡村要振兴，人才是关键。只有将人才育出来、引进来、留下来，汇聚乡村振兴的主体力量，才能真正实现乡村全面振兴。近年来，全国各地通过积极探索一系列面向乡村振兴的专业人才引进和培养计划，在一定程度上有效缓解了农村专业人才荒的问题。但是乡村人才总量不足、结构失衡、素质偏低、老龄化严重等问题依然严峻。加快推进乡村人才振兴，是全面推进乡村振兴的内在需要，更是基层实践的迫切期望。围绕乡村人才建设核心问题，2021 年 2 月，中共中央办公厅、国务院办公厅印发了《关于加快推进乡村人才振兴的意见》，明确提出要加快培养农业生产经营人才、农村二三产业发展人才、乡村公共服务人才、乡村治理人才、农业农村科技人才等五大人才，健全乡村人才工作体制机制，强化人才振兴保障措施，培养造就一支懂农业、爱农村、爱农民的“三农”工作队伍，为全面推进乡村振兴、加快农业农村现代化提供有力人才支撑。该意见的出台，明确了乡村振兴需要什么样的人才，人才从哪里来、人才扶持政策及组织保障等，为破解乡村发展的人才瓶颈制约提供重要方向指导。

社会工作人才作为乡村治理人才的重要组成部分，长期以来在落实社会治理重心下移、服务乡村社会弱势群体、实施社会心理监测、化解基层社会矛盾、加强社会团结、推动乡村生态建设等方面发挥重要作用，是推动乡村社会治理体系和治理能力现代化的关键力量，关系到乡村社会治理的有效性与活力。2021 年 6 月 1 日起施行的《中华人民共和国乡村振兴促进法》，进一步要求培育农业科技人才、经营管理人才、法律服务人才、社

① 张江甫，成都信息工程大学管理学院副教授。
② 李觉华，华中科技大学社会工作硕士研究生，成都师范学院讲师。

会工作人才，搭建社会工作和乡村建设志愿服务平台，支持和引导各类人才服务乡村振兴。然而与其他人才相比，乡村社会工作人才队伍建设明显滞后。

一方面，受外在专业生态环境及内在专业能力等因素的交织影响，乡村社会工作人才总量少、流动强、专业性不高、可持续性弱、难以覆盖大规模的受众需求等问题仍然突出。另一方面，乡村社会工作人才实务实训基地建设落后，无法满足乡村社工人才队伍建设需求。目前乡村从业社工存在非专业背景者理论不足，科班毕业者实务技能薄弱的两极化，再加上乡村振兴的知识更新快的职业特性，对实务实训基地需求更加迫切。然而，实训基地要么缺失，要么存在实训资源短缺、实训方式单一、学用不匹配等问题，严重制约了乡村社会工作专业人才的培养。针对上述情况，如何有效加强乡村社会工作人才队伍建设，提升专业化、职业化进程，助力乡村振兴，成都市乡村振兴社会工作人才实务实训基地在此方面做了许多卓有成效的探索，并发展了“2+6+N”的基地运营模式，实现了乡村振兴社会工作实务、实训、实习的“三实合一”的培养效果。

二、郫都区“2+6+N”社工人才实训基地运作模式及成效

（一）基地概况

成都市乡村振兴社会工作人才实务实训基地是在成都市民政局和郫都区民政局的领导下，在成都市社会组织社区和社工人才服务中心的支持下，由成都市郫都区益家社会工作服务中心承办运营的平台。基地聚焦全市乡村振兴进程中乡村地区的社会工作专业力量薄弱、人才培养机制脱节、社工参与乡村治理作用缺失、定位不准确等几方面问题，以实务实训基地建设、实务实训课程研发及开展、实务实训专业师资库建立三个方面，逐步构建起乡村振兴社会工作人才培养体系，搭建起乡村振兴实务实训平台，助力乡村社工人才振兴。在实践探索中，基地形成 2+6+N 的运营服务模式，即理论实训场所 2 个（四川战旗乡村振兴学院、成都市郫都区社会组织服

务园）、实务实训点位 6 个（战旗村、先锋村、广福村、安龙村、青杠树村、东林村）、行业内知名的专业老师 7 名、乡村社会工作经验丰富的带教督导 10 名，通过理论课程培养、实务实训课程培养、实务实习、带教督导、沉浸式体验等形式，充分提升乡村振兴社会工作人才实务实训的专业、理论水平。2021 年基地共计开展理论课程 3 次 18 个学时，实务课程 5 次 30 个学时，支持沙龙 3 次，带教督导 40 个学时，沉浸式体验活动 2 次，团队建设 1 次，培养结业学员 36 名。

基地建设充分整合郫都区现有的乡村振兴资源，以郫都区乡村振兴场景营造融入乡村社区发展的模式为特色切入点，以成都市整体乡村振兴的发展需求为导向，立足郫都区，面向成都市，组建乡村振兴社会工作实务实训班，开展乡村振兴实务实训人才的培养，探索乡村振兴人才培养体系，构建一支专业化、本土化、职业化的乡村振兴人才队伍，助力全市乡村振兴发展，通过实务实训基地建设，为更多乡村振兴社会工作实务人才提供实践服务机会、经验交流机会、领域精专研究机会，探索实现乡村振兴社会工作实务、实训、实习的“三实合一”的培养模式。

（二）“2+6+N”运营模式的定位与设计

1. 明确人才需求

“治理有效”的乡村振兴总要求，意味着乡村振兴战略实践需要进一步完善乡村治理机制，坚持自治、法治、德治相结合，确保乡村社会充满活力、和谐有序。社会工作作为重要的治理术，可通过人心治理、情感治理、关系治理、社区治理等激发乡村社会活力，通过自我、团体、组织和社区赋权塑造村民主体性，通过专业服务、治理技术与政策设计的交织，助力乡村振兴伟大战略。纵观郫都区乃至全成都市的乡村社区治理，都存在着一些共性问题和需求，集中表现为专业社会工作人才的培养和能力提升方面缺乏专业性的集中支持，以致乡村治理人才缺失或治理能力较弱，离“治理有效”目标差距尚大。因此，基地立足郫都区面向成都市，以全市的乡村社会工作者、乡村产业从业者、乡村两委工作者、涉及乡村发展的相关人员及新村民群体为培训对象，瞄准乡村治理中的理论和技能困境等实际需求，招募满足“热爱或从事乡村社会工作，希望在乡村振兴理论和实务方面进行提升，能够从始至终参加一期70%以上课程培训，按时按要求完成相关的作业与实习活动，愿意和学员一起分享自己的经验、技能和资源”等条件的学员，开展实务实训理论和实务课程学习，参与实训实践活动提升实务能力。同时辅以嵌入式沙龙、体验式活动、实操能力提升活动等服务，促进信息与资源交流共享，为确保学习效果，每期人数控制在50人以内。

2. 完善培训体系

乡村振兴战略实施的长期性、复杂性和艰巨性，决定了全面推进乡村振兴面临的前沿问题呈现多样化特征。乡村振兴人才必须具有大局观、时空观、系统观，深刻理解乡村振兴的历史方位、指导思想、战略定位、战略重点、精准方略、工作格局、内生动力、重点难点、治理体系和党的领导等理论前沿问题。而以实务为导向的乡村振兴社工人才还必须立足现实，具有脚踏实地、灵活应变的实践性、可行性和可操作性等职业品质。因此，培训体系既要帮助学员快速了解乡村振兴理论前沿问题，具备分析解决问题的判断力和理解力，也需要促进学员在学习实践的过程中学用结合，学以致用，形成符合本地乡村振兴的工作方法。因此，基地构建了以理论课程训练为基础，以实务课程训练为目标，通过带教督导支持、沙龙活动共享为保障的，内容丰富、形式多样的学用一体化培训体系。

3. 拓展培训资源

对实训基地而言，资源主要是指师资、场地、课程、教材等。充足的师资、满足培训所需的培训场地、有针对性的实训点位，是突破传统单一培训方式，确保培训效果的重要元素。益家社工充分借助并利用郫都区的资源优势，与四川战旗乡村振兴培训学院、成都市郫都区社会组织服务园建立了战略合作关系。四川战旗乡村振兴培训学院总占地28亩，建筑面积

6500平方米，集展览展示、教学科研、学术交流等功能于一体，能同时容纳2000人培训学习。投入运营两年，累计承接各类培训活动430场、4.6万余人次，学员覆盖18个省、30个市（州），是立足成都、辐射全省、面向全国的乡村振兴教育基地、新农人学习成长基地和乡村振兴战略研究、交流、展示和推广基地，为乡村振兴发展提供强大的人才保障和智力支撑。郫都区社会组织服务园是郫都区率先在全市建立的区级社会组织服务园（区级社会组织服务平台），立足郫都区社会工作发展现状，培育和发展社会服务和社会创新的专业力量，助推社会治理共同体建设，备案和登记社区社会组织已超过144家。因此，四川战旗乡村振兴培训学院和郫都区社会组织服务园的加入，解决了基地理论实训场地、课程体系、多元化师资等核心问题，形成“一体两翼”的乡村社工人才实训范式。

4. 链接实训场地

郫都区牢记习近平总书记2018年来四川视察时对成都乡村振兴工作重要指示，立足区域发展实际和资源优势，全力打造“让城市更向往”的乡村，推进郫都区乡村振兴“走在前列、起好示范”。唐昌镇战旗村、德源街道东林村、安德街道云桥村、三道堰街道青杠树村……一个个“明星村”的出现，见证了郫都区推动乡村振兴的生动实践，是开展行动研究和田野课堂的重要资源。通过前期的调研与合作，益家社工选择了战旗村、先锋村、广福村、安龙村、青杠树村、东林村6个村庄为基地的具体实训场地。东林“艺术村”、青杠树“画家村”、安龙“盆景村”、广福“韭香村”，先锋“农夫记忆村”、战旗“示范村”，6个村庄“一村一品”，振兴之路各具特色，既有乡村振兴样板村，如战旗村；也有成长型村庄，如安龙村、青杠树村。这种“准实验”的田野课堂，有助于学员更好熟悉乡村环境，了解地方性知识，评估农民的需求，内化理论和干预技术。通过与村委签订实习协议，学员以小组为单位，结合村社实际需求，开展2次与乡村振兴有关的活动，比如村庄需求调查、主题活动、小组活动等，实现课堂理论和实务知识的现场转化。基地与村委及学员定期召开协同育人专项会议，优化实习合作模式，推动实习实训规范化、制度化、专业化发展，充分发挥产教协同育人功能，提升学员专业实践能力及创新能力。

5. 做好培训保障

为确保学以致用的实训效果，基地建立了完善的保障体系。中共成都市郫都区委组织部、成都市郫都区民政局、成都市郫都区社会工作协会牵头指导，成都市郫都区益家社会工作服务中心具体承办，确保了基地的组织保障；在郫都区社会工作协会5万元启动经费的支持下，积极争取成都市社会组织社区和社工人才服务中心经费支持，确保运作资金保障；制定《成都市乡村振兴社会工作实务实训基地操作指南》，建立招生、报名、考核、结业等系列完整的实训管理保障体系，确保基地正常、有序、高效运转。更为重要的是，在“一体两翼”的基础上，积极拓展师资，充实师资保障，从全成都市范围内招募筛选了一批具备理论知识与实务经验的中级社会工作者组成了10人社工督导团队。通过一对多的督导形式，对学员的实训主题和实习方向进行跟踪式支持，提供集督导、工作坊为一体的督导支持服务，及时答疑解惑。通过体验式沙龙、团队建设等交流活动，实现同辈互助，交流互通。至此，完善的保障措施确保了学员实训实习的成效。

三、成效与经验：小社工撬动大治理

基地运营一年以来，累计开展理论课程3次18个学时，实务课程5次30个学时，支持沙龙3次，带教督导40个学时，沉浸式体验活动2次，团队建设1次，培养结业学员36名。通过基地建设、师资库及督导库建设、理论课程和实务技巧培训、学员实习及带教督导指导、沙龙活动、能力建设、答疑督导、优秀表彰、基地操作指南（草案）编撰、基地宣传视频制作、学员考核等多个主题版块的学习活动开展，初步构建了一支专业化、本土化、职业化的乡村振兴人才队伍，形成了较为完善的乡村社会工作人才实务实训培养模式。

一是形成了较为完备的基地建设及管理制度，构建了系统的基地管理制度、课程体系、师资管理制度、督导管理制度、点位管理制度、学员手册、学员实习方案等制度体系。筹建了1个理论学习场馆、6个实习点位、1个实训交流空间，形成“2+6+N”基地运营模式。招募学员50余名，通过严格考核和综合评定，35名学员考核合格领取了结业证。通过优秀学员、督导、班委、小组的线上投票推选，表彰了16名优秀学员。基地运营期间，8次主题活动及课程学员平均参与率达80%。95.65%的学员认为基地活动内容非常丰富，服务质量很好。总之，“2+6+N”运营模式，确保了乡村社工人才实务实训效果。由总结基地运营经验而编撰的《成都市乡村振兴社会工作人才实务实训—基地操作指南（草案）》，实现了基地运营成果的文本转化，为各地乡村社工人才实训基地建设及管理提供了参考。

二是形成了一套内容丰富的理论与实务课程体系。开展了“乡村振兴社会工作的概述”“乡村振兴社会工作问题聚焦与分析”“乡村振兴社会工作行动研究一方法与工具”“乡村治理动员”“乡村社会工作服务方案设计”“乡村振兴案例分析”等6次理论课程，每课6学时，参训学员达220人次。学员的乡村振兴理论知识更扎实，实务技巧和工作方法更熟练。前往三道堰镇青杠树村、安德街道广福村开展嵌入式沙龙活动2次，参训学员60人次，通过与在地社会组织互动，以真实项目为载体实现乡村振兴的思想碰撞。开展了《乡村振兴社会工作问题策划工作坊》《一场循环往复的行动——乡村治理行动研究之实务探讨》《服务方案设计的运用》《疫情下的活动探讨》主题沙龙4次，参训学员150人次。开展外出学习参访能力建设活动一次，学员眼界更开阔。

三是壮大了郫都区乡村社工人才培训师资力量。尽管郫都区乡村振兴“走在前列、作好示范”，四川战旗乡村振兴培训学院也有一支“大专家+兼职讲师+土专家”构成的乡村振兴特色师资队伍体系。但是就社工领域而言，郫都区社工力量薄弱，尤其是缺乏理论与实务兼备的行业专家。鉴于此，基地运营者宜家社工充分挖掘并链接成都及周边乡村社工专家人才，招募、筛选了由10位资深督导组成的带教督导库，7位行业专家构成的培训师资库。10位带教督导中有5名社会工作硕士，均持有中级社会工作师证书，社工实务督导经验平均超过5年，均为温江、彭州、郫都、双流等乡村振兴重镇，从事一线乡村社工实务、社工机构管理、社会工作督导、社会工作项目评估及参与制定相关社会工作服务政策的实务工作者及专业教师，曾荣获“蓉城最美社工”“郫都优秀社工”等荣誉。此外，学校还建立起一支由向荣、吕新萍、黄琦等7名全国知名社工专家组成的专家培训师资库，为学员开展乡村振兴社会工作实践及乡村振兴品牌战略管理的前瞻性督导学习2次。基地凝聚的一大批优秀的社工做专业讲师，为郫都区乡村社工人才培育培训储备了兼具理论与实操的优秀师资力量。

四是扩大了郫都区乡村振兴示范效应。基地的课程体系充分根据学员需求，量身定制培训“菜单”。围绕精准务实与生动鲜活，综合运用理论课、互动课、实操课、研讨课、现场课等方式，实现学员在懂乡村振兴、懂乡村社工、懂乡村治理等方面履职实务能力的不断提升。尤其是实地参访、实地训练等教学环节，让学员在互动研讨、看听思悟中启迪发展思路。通过郫都区的6个乡村振兴示范村和示范点的实地实训，以点带面，发挥了示范点的示范效应，进一步彰显了郫都区乡村振兴“走在前列、作好示范”的带头作用。另外，益家社工还邀请了专业制作方对基地运营全程跟拍，剪辑制作成了3分钟的宣传视频，进一步提升了基地的社会影响力。

四、结语

乡村治理有效，社工大有可为。推动乡村治理社会工作人才队伍建设，是推进乡村振兴的现实需求。从2006年党的十六届六中全会提出“建设宏大社会工作人才队伍”的宏伟目标，到2020年民政部推动“乡镇（街道）社会工作人才队伍建设”，以及2021年中办、国办印发《关于加快推进乡村人才振兴的意见》把社工人才纳入乡村治理人才重点发展，政策的支持已为乡村社工人才队伍建设营造了良好的制度环境。打通乡村社工发展的“最后一米”，关键在人。益家社工在运营郫都区社工人才实训基地中，逐渐从“摸着石头过河”走向规范化、制度化，探索和建立了“2+6+N”社工人才实训基地运营模式，以及实务、实训、实习“三实合一”的人才培养模式，为乡村社工人才继续教育提供了重要的先行经验和做法。当然，由于各地经济实力不一，乡村社工人才实训基地的可持续运营存在一定的困难。未来如何推进基地可持续运营，继续凸显基地优势，办出特色、办出品牌，更好地推进乡村社会工作人才队伍专业化和职业化的发展，继续助力乡村振兴人才队伍建设；如何保障乡村治理社工人才在乡村扎得下、留得住、干得好、有活力，这些都是需要进一步探讨的课题。总之，加强乡村治理社工人才队伍建设，是一项复杂的系统工程，需要组织领导、机制协同、教育培育、政策支持、福利待遇等全方位保障。

集体经济培育与乡村经济振兴
——以郫都区战旗村乡村经济振兴之路为例

张勇[①]

一、案例概述

大力发展农村集体经济，不仅是解决农民增收问题及农村治理问题的有效途径，更是实现全面乡村振兴、建成社会主义现代化强国的有力支撑。2017年，十九大报告提出通过“深化农村集体产权制度改革，保障农民财产权益，壮大集体经济”是实现乡村振兴战略的重要内容。2018年11月26日中共中央政治局会议进一步指出，“要发展壮大村集体经济”。2021年，“十四五”规划再次明确提出深化农村集体产权制度改革，保障农民财产权益，壮大集体经济。2021年6月1日起实施的《中华人民共和国乡村振兴促进法》第四十六条，各级人民政府应当引导和支持农村集体经济组织发挥依法管理集体资产、合理开发集体资源、服务集体成员等方面的作用，保障农村集体经济组织的独立运营。2022年，中央一号文件明确提出：巩固提升农村集体产权制度改革成果，探索建立农村集体资产监督管理服务体系，探索新型农村集体经济发展路径。从以上会议精神、报告、法规或者文件来看，政府重视和支持代表全体村民利益的村集体经济组织和集体经济的发展。

战旗村位于四川省成都市郫都区唐昌镇，1965年前后，从金星村划出9个生产队成立了战旗大队。因在兴修水利、调田改土活动中成为一面旗帜，故取名为战旗大队。2020年，战旗村全村面积5.36平方千米，人口4 400多人，耕地5 440多亩，建设用地1 374亩。战旗村历来重视村集体经济发展，土地家庭联产承包责任制以后，坚持发展村集体企业；21世纪初，

① 张勇，成都市社会组织乡村振兴联盟秘书长，四川海惠助贫服务中心副主任。

通过土地集中经营来发展村集体经济；2010年后，通过发展村集体所有制企业，入股等方式，推动战旗村农文旅游业的发展来促进村集体经济。

“发展性社会工作”是在社区层面的整体介入，关注社区人群的经济活动，致力于促进其生产能力的提升以改善整体处境，并实现社区发展（向德平，2019）。米奇利与康利等人论述的“发展性社会工作”理论模式的基本假设包括：（1）“发展”包括“经济发展”是人的一项基本需求，也是社区重要的基础性需求；（2）人和社区都存在着经济发展与全面发展的动力和潜能；（3）社会工作专业应当且适合介入有关人与社区经济发展和整体发展的领域，通过运用其整体分析视角和助人自助技能消除障碍、增强能力，促进人与社区的经济社会协调发展；（4）通过支持体现社会面向的经济发展行动，促进有关人群经济发展与社会发展的统一，可以有效解决某些社区和群体发展受阻的问题，并对改善群体问题起到积极作用。①

战旗村近几十年集体经济发展实践表明，经济发展（集体经济）是推动社会发展的有效手段和方法。本文将采用发展性社会工作理念和模式来分析战旗村集体经济发展历程及发展成效。

二、战旗村基于集体经济的发展性社会工作经验和介入策略

发展性社会工作理念和工作模式（南非实践）包括：（1）发展性社会工作强调以生产性活动和社会投资为核心；（2）社会权益为本，特别是基本社会服务权益（比如住房、教育、医疗）和平等获得社会福利的权益；（3）社会发展与经济发展的协调和均衡，特别强调大部分人在经济发展获益，减低贫困与经济不平等；（4）民主和参与的理念和价值，社会发展项目的受益者应该享有积极参与规划、执行和评价的权利；（5）社会发展的多元治理和整合，社会发展是通过政府、民间、非正式(家庭、朋友、族群

---

① 陈涛，杨锡聪，陈锋. 发展性社会工作本土化理论与实践[J]. 新视野，2018年第4期.

等)和商业部门的合作提供;(6)社会发展需要整合从微观到宏观的介入策略，采取个人、家庭、社群、社区或社会的介入策略以协助服务对象获得最合适的服务策略[①](向荣等，2018)。

(一)以生产性活动和社会投资策略为核心，通过有利于经济社会发展的实践，提升全村整体性社会福利

战旗村在农业学大寨时期就自力更生，艰苦奋斗，发挥大寨精神，强调农业生产。从得天独厚的肥沃土地、丰富的水资源，着手发动社员大搞改田、改土、改渠。通过生产发展，粮食亩产从20世纪70年代中期到包产到户以前，中间七八年时间内，一直是全县第一名，集体的经济效益被放大，分配提高。1980年有两个生产队最高的工分一天达到1元8毛多，较差的生产队一天也有1元6毛多，这比一般的村庄多出很多倍，生产效率促进了集体经济发展。

20世纪80年代初至21世纪初，战旗村创办的集体企业，以工业品生产和农产品加工换取经济利益。1982年，土地承包到户后，村民自己在包产地里可以解决吃饭问题，但是要致富就得靠发展集体企业，让村民赚到钱。党支部开会决定，把办砖厂赚的钱再投资大办集体企业，集体企业像滚雪球一样越办越多，最多的时候办了砖厂、酒厂、豆瓣厂、预制厂、面粉厂、铸钢厂等12个村办企业。到1993年，战旗村工农业总产值超过1亿元，村办集体企业的工业产值超过8 000万元，战旗村逐步走上了相对富裕的道路。

战旗村社会投资资金来源有以下几种。第一，2003年以后，战旗村开始集中经营土地。用略高于市场的价格从村民手中流转土地，将土地整理后，用更高的价格出租出去，增值部分，村集体和流转土地的农户对半分。

① 向荣，陆德权，陈韦帆. 发展型社会工作对深化精准扶贫 的助力策略分析[J]. 贵州民族大学学报(哲学社会科学版)，2018年第3期.

村集体经营土地的收益用于村集体经济和社会发展投资。第二，2007 年，通过拆院并院，战旗村获得多余的 208 亩建设用地指标，通过城乡土地增减挂钩出售后，获得 1.3 亿元，除去集中安置小区建设成本外，获得 1 500 万元的净收益，净收益用于战旗村社会发展投资。第三，2015 年，战旗村出售集体企业闲置的土地 13.477 亩获得 706 万元的收益。第四，战旗村集体企业经营收入。第五，政府政策支持资金。①

（二）土地资产为本的社会发展视角

土地是战旗村集体的主要资源和资产。战旗村依赖集中经营土地资产获得集体经济的发展。2003 年，战旗村村干部外出学习集体经济后，一致认为要集中土地发展集体经济。农户把土地交给集体，村集体统一把土地流转出去，收取 300 多元/亩的流转费，去掉 100 多元/亩的农业税，村集体每年每亩还有 100 多元的收益。第一年，2 个生产队试点，集中了 100 多亩土地。村集体对集中的土地进行了改造，修建了道路，提升了耕地的价值。土地流转费由第一年的每亩 300 元到 500 元，涨到了第二年的每亩 500 元到 600 元。

2005 年，为了集体经营土地，村上成立了蔬菜专业合作社（用于集中经营土地）。合作社不是从农民手里把地租回来，而是让农民用承包地直接入股合作社。合作社通过土地经营增值后，可以给农民多分红。农民自己流转土地每亩 500~600 元，最高 720 元。农户用土地入股合作社后，每亩保底收入 800 元/年，同时，土地经营增值收益，村集体和农民对半分。2005 年，村集体流转出去的土地租金为 900 元，增值 100 元/亩。2006 年，打工收益更高了，更多的村民不愿种地了，把土地入股到村合作社，200 多户、600 多亩土地集中到了村集体合作社。

① 专栏|“战旗实践”1 整合土地资源 以地谋发展——高德敏讲述战旗村创业史．“农禾之家”微信公众号，2021 年 11 月 7 日．

因战旗村集中经营了一部分土地，唐昌镇给予了战旗村建设农业产业园的 300 万元项目资金支持。资金用于修路、架桥、搞好沟渠，平整土地。土地改造后，当年每亩租金就上升到 1 000 多元。承包地的集中促进了土地的经营和管理。

2007 年，战旗村 60 多个院落散居着 400 多户，大院落几十户人住在一起，最小的院落只有一户人。院子占地很大，院子在土地中间零零落落地分布，土地就不好经营和管理。60 多个院子，如果把这些院子拆掉后，可以新增 440.8 亩农村建设用地指标。经省国土资源厅立项，其中 215 亩为安置村民的战旗小区及基础设施，另外 208 亩就采取城乡建设用地增减挂钩的办法挂钩到城市使用，实现土地出让收益 1.3 亿元（合 62.5 万/亩）。

2009 年，集体租地给外来的一个工厂，帮助外来工厂协调关系，办理工商、环保，水电气安装手续，每年收取土地租赁费 12 700 元/亩。

2015 年 9 月 7 日，郫县公共资源交易服务中心举行了郫县唐昌镇战旗村 13.447 亩集体经营性建设用地使用权挂牌出让现场会，并以 52.5 万元/亩的价格出让给四川省迈高旅游资源开发有限公司，这是郫都区成为农村集体经营性建设用地入市试点单位之后的第一宗入市土地，借助出让集体经营性建设用地使用权而获得的“第一桶金”。①

（三）社会发展与经济发展的协调和均衡，特别强调大部分人在经济发展获益，减低贫困与经济不平等

集体经济发展后，所有的村民都从经济发展中收益。村民的收益包括：一是土地流转给集体的租金收入，每亩每年 800 元；二是集体经营土地增值部分（高于 800 元的部分）的 50%返还给农户；三是村民可进入园区成为农业工人，获得稳定的务工收入，一年收入少则 2 万~3 万元，多则 5 万~6

① 专栏|“战旗实践”1 整合土地资源 以地谋发展 ——高德敏讲述战旗村创业史.“农禾之家”微信公众号，2021 年 11 月 7 日.

万元；四是部分村民家里开的饭馆、民宿、小卖部有一份每年几万到几十万元不等的收入。此外，村里过年过节都会发放米面粮油，养老保险做到了应买尽买，另外 60~69 岁的老年人每月补贴 50 元，70~79 岁的老人每月补贴 100 元，80~89 岁的老年人每月补贴 150 元，90 岁~99 岁的老人每月补贴 300 元，100 岁以上的老年人每月额外补贴 600 元；儿童则发放 60 元的入托补助。2020 年，全村人均年可支配收入为 3.52 万元，是成都市当年农村居民人均可支配收入的 1.33 倍。[①]

（四）民主参与的理念和价值

社会发展项目的受益者应该享有积极参与规划、执行和评价的权利。战旗村发展集体经济过程中，重大决策需要征求村民的意见，村民通过小组长或者村民代表表达自己的意见。2007 年拆院后，集体居住小区如何规划（小区形态、文化大院，房屋结构和户型等）都需要开村民大会讨论，确定大家认可的方案。集中居住后，9 个村民小组的农耕地和宅基地需要重新分配，开了很多次会征求大家的意见，最后，大家一致同意每个人的宅基地面积和农耕地调整成同样的面积。

（五）社会发展的多元治理和整合

社会发展是通过政府、民间、非正式(家庭、朋友、族 群等)和商业部门的合作提供的。为促进村集体经济、社会发展和现代治理，战旗村村委会管理团队善于学习和利用政策，争取到国家促进战旗村集体经济和社会发展的资金累计 3 000 多万元。积极争取引进社会资金，例如，榕珍菌业在战旗村投资 1.2 亿元，长宁食品投资 3 000 万元，妈妈农庄投资 1.8 亿元，

① 专栏“战旗实践”03 一个外来媳妇眼中的战旗村—杨明学的故事.“农禾之家”微信公众号，2021 年 11 月 11 日.

"第五季·香境"投资了几千万元。[1]

（六）从微观到宏观的介入策略

党建引领，社会组织参与，激发社区居民的内生动力，动员社区居民成立社区自组织或者志愿者组织。通过社区自组织开展社区社会服务，文化传播和其他居民服务活动。

战旗村引进外部专业社会工作机构，围绕村民需求开展服务。包括老年人兴趣工坊 10 场，长期患病支持互助小组活动 9 场，结合农民夜校开办养生课堂 7 期，结合母亲节、端午节举办大型活动 3 场，服务村民超过 1 500 人/次。战旗村还大力培育社区社会组织，已培育孵化"耆英汇社区舞蹈队""社区妈妈服务队"2 支社区社会组织，挖掘村民骨干 20 余人，有效发挥村民参与社区治理的主体作用，提升了村民参与社区公共事务的热情。据初步统计，2018 年以来，战旗农民夜校已开课 60 次，有 1 280 人次参与，培养出了独具特色的美食技能培训班、布鞋制作班、蜀绣班、古筝班等。[2]

三、社会经济发展成效

第一，战旗村在党建引领下，村委管理团队带领村民，成立农民专业合作社，集中经营土地、独立经营村办企业和引进外部企业的方式，发展了村集体经济。通过几十年的努力和发展，战旗村集体经济总资产逐年递增，2016—2020 年集体经济总资产分别为 2 500 万元、4 600 万元、5 600 万元、7 010 万元和 7 264 万元。2016—2020 年，集体经济收入分别为 350 万元、462 万元、520 万元、621 万元和 653 万元（如下表和下图）。

---

① 专栏|"战旗实践"1 整合土地资源 以地谋发展——高德敏讲述战旗村创业史."农禾之家"微信公众号，2021 年 11 月 7 日.

② 成都战旗村入选首批全国乡村治理典型案例. 中国日报网. 2019 年 6 月 7 日. https://baijiahao.baidu.com/s?id=1635667299859476034&wfr=spider&for=pc.

2016—2020 年战旗村集体经济总资产和当年收入

	总资产（万元）	当年收入（万元）
2016	2 500	350
2017	4 600	462
2018	5 600	520
2019	7 010	621
2020	7 264	653

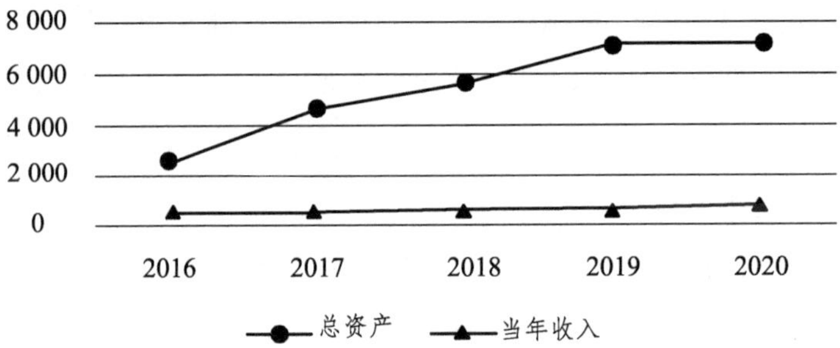

2016—2020 年战旗村集体经济总资产和收入图（万元）

数据来源：综合“中国共产党新闻网”2018 年 1 月 8 日报道文章《集体经济明星村——郫都区战旗村，加快发展迈大步》和“央视网”2021 年 2 月 16 日报道文章《总书记的问候，战旗村里话振兴》里的数据。

第二，经济发展后，促进了社会的全面发展，主要体现在居民住房改善，在地就业机会增多，在地创业机会增加，老人获得更多的福利，在地就业居民解决了社会保险，居民可支配收入增加，社区居民获得了更好的公共服务，村委会为社区提供了更好的公共管理和公共服务等方面。

第三，2019 年 3 月，战旗村景区被批准为国家 4A 级景区。同年，战旗村党建引领社会组织协同治理做法入选首批全国乡村治理典型案例。

第四，2019 年成立战旗村乡村振兴培训学院，是全国首家以乡村人才振兴为目标的一个学院，计划通过学院为全国的乡村振兴提供源源不断的支持，培养大批的人才参与乡村振兴。学院作为战旗的新产业业态、新的文化 IP，开启了战旗村发展教育培训产业，推动农商文旅体融合发展的新阶段[①]。

四、结语

秉承经济发展促进社会发展的理念，在村党支部的带领下，战旗村近60年通过村办企业，集体经营土地，农民专业合作社和村资产管理公司的运营管理，促进了全村集体经济的繁荣发展。在新时代，探索出一条党建引领，村民和社会资本参与的农文旅经济发展之路。

发展性社会工作中，经济发展是方法和手段，社区社会发展和社区居民福祉的全面提升是目标。战旗村集体经济发展增加了村民土地的市场收益，解决了部分村民在地就业和社保问题，为村民创造了在村创业的机会，提升了村庄公共服务和公共管理水平，为村民提供了文化和社会服务，最终让村民的福祉最大化。

战旗村村民是村庄实践发展性社会工作的主体。作为集体经济发展的主体，村干部和村民的能力至关重要。村干部的领导力和解读利用国家政策（土地、农村产业发展、乡村振兴）的出色能力，为战旗村集体经济发展确定了战略方向。村民在企业就业能力和在地创业能力，确保村民能够参与村庄的经济发展，并从中获益。

资产为本的发展视角下，土地、村民和已有的村办企业是战旗村的主要资产。发展村庄集体经济需要充分利用土地资源，发挥村民人力资本的作用，管理经营好原有的村办企业，基于土地、人力和现有产品和市场来推动村庄集体经济的发展。

经济发展的同时，需要关注社区社会发展与治理问题。战旗村在党建引领下，引进外部专业社工服务机构，利用政府购买社会服务资金，依托专业社会工作者，采用社区社会工作方法，激发村民参与社区治理和社会

① 专栏-战旗实践 02 战旗乡镇企业的发展与变迁——经理人冯忠会现身说法．“农禾之家”微信公众号，2021 年 11 月 11 日．

服务的内生动力，组织村民成立自组织，培育自组织的组织和管理能力，激励和赋能社区社会组织(自组织)为村民提供综合的文化和社会服务。

总之，战旗村通过发展性社会工作，以村干部和社区居民为主体，基于社区资产（土地、人力、已有的集体经济组织）为本的发展理念，在全村实现集体经济发展过程中，促进了居民增收，引进了专业社会工作服务，提升了社区公共服务和社会服务管理水平，增强了社区凝聚力，促进了社区产业振兴、文化振兴、组织振兴和文化振兴。

社会企业参与乡村生态振兴

——以郫都区“汨汨乐园”农场为例

陈艳[①] 李觉华[②]

一、社会企业——助力乡村迈向更美好生活

不同的时代，不同的国家，不同的社会文化背景，催生了“以商业手段，解决社会问题”的特定企业类型——社会企业。中国的社会企业经过十余年的发展，已经逐步形成自己的体系和业态，在积极服务于城乡就业、扶贫、社区服务、生态环境保护等重要领域，协助解决社会问题、改善社会治理、服务于弱势和特殊群体等方面，逐步探索形成社会公益与市场机制相融合的发展新模式。近年来，我国社会企业的数量和规模不断增长，越来越成为乡村振兴不可缺少的一股力量，其自身的公益特性不仅利于农村地区注入资金的多元化，还能有效缓解基层组织在解决农村问题时的“悬浮”症结。

自2020年脱贫攻坚任务目标如期完成，乡村振兴就成为新时代“三农”工作新的主抓手，从中央到地方各级都高度重视乡村振兴工作，但乡村振兴也必然与脱贫攻坚一样充满复杂性与艰巨性，农村产业发展推进难、乡村治理动力不足、资源错位与供给错配等难点依然是困扰乡村振兴的关键问题。其归根结底其实最重要还是“人的问题”“组织的问题”。人才的匮乏、弱小的组织力量成为大多数乡村振兴的拦路虎。昆明光崀村的“猪窝咖啡”项目、北京小毛驴市民农园、碧乡公司鱼咀村项目等社会企业参与乡村振兴的经验表明，农村发展要依靠内外力量共同发力，如何有效利用外部力量为乡村振兴注入持久动力，将外部推动力转化为乡村发展的内核动力是亟须解决的问题。

---

① 陈艳，中南民族大学马克思主义民族理论与政策专业博士研究生，成都信息工程大学讲师。

② 李觉华，华中科技大学社会工作硕士研究生，成都师范学院讲师。

在这种情况下，社会企业的优势得以凸显。社会企业既参与乡村问题的解决，又参与市场经济的互动，扮演“民生经纪人”的角色，社会企业介于传统的商业企业与公益慈善机构之间，它既可以凭借其商业经济性，实现农产品的生产与销售，又可以凭借其社会性解决社会问题，营利的收入可以进一步投入乡村发展中，以此来不断壮大振兴事业的发展。与商业企业、政府机构、非营利组织相比，社会企业通过增加乡村产品供给，满足乡村市场需求，有效克服了乡村市场的“三重失灵”问题，是一种有效消除乡村贫困，实现振兴发展的资源配置方式。社会企业有效将外源力量涌入乡村发展中，同时也激发了乡村内部发展动力，缓解了外源与内生发展的矛盾。因此，从捐赠、政府补贴、社会组织、公共研究机构到农村社区团体，通过市场运作，社会企业可以实现社会价值和经济价值的有效结合。在这个过程中，农村社会企业作为一个平台，一方面搭建起乡村内外信息交换的桥梁，另一方面通过整合内外力量，形成一股新型力量共同推动乡村振兴实践，或许可以成为解决农村现今问题的突破点。本文基于成都市郫都区汩汩乐园项目介入郫都区宝华村的过程及路径，分析在以社会企业为中心的乡村振兴中，是如何兼顾经济价值和社会价值，整合农村内外资源力量，搭建起城市与农村之间的桥梁平台的，为其他乡村推动乡村振兴提供一种新思路、新路径。

二、社会企业介入生态农业发展与保护的案例介绍

（一）案例概况

有着“天府水源地”之称的成都市郫都区，这里的自来水六厂、七厂，承担着全成都市主城区 90%的供水任务。而就在六厂取水范围内的二级保护区域，坐落着一处生态农场自然营地——汩汩乐园（经营者为四川汩汩农业科技有限公司）。溪流潺潺处、蛙声蝉鸣间，农田水塘错落有致，鹭鸟翩跹，盘桓于此。

营地的前身是成都七味园生态农场，面对农村水污染处于“不知道污染总量，不知道污染物来源流向”这一严重的现实问题，一群从事生态农业、水源保护、媒体传播的志同道合的伙伴，带着问题追根溯源，在成都郫县团结镇宝华村租赁农用土地 60 亩，建立本地多维生态本底数据库，探索建立“农村小湿地+生态农业＋社区”经营模式，与城市端有机店铺、社区学堂、社区教育机构形成紧密联接，在提供优质生态农产品保持盈利的同时，通过公民科研，有组织、有计划地组织消费群体成为环境检测等项目的执行团队，以项目的形式深入实施环境保护项目。2020 年 1 月，成都七味园生态农场经营者注册成立了社会企业——四川汩汩农业科技有限公司。进一步致力于完善多维生态本底数据库，完成农场 SOP（作业流程规范）并对外共享，完善社区支持农业（CSA, Community Supported Agriculture）模式，并逐渐突破传统 CSA 所呈现的消费者个人——社区生态支持模式，致力于打造真正的“社区”支持农业（即 CSE,Community Supported Environmental）模式。通过联动社区，开展环境教育，真正实现环境保护、水资源保护由个体走向社区。未来，汩汩乐园项目将以营地为依托，链接城乡，完善“农村小湿地+生态农业+社区”模式标准，推动解决水源地取水点外围污染的问题。

（二）从小鹰计划到七味园生态农场

汩汩乐园项目创始人孙婉莹说：“因为没有种植技术的支持，番茄每年都会被迫更换种植地方，否则就会感染病菌。因为不知道怎么对接市场，只能一趟一趟地带着东西参加农夫市集，而大多数的时候，连路费都赚不回来。因为会员在地域上非常分散，导致配送成本很高，而且他们除了跟农场订菜外，只是偶尔来这里度个假，会员也没有跟我们农场产生什么联系，他们觉得：我们就是订菜的，你们菜不好，我们也照样会挑剔。”①

① 引自 2018 小鹰计划庆典演讲，原题为“我和我的农场—我的后小鹰生活”。

从乡村建设的实践路径来说，通常有外源型和内生型两种。外源型观点认为乡村振兴的实现主要依靠外部力量，外部力量主要来自政府机构、非营利组织的援助；而内生型则认为乡村振兴的实现主要依靠乡村内生动力，内生动力包括乡村资源的开发与利用、乡村劳动力转移以及建设乡村内部认同。但是在具体实践中，无论是外源型路径还是内生型路径均存在着弊端：一味通过外部输送的方式建设乡村的外源型路径，导致乡村问题存在“治标不治本”的问题，单纯依靠政府以及外部力量，难以形成可持续发展的长效机制；内生型路径又常表现为主体性内生动力不足，也没有体现出乡村市场的自身特殊性，因此无法解释乡村内部建设的内生动力源头来自哪里。因此，无论是外源型还是内生型，都无法避免如汩汩乐园项目创始人之一孙婉莹所述的上述困境。如何突破内生型路径与外源型的弊端，找到一种结合两种路径优势的新路径对乡村振兴的可持续发展是至关重要的。

汩汩乐园项目创始人之一孙婉莹，2015 级友成小鹰计划学员。从上海田山庄村的岑谷农场到成都宝华村的汩汩乐园，从上海道融自然保护与可持续发展中心（环保类 NGO）到四川汩汩农业科技有限公司（社会企业），变的只是项目地点，不变的是她一如既往关心粮食和蔬菜，关心环境污染、物种消失、农民利益、蔬菜价格，大到环境污染问题、水源地保护问题、老种子的保留与传播问题，小到一日三餐、种菜、养鸭。从公益到社企，孙婉莹一直在探索外源型与内生型的破局之策。

依托来自加拿大、美国及中国香港、中国台湾和上海本地精英等外界力量推动而成功的上海陈波村，通过新村民带动老村民，新老村民联动，实现乡村可持续发展。带着陈波村的先进经验，孙婉莹团队来到成都市郫都区宝华村，以 60 亩农用土地为根据地，以最低的成本（3 万余元）完成七味园生态农场的搭建。农场坚持传统农耕方式，不用化肥、不用农药，自然堆肥，身体力行地践行着环保理念。以点带面，带动家庭生态农场遍地开花。

（三）汨汨乐园——城乡联结的桥梁

孙婉莹还说道：“城市与乡村应该是双向互动的，在城市端应该是以城市社区来体现，乡村则由一个个生产者联合起来的。也就是说，我认为好的模式，是把城市社区居民串联起来，形成一个组织，他们可以在消费生态农产品的同时，用他们在城市里工作的一技之长，参与到乡村、农场建设当中，不单单是购买。”

在传统的社区支持农业（CSA）概念中，消费组织与农业生产者直接建立联系，通过消费来支持农业生产者进行生态、有机种植，进而促进保护环境，消费者与农业生产者共担农业风险。由此，城市与乡村建立了初步的双向互动链接。然而，分散的会员彼此毫无关联，无法形成一个可持久发展的活力整体，而会员的割裂实际上就是销量的割裂，一个真正完整的销售网络应该是每个节点的个体、组织紧密关联。由此，从城市到乡村，从城市的社区，到乡村的农场，一张密织的城市乡村联络网正在铺开。传统 CSA 模式也正在向真正的“社区”支持农业模式（CSE）升级。

汨汨乐园的 CSE 模式始于七味农场的“社区家园计划”。通过链接成都中海社区店，以“吃”为主线改造并推行了“我们的小食堂”活动。社区居民在参与“吃”的过程中，开始寒暄昨天或者上次未讨论完的话题，比如家常琐事、家乡风俗，吃饭的时候，开始研究一种菜的各自老家的吃法，饭后，时间充足的会主动提出帮要上班的洗碗筷，都收拾完了，还会坐下来帮农场主理菜泡菜，甚至修水渠干农活等。一个个自发的、愿意相互陪伴、相互支持的自组织无形之中便形成了。

以此为平台，很快拓展并链接到社区周边资源，如通过成都市社区大学开设的阳台农园课程，营地与其共建社区农园，创设“我们的小课堂”，将家庭农园种植和家庭自然教育观察结合在一起，采取大手拉小手——老年与儿童相互陪伴的教学模式，直观地将食品安全、生态农业带入城市居民的生活中。三个月的课程及实践，城市参与者开始对农业生产者产生理解与支持，城市和农村在一点一滴的互动中，形成稳定的有黏性的社区连接方式。类似互动也包括与销售有机产品社区店的合作，通过定点、定量供应蔬菜，契约化种植由此开始。如下图所示，一方面，农场通过完善基础设施建设、种植区域规划、种植品种规划和农场水系分布等，形成可复制性农场模版。进而便可以此为基础，建立需求为本的产销一体化合作社。而在销售的阶段，通过与生态有机店合作建立邻里社群，社区大学开展社区农园共建社群等两类不同的社区社群关系的建立，最终实现契约化种植和定点配送。如此，汨汨乐园如同一个桥梁，架起城市与乡村之间的双向联系。

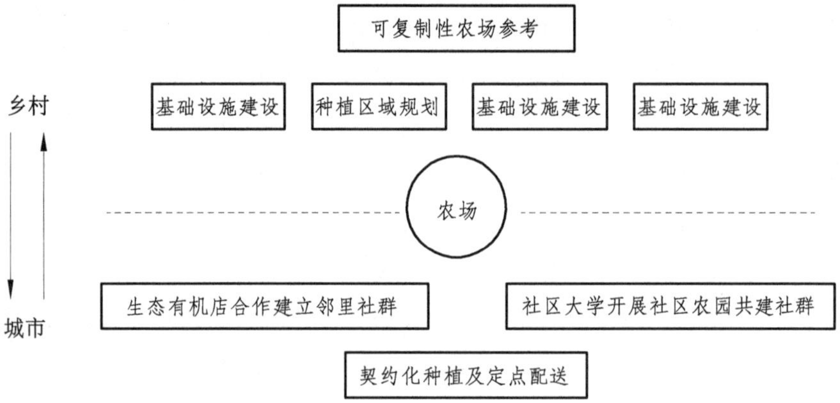

农业互动模式图

三、结语

相较于传统的乡村农场发展模式，通过链接资源、搭建平台，整合力量，提供资源、平台以及机会，汨汨乐园在参与宝华村乡村建设的过程中，将社会价值与环境价值纳入考量体系，围绕市场需求，因地制宜，以产业振兴为核心驱动，通过改变乡村农产品供给形态、供给理念及供给质量，搭建起城市社区与农村农场之间稳定的有黏性的联结与合作，实现需求供应链的有效衔接，供给端与需求端的全方位整合。传统的社区支持农业（CSA）模式中缺失的主体——“人”与“组织”逐渐回归并成为乡村建设的主角，城市社区支持的不仅是乡村农场，而是整个乡村环境的可持续性改变，真正实现社区支持环境（CSE,Community Supported Environmental）。

然而，从社会企业的可持续性运营角度，运营的可持续性依然是汩汩乐园目前要解决的首要问题。一方面，社会企业不以营利为最主要的目的，强调社会价值优先，同时兼顾社会、生态和经济的三重底线。另一方面，企业前期的发展纯粹依靠个人投入，尽管投入不多，但面对农产品种植风险及当前的环境风险，一味地投入而无产出抑或低产出低回报，是企业的可持续运营面临的首要问题，长期下去，也会波及当地农户的种植信心，进而影响供给端的稳定。尽管汩汩乐园尝试引进社会组织——新家园专注做社区服务，但社会组织与供销脱节的问题似乎并未与社会企业达成良好的协调效果。而信息的不对称性及圈子限制，社会企业似乎尚未嵌入政府购买服务计划以争取资金支持。此外还存在供给端与销售端的平衡问题。从目前汩汩乐园的发展状况而言，依然致力于拓展销售端，打造样板争取供给端。但是整体而言，农户赋能及乡村整体规划似乎尚未成为该社会企业关注的重点。乡村要振兴，人才、组织振兴是关键。一个有理念懂运营的乡村党组织好比火车头，党建强，乡村产业发展才能更有力量。因此，对于该企业而言，一方面，需要巩固与拓展两类不同的社区社群关系，持续拓展与稳定销售端；另一方面，则需继续发挥桥梁作用，不仅搭建平台链接外部资源，也要赋能赋力乡村党组织及农户种植理念的转变及种植能力的提升，通过培育、升级、优化当地农业合作社，让更多农户参与到生态农场经营之中。通过乡村农户的广泛参与形成一股强有力的振兴力量，从而开启全面振兴的新局面。

乡村社工的“本土化”与“在地化”

——以新盛镇乡镇社工站为例

钟丹[①] 汪龙鑫[②]

一、案例概述

在党的十九届五中全会再次强调“十四五”期间社会治理特别是基层治理水平明显提高的背景下，乡镇（街道）社工站建设是在“三社联动”基础上全面推进基层治理创新的“集成性”阵地建设。2021 年 4 月中共中央、国务院印发《关于加强基层治理体系和治理能力现代化建设的意见》，强调了探索“共融型”的基层治理协同机制。通过“党委领导、政府负责、社会协同、公众参与”的多元组织协调，“共建共治共享”激发活力，“自治法治德治”维护秩序，有助于加快形成活力与秩序同频，发展与治理共振的善治格局。在此背景下，乡镇（街道）社工站建设以专业服务平台打造为载体，做好兜底性民生民心工程，助力形成共建共治共享的社会治理新格局。此外，乡镇（街道）社工站建设是以现代民政的主责主业为核心，增强基层民政服务能力，也是打通“基层服务最后一米”的服务综合体。

中国社会的文化基础是重视人们之间的良好关系，虽然在具体的社会生活中有“差序格局”，但是重视和谐关系和社会关系一直被认为是我国社会的基本特点，这是乡土社会的基本特征，是从乡土中、农耕文明中自然生长出来的根基。城乡差异之所以被关注也源自我国城乡社区社会资本的巨大差异，除了城市对乡村的资源输入外，乡村也应当发掘内在资源，调动多方内在主动性。乡镇（街道）社工站作为整合政府资源、社会力量资源和广大民众资源的枢纽，同时也是培育乡村领域社会工作人才队伍的平台和资源。

---

① 钟丹：中国青年政治学院社会学硕士研究生（2011），成都农禾之家公益发展中心主任。

② 汪龙鑫：南京大学社会学院博士研究生（2021）。

当前，乡镇社工站的普及，已经将社会工作服务作为一项基础服务在乡村各村落铺开，或许未来，还会有诸如“赤脚社工”之类的服务角色出现或成为一种常态制度。基于当前大量的实践经验看来，培育“本土的”“在地的”“在场的”乡村社会工作者是乡镇社工站一项非常重要的工作，社工服务能否在乡村实现可持续，很大程度依赖于“本土乡村社会工作者人才队伍”的建设。

本文将通过呈现新盛镇社工站如何建立本土社工的培养机制、开展本土社工的培养工作，来总结乡村社工“本土化”与“在地化”的培育模式，以期具备借鉴意义。

二、乡村社工培育的“本土”实践

（一）乡镇社工站概况

德阳市罗江区新盛镇社工站于2021年9月正式揭牌运行,由成都农禾之家公益发展中心承担运营工作。成都农禾之家公益发展中心是一家专业的致力于乡村社会工作、乡村发展的公益机构，具备丰富的乡村社区发展经验和乡村社会工作服务经验。站点配备专业社工2名，社会工作、社会学硕士若干，同时建立了来自北京大学、中国社会科学院大学等高校的专业督导支持网络。

“邻里乡亲互助会”(简称“互助会”)是罗江区民政局于2015年左右牵头在区内各乡镇及村社区成立，且均在民政局办理了社团注册手续的本地组织。互助会的成立意在支持各村/社区开展“救助工作”“救困工作”等非政府性质的救助服务，培育民间救助体系和互助氛围，具备非常明显的、早期的“社区基金会”性质。目前，罗江区实现了“一村一会”“一镇一会”的覆盖规模，在各村/社区的困难群体帮扶层面发挥了很重要的“救急”作用，部分“互助会”已经实现了村社筹款、持续互助的制度。

新盛镇是罗江区“邻里相亲互助会”的发源之地，具备较长久的“本土组织”发育土壤，但因大部分的“互助会”普遍缺乏专业的社会工作知识体系和社会工作服务手法，其组织发展成熟度不高，基层干部缺乏社会工作专业服务理论基础和实务能力，“互助会”除了开展直接的“救助服务”外，基本处于停滞的发展状态。因此，如何盘活这些“组织资源”，更好地优化乡村人力资源，是社工站想要解决的首要问题。社工站从“镇级平台”的整合视角出发，试图建立能够充分优化和整合镇内人力资源、组织资源、服务资源的服务体系和联动发展的可持续机制。

（二）建构“本土化”的培育体系

社工站结合运营机构的业务专长及新盛镇的资源优势，研发了本土人才（“乡工”）+本土组织（“互助会”）+直接服务(“微项目”)+“陪伴督导”（社工站）的循环培养体系，从可持续性、可落地性、可操作性等角度保证了体系的功能完整和闭环效应。

1. 培育本土“乡工”，让人员“在地化”

新盛镇社工站依据本地的资源和需求，以培育本土社会工作者、乡村社会工作者（简称“乡工”）为首要目标，以提升已有村落/社区组织的服务能力为途径，挖掘基层社区中感兴趣、有能力、可参与的人力资源，成为社工站的培育对象，赋予“社工联络员”的身份，在社工站的陪伴同行下直接开展乡村社区工作服务。从基础知识的学习，到小额项目的实施操作，从做社工的活动开始，学习实务技巧，这支“乡工”队伍将是服务可持续性的重要保障之一。

社工站在介入新盛镇服务时有两个基本视角：直接服务和衍生培育。①直接服务是指以促进乡村社会服务为着眼点和直接目标的活动。在乡村振兴中，一些振兴活动是直接与基本保障性服务相关的，如加强社会救助、强化失依儿童和老人的社会关照、加强村风建设和村庄治理等，这些活动

① 王思斌. 社会工作与乡村振兴中社会资本的协作再生产[J]. 社会工作，2021（04）：1-8+100-101.

都与强化村民之间的信任关系、促进村庄和谐、活跃村民的经济社会活动直接相关。社工站将上述工作作为自己的“核心”任务，在完成具体工作的同时，注意强化村庄人力资源网络建设，强化和巩固发展村庄的乡村参与，以健康地活化村庄社会生活，这也是第二个基本视角——衍生培育。衍生培育指的是在看起来与村庄社会服务无直接关系的活动中，使其衍生某种有利于村庄发展的效果，从而积累形成一定程度的社会资本，这种社会资本包括人力资本、文化资本、信任资本等。在社工站参与新盛镇服务过程中，这些资本看起来是活动的副产品，实际上，如果通过发展行动共同体，进而形成乡村集体意识和氛围，经过巩固和倡导，也会产生一定的溢出效应。

2. 培训去“学术化”，让学习可参与

社工始终坚持将“乡工”当作资源来培育，而不是当作“学员”来教育。社工站对社工联络员的培育，使用的是参与式工作坊（“参与式工作坊”是一个多人数共同参与的场域与过程，且让参与者在参与的过程中能够相互对话沟通、共同思考、进行调查与分析、提出方案或规划，并一起讨论让这个方案如何推动，甚至可以实际行动，这样“聚会”与“一连串的过程”）的培训方法。在工作坊中，带领他们一起梳理和分析村内的实际案例，讨论解决方案，开展团队的社区需求调查。在整个环节中，尊重他们的个体经验，给予平等发言的机会和权利，使用参与式工具带动每个人参与讨论和发表言论，真正实现了从“课堂式”教学到“参与式学习”的转变。这也是社工站陪同本土乡工们共同成长为专业社工的历程，不断地把他们的知识经验转化为社工站共有经验的过程。

通过理论团体辅导、小组活动、个别督导、外出参访等形式，全面提升他们的社会工作专业理论素养，助其掌握专业技能方法，应用于村落治理实践。社工站积极培养专业化、懂本地社情、有志向、有情怀的社会工作人才，为他们提供创新民生服务和社会治理的畅通渠道，发挥他们的专业优势，支持他们有效参与乡村振兴和乡村社会建设。基于互动式学习，社工站建立了“社工共学平台”，借助微信群等虚拟的社群形成整个镇级的服务支持网络，也从社群的角度保证了后续的可持续性。

3. 赋能本土组织，让服务可落地

乡村振兴的基本表征是“人气”的振兴，缺乏有活力的人群或组织是乡村走下坡路的重要因素。当前，中西部村庄的“人气”振兴需要有乡村组织带动，组织动员村民参加有益的乡村文化和乡村治理活动。在乡村组织中，村“两委”的振作和强化是关键的，一方面，需要通过乡村党建来实现，另一方面，要实现村庄内、村与村之间的民间组织的激活和联动，促进乡村“再组织化”，将乡村教师、医生、退役军人等有活力的人员通过网络的形式连接组织起来。

在项目实践过程中，农禾之家充分盘活本土机构“邻里乡亲互助会”，利用已有组织和人力资源做好优化配置和提升。社工站同时秉持“赋能”与“增能”的社会工作理念，提升本土组织的实务能力。项目中后期，服务站设置了社工实务微项目的小额资金，用以支持他们开展微观的社区服务项目。13 个村社区中，有 8 个村落在前期需求评估的基础上，申报了他们的社工实务微项目，内容涉及乡村老人服务、留守儿童服务、乡村志愿者培育、残疾人互助小组等多个领域，这些微观的社会工作服务正好弥补了社工站无法全面且高效地开展全镇级微观服务的弊端。社工站将在各个微项目的执行过程中给予全程督导，从服务开展技术、能力、专业性等多方面提升各互助会的直接服务执行能力，让服务真实可落地。

（三）实践成效

1. 加强居民的能力建设，培育了一批本土乡村社区工作者

社工站通过参与式工作坊、村落走访、镇政府民政工作协助等机会，与各村的社工联络员形成了良好的互动陪伴关系，支持他们的想法落地和专业水平提升。社会工作的理念是“助人自助”，社工在服务的过程中，运用专业的社会工作理念、价值、方法，将“助人自助”的社工理念渗透给

服务群体，并相信每个人都是有能力的，通过社工的引导，使服务对象增强自我解决问题的能力。这里的能力建设不仅包括服务对象自身能力的提升，同时还包括居民自主参与社区建设、村庄事务的主体意识的提高。加强居民对村庄活动的参与度，培养村庄居民领袖，使居民参与到村庄事务中，切实地做到村民自治。

将村民自治作为村庄建设的出发点及落脚点，是判断村民建设成熟与否的重要标志，也是治理能力现代化的重要指标之一。只有充分调动村民参与村庄建设的积极性，村庄的服务功能才能不断完善，才能真正地做到社区居民自治。社会工作站的建立，有效地分担了社区的服务职能，与社区相互合作、相互配合，既缓解了社区工作繁多的压力，又使社区服务更加具备专业性，从而实现构建和谐社区的目标。

2. 通过社工实务微项目，实现“服务技术”操作化和“服务理念”普及化

社会工作在我国仍处于发展初期，社会认可度较低，很难找准专业的社工职业定位。通过在社区内成立社会工作服务站，一方面，社区居民的服务得到了有效的保障；另一方面，社会工作专业强调的“自助”“培力”“赋能”等理念得到普及和落地。新盛镇社工站的建立不仅可以为村民提供专业的社会工作服务，同时还可以在活动中大力宣传服务理念，逐渐让村民感知服务的成效和助人的意识。此外，社工站结合实际、面向基层，利用各类媒体平台、组织开展社工节活动、评选优秀案例和项目等，将社会工作服务和宣传倡导相结合，提升社会工作的认知度和关注度。

在各村社工实务微项目的实施过程中，本土乡工们通过这些领域活动的开展，真正给村民带来切实可见的服务内容。他们也扮演着“协作者”的角色，在此过程中活化村庄人群和文化、激发村庄参与热情。

3. 搭建“宏观—中观—微观”整全的社工服务体系

镇级社工站应当在宏观和中观层面做努力，提供可下沉村落的方法和

支持系统，探寻可持续的社工站发展机制。新盛社工站基本实现了“平台”+“人才”+“直接服务”的整全服务体系。

从宏观来看，在基层治理能力现代化的格局下，主要是加强社区建设，而社区建设的主体就是为居民提供服务。新盛镇引入社会工作服务站不仅在服务方面切实地解决了居民遇到的问题，更重要的是搭建了一个“社会工作服务基层化”的平台，为社区和居民间架起了一座传送的桥梁。中观层面上，社工不仅解决服务对象的问题，实现供需结合和助人自助，更重要的是，社工扮演了陪伴者和同行者的角色。通过社工的培育和带动，村庄中的贤人能者被社工发展成了本土社工，与专业社工共同发展。可见，社会工作站在为居民和社区间提供有效的沟通平台的同时，培育了村庄建设的力量。而在微观层面，社区建设最显著的特点就是通过“服务”来满足居民的需求，尽可能地做到需求和服务有效地结合起来，如果这些服务真的能为居民解决问题，丰富生活，就能使居民对社区产生归属感和依赖感，进而逐渐升华为居民互助互济、共生共存的“社区意识”。社工站不仅可以成为推动村庄发展、村庄服务、改善居民生活的新平台，同时，还可以有效弥补极易出现的政府导向型管理模式的不足，实现居民自治，对村庄工作进行了有效的补位。新盛镇社工站的建立，不仅在村民文化生活方面发挥了重要的功能，更重要的是提高了居民的村庄参与度，增强了居民的主体意识。

三、结语

乡镇社会工作站建设在全国已经开启，各省市正紧锣密鼓地进行，依据各地情况，乡镇社会工作站建设正出现多样化发展局面，然而却鲜有关于乡镇社会工作站参与乡村社会组织再生产的案例。总的看来，乡镇社会工作站协助民政部门履行基本民生保障、基层社会治理、基本社会服务职责的基本任务设定是清晰的，但也具有开放性。面对民生改善、加强乡村社会治理和社会建设的任务，它理所当然地承担了乡村社会组织培育的功能。新盛镇社工站的服务与传统的志愿服务不同，是聚焦于乡村“人”和“物”同时推进的目标。在实务中，它综合运用各种方法，不仅对服务对象或个人进行独立的意识觉醒的相关工作，也对乡村组织进行团队建设和能力建设，甚至培养村庄中群体的社会意识等。

新盛镇社工站对于本土社会工作服务人才的培养思路及实践中，以尊重和重视“在地文化”为基础，从培育本土的、可持续的社会工作服务人才以及培训的“去学术化”、服务的“去专业化”来看待乡镇社会工作站的建设和发展，就可以发现，乡镇社会工作服务站更多地承担乡村人才和组织再生产的功能是可行的。只是，当前，这种成效的可持续还需在经费保障、制度衔接上有更多的思考和探索。

PART THREE

一线社工对话篇

- 文太科：乡村社工就要当好那块蹚河的石头
- 林巧惠：乡村社工服务小白的成长之路
- 许云香：跳出既定框架，从实践到反思
- 刘天宝：乡村社会工作要重塑乡土文化自信
- 卫家蓉：乡村振兴需要振兴“人”
- 王小兰：乡村社工——“润物细无声”

文太科[1]：乡村社工就要当好那块蹚河的石头

访谈者：请介绍一下您在社工行业的发展经历。

2008年，因为地震我坚定了要去做社工的想法。没有地震，我们接触不到广东、香港和台湾的社工，也接触不到他们作为社工的行动和对于社工的思考，所以说2008年的地震是个契机。我在学习期间一直跟着香港的机构实习，毕了业就去了汶川，在汶川做了两年农村的灾后恢复工作，主要是做两个方面的工作：一个是灾后的产业发展，还有一个是灾后农村社区的安置融合发展，都是跟社工相关的。一直到2013年下半年，我到了北川，去做了跟灾后恢复重建相关的工作。雅安"4·20"芦山地震之后，我又在雅安做了两年灾后重建工作，当然也是在农村。之后就一直在北川。回到北川，就更加趋于去做这种常规的乡村发展工作。我们最开始做时，也是从灾害治理介入，最终想要走的是乡村发展道路，于是就响应国家政策，进入了扶贫领域，再到现在的乡村振兴，大概就是这样一个路径。

访谈者：我觉得你理得很清楚，因为我还挺了解从地震到最开始的那一段，大概知道你的方向和发展经历。你有讲到最开始主要是灾害治理，后来就跟着大政策走，到了扶贫乡村发展阶段。可否详细介绍一下从扶贫开始到现在的乡村振兴这中间的过程和内容？

其实，最开始我们也没有很大的力量要去做这种产业化、规模化的扶贫工作，我们一部分是通过助学的方式资助一些贫困家庭，另外一个部分是去支持一些小群体、小规模、小范围的新的农业生产方式，更大意义上说，它应该是回归传统农业种植和养殖方式的新型的、多元的生产方式的

---

① 文太科：北川羌魂社会工作服务中心主任，12年乡村工作经验。访谈者：钟丹。文稿编辑：刘晓铃。文稿整理：吴琼、钟丹、李觉华。

探索。探索式扶贫更多的是刺激村民在他们的发展方式和发展方向上的一些思考。实际上这种扶贫的经济效益不是很大，更大的效益会体现在它的社会效益和村民个人思想转变的效益上。所以说我们最早做扶贫工作，给自己的定位，也是结合自己的专业特长，把它放在了社会效益跟个人成长上面，所以就不会刻意地追求经济效益和规模效益，这是我们办不到的。

之后，我们也做过规模效益和经济效益的尝试，推动我们所在村整体去搞生态种植和养殖，短期效果是有的。但是没办法长期持续推进，我们没有那么多的资源、人力和市场等各种条件，也没办法进行一些硬件的投入，所以说在扶贫攻坚阶段，可能主要还是发挥我们的优势，帮助老百姓去发挥他们的主观能动性和智慧，在村子里进行一些他们能开展的行动，以此提升社会效益。我们机构做的一个北川的项目是关于文化扶贫的，在北川县的名头村，后面就变成了整个四川省的文化扶贫示范村，有比较好的成效，我们没有把扶贫的精力放在产业园上而是放在了文化上，最后村子就成了文化扶贫的示范村。所以说在扶贫层面，特别是在后期的乡村振兴层面，我们觉得作为一个社工机构和专业社工，我们的专业优势可能更加适合放在文化上和村民的一些自组织培育上。自组织培育是在乡村振兴层面，可能还是会跟人才振兴贴合在一起。我觉得文化振兴和人才振兴是我们社工能够做的，而且也是擅长做的。

那文化振兴是怎么做？文化振兴除了社会主义的核心价值观外，我们还比较注重挖掘地区文化、少数民族文化和农耕文化，把这些文化结合在一起，去实现乡村的整体的文化振兴，后期的实践经验效果证明这条路也是走得通的，而且价值和意义是非常大的，最终能够更大程度地丰富乡村的文化体系。现在的一些主要生活群体，他们的日常精神文化需求能够得到很大的满足，他们精神面貌和生活面貌就会得到极大的改善，这就是文化振兴。其实文化振兴之后，人才振兴就同样也会跟上，因为我们的文化振兴是要依托村民的一些自组织来开展的，比如，我们要去推进羌族的“沙朗文化”和舞蹈文化的恢复，就必须要依托他们具备这方面的能力，或者是有学习动力和学习精神的一些妇女和老人来实现，所以说后面就有了“民族妇女沙朗协会”。协会成立之后，他们就去学习相关的新知识，然后再向村民还有周边的一些村庄传授他们的学习成果。这个过程中既实现了文化的整合，同时也实现了文化振兴过程中培养和训练本地能够推进文化振兴的妇女人才。目前，该地妇女协会中介于20岁到40岁的骨干妇女有七八个，她们都已经能够自主地进行表演。村里面有哪户人家要结婚，她们就会去进行一些民族文化方面的表演，完成羌族结婚仪式里面一些传统习俗的传承。在这个过程当中，既实现了文化振兴，同时也推进了本地人才的持续成长。

访谈者：对于未来你们机构，甚至你自己的发展方向，我觉得都是非常清晰的。刚刚你也介绍了一些项目中的细节，是否可以举例说明，这些项目中，有哪些关于乡村振兴主题的内容？其中你承担的角色是什么，发挥了什么功能？同时你们在项目中用了哪些社会工作方法，或者社会工作理念架构？你觉得到目前为止你们的项目取得了什么样的成效？同时项目中有一些什么样的困难或者是困惑？

那我分享一个小故事吧，大概是在2018年的99公益日前夕，我们没有办法给“妇女沙朗协会”的项目配备一些硬件，比如音响、话筒等。我们考虑到既然乡政府没有资金支持，我们能不能借助99公益日的契机发动村民来筹款。于是，我们把想法告诉了村子里面的妇女，妇女觉得这种方式是可行的。全村所有老百姓都觉得需要有一套像样的音响设备，这是非常必要和紧要的事情。于是，我们就在村子的大群里给所有人都说了，反响非常好。我们事先没有说要通过网络众筹来实现，我们说的是要筹钱买音响，村子里的老年人跟一些不会玩智能手机和网络的那部分人听到后都觉得事情可以做，他们愿意捐钱。所以，我们最后在群里面讨论时，外面打工的年轻人都觉得这是一个有利于集体的好事。后来我们就把网络众筹的方法和规则给大家做了讲解，比如在什么时间段捐，怎么捐。我们在微信公众平台跟群里分析了一些图片和文字，做了分享，也当面给一些关键人物，比如在村子里面会玩智能手机的人，现场指导了一遍怎么操作。

2018 年 99 公益日的那三天，全村人共捐了 4 000 多块钱，网络平台捐了 3 000 多，总共 7 000 多块钱，事情的结果超出了我们社工和村民的预估，因为之前从来没有这种经历。最后甚至有外面打工上班的年轻人在群里跟我们说，他们是趁着早上 9 点上厕所的时间捐的钱，有一些不会使用智能手机的老年人把钱给到村子里，让别人帮忙代为捐赠。最后，音响买下来了，大家都很开心，作为集体财产，大家决定音响不仅可以在协会使用，全村任何一家办红白喜事，如果要用到音响，在保证保护的原则上都可以免费使用。这个故事就是这样：我们借助公共平台资源去发动村民，通过他们的行动和努力来满足他们的需求。

在这个过程中，其实我们用得比较多的还是小组跟社区的动员方式。小组工作主要还是抓住了妇女协会的七八个骨干成员，跟她们反复沟通、交流。社区动员就更不用说了，我们通过线上、线下和网络电话，把能动员的人全部动员起来，这个过程也是很有成效的。我们社工在整个过程中扮演的是支持者和资源整合者的角色。例如，整合了 99 公益日的众筹平台，以我们机构的名义跟腾讯基金会合作，链接这个资源，类似于这样方式，绝大部分的实际工作，特别是前期的动员工作其实都是村民自己做的，所以我觉得社工在这个过程当中的一个价值就是发挥了“整合”和“协助”的作用。

访谈者：在刚刚讲的案例中，社工承担了资源整合者、动员者的角色。在其他的村其实也有类似案例，社工发动村民一起去争取某种公共资源，并用到村里面的公共事务上来。当然有过失败的案例。从你的角度分析，你觉得事情能不能成功，能不能把这一群村民给发动起来为了同样的一个目标去努力，这里面最关键的影响因素是什么？

其实我觉得如果你单看这一个案例，不去了解它的脉络，就会觉得它很简单，但其实，这是一个长期的服务过程，最后激发出来了一点村民的主动性。我们从 2014 年开始介入民族村的工作，在买音响之前，做的第一件事情并不是关于文化，而是灾害治理。当时洪灾把他们村上的道路冲坏了，我们从基金会那里争取到了资金，把路修好，再用剩下的钱开展文化活动。这种文化活动前期是怎样的形式呢？在村子里面开展文化活动，很重要的一项开销就是要生活要吃饭，大的活动聚集到一起都是三四百人，吃饭的开销，活动的纪念品和奖品都是我们在项目里面节省的经费，所以说没条件再用这些钱去买音响。再如，我们每一年都会举办很重要的文化活动，每次活动进入高潮的时候，音响和话筒就突然不响了，出现这些状况的原因就是这些音响、话筒和电线板都是我们临时东拼西凑来的，本身质量就不好，村里本身也没有这样的设备。再加上户外复杂的环境，比如，小朋友过来把线弄一下什么的，所以说每次文化活动的体验都不太好。最终得出来一个结论，就是大家的需求都非常一致、明显且非常现实：他们需要音响和话筒。除了这方面的原因，因为她们“沙朗”跳得好，也参加过一些比赛，反响很好，其他村也认为她们“沙朗”跳得好，甚至会出钱请她们去跳，这时候具备好的设备对于她们来说就显得更重要了。通过三年的努力，把需求延展到家家户户、整个村，逐渐就成为大家可以通过自觉行动去解决的一个问题。

访谈者：从你刚刚讲的案例中，我们看到的是把大家的主动性调动了起来，为了这一件事每个人都在努力，但其实只有我们项目组或者是我们机构自己知道，我们在地方已经陪伴了他们至少3年，而且在这3年的陪伴和成长中，需求是他们自己经历过的，是他们自己内在发出的，而不是我们（社工）建议的需求。除此以外，有没有遇到什么困难呢？

资金和人员的持续性是一个老大难的问题。先说资金吧，内地的基金会不会支持社工机构在一个地方长时间地去做这种持续的工作，特别是农村。除了资金，人力也是一个很麻烦的事情，我们试图在村子里面培养本土的、有社工意识的基层干部和本村的村民来参与这项工作。但后来我们发现，需要培养的是社工意识、社工理念，而不是社工技巧。他们掌握的技巧和方法远远超过我们，我们能让他们去了解和认识社工方面的理念和意识就已经很不错了。只有这方面做好了，我们的人才资源才会有持续的内在参与。如果单凭长期的外在介入，村子要发展是很不现实的。作为职业社工，我们若没有项目或薪资支持，很难在地方扎根，除非你是本地人，但即便是本地人，从最起码的生存角度来讲，都会面临很大的压力和挑战。我们尝试做过本土人才的培养，虽然有失败的经历，但也改善了很多基础。刚刚说到的资金问题还可以展开说明，即便是现在社会工作服务站建设在全国大力推进，但社工站的推进也主要局限在城市或者最多到乡镇区域。乡镇社会工作服务站目前只局限在镇政府或者乡政府所在的那一级单位，无法真正去到最基层的村子里，这是我认为现在最困难的地方。另外我发现运营过程中还有一些问题，比如如何照顾到村民的具体问题和需求，怎样把他们这些最具体的问题和需求放入我们想要达成的项目中去。举个例子，我们有一个项目叫作"传统智慧"，意思是寻找传统的文化和智慧在乡村持续发展中的价值和意义。我们会发动村民去调查现在乡村生活中的一些生活设施，比如"水磨"这种生活设施里所隐藏的智慧，人跟环境自然和谐相处的智慧体现在哪里？当然，这是我们的一种设想，回到村民的实际生活中，他们更多地聚焦在经济需求的发展上，如何把两个需求结合到一起？这是个难点，也是一个回避不了的问题。

村民的需求是现实的，若回应不了，就没有办法把他们的心思放到社工想做的事情上，所以说我们后期可能会调整一些设计，把这些掌握传统技艺和传统智慧的关键手工艺人，融入我们的乡村课堂里，未来也可能会做针对乡村儿童文化传承的兴趣课堂，比如木匠、石匠、做豆腐等，这些对他们可能会有用，但也可能很少，所以这是个难点，这些孩童留不下来，他们的记忆也就留不下来，他们的记忆留不下来，乡村发展赖以生存的基础就会消失。

访谈者：作为社工服务组织来讲，其实我们更想从文化的角度去切入，但实际上村民更关注我们能不能赚到钱，这是他们最基础最实际的需求，所以可能产业发展的项目在乡村更受欢迎。作为一线的社工，在乡村振兴事业中，无非是直接跟我们的村民个体打交道，但乡村振兴实际上又是一

个非常大的宏观政策，所以你认为一线社工在这项事业中，扮演着什么样的角色？发挥着怎样的功能？一线社工要更好地发挥其对乡村发展的作用，还有哪些方面可以提升或改进？最后你认为这些一线社工在现在的乡村发展中面临的问题和挑战是什么？

我觉得社工发挥着在一线"触摸感知社会"的作用，俗话说摸着石头过河，我觉得一线社工就是这个石头。同时，一线社工需要具备"解读"和"实践"的能力，我说的解读不是专家层面的解读，而是实践层面的解读。

乡村振兴里面的文化振兴是一个非常大的概念，一线社工基于自己工作属性的出发点看到的乡村文化是非常具体、非常生活化的场景。比如面对一段舞曲或是一段山歌，作为一线社工，我们需要具备把"具体文化"与"宏大文化"联结在一起，以及如何践行和行动的能力。具备了这些能力，我们就会知道自己作为石头，该落到河里的深水区还是浅水区。其次，我觉得要有准确辨别村民需求的能力，我刚刚说的过河的例子，村民的需求就像是一条河，我们要想知道河的深浅，就需要"下河"一探究竟。所以总结下来，一线社工的工作过程，既有辨识村民需求的维度，还有继续培养他们的需求，即"设计需求"的能力。

访谈者：所以，一线社工对乡村生活的方方面面都要非常了解，但事实上我们现在大部分的社工仅从社工专业教育体系里学到的东西其实非常有限，不太涉及乡村的基础知识，包括你刚刚讲到具象化的能力。除此之外，你觉得还有什么问题和挑战？

我觉得问题可能还是在政策的执行过程中。虽然中央一号文件里面也提到过多元的社会参与，但在实际的参与过程中，社工会遇到方方面面的约束和要求。如果按照规定来，我们找不到具体可以指导行动的条款。所以，我觉得如何与基层政府形成良好的对接关系，让社会组织的服务能够有效、有力地落在合适的基层乡村是我们更想看到的。在一线社工眼里，虽然都是以看似毫无关系的活动形式来开展，但社工们追求的不是最后活动的完成和结束，而是贯穿整个过程的成效结果。

访谈者：你有10年以上的一线社工实务经验，能否从10年社工实务的视角出发，谈一谈社工在乡村发展的事业中未来的发展趋势？针对问题，有无解决方案或建议？针对利好，也可以分析一下应对提升之法。

先谈谈我对乡村社工的总体看法——乡村社工一直是非常有必要有价值的存在。农村是我国发展的根本基础所在，但实际在改革开放过程中，农村确实遭遇了牺牲或是资源的耗竭。现代化城市发展进程中，农村被贴上了“落后”“偏僻危险”这样一些负面的标签，我觉得这是不行的。农村需要社工，需要这种能够保障最困难人群的基础公益服务的提供，因为国家的长治久安也强调了环境的可持续、粮食的安全，以及战略物资的保障等，这些都决定了乡村必须得到关注。此外更重要的一点：中国的广袤农村涵养了丰富多元的地方习俗和民族文化，如果农村消失，这些文化消失，中国就失去了它的民族特色。我们在北川看到的那些农村，确确实实是因为地质灾害或者不可抗的外在因素，导致它需要搬迁，但是大部分的农村还是有留下来的价值和意义。人留下来，农村留下来，农村的人们才能去管护森林，才能去耕种土地，土地才不会荒芜，粮食才能得到保障。所以社工的价值在于通过这些基础的保障民生的公益服务活动，让大家看到农村不可替代的活力和价值。

访谈者：你觉得在“乡村振兴”这份事业中，社工不能被别的人群或别的主体单位取代的角色和功能是什么？

回过头来，我还是会想到社工在中国本土化的过程中，其实跟共产党的价值是高度一致的，那就是为人民服务，这一点高度一致。社工的属性也是为人民服务，而且为人民服务不是政策性、口号性的，它是内核性、精神性的，是更贴合人民实际生活的服务。比如农村的养老问题，国家现在的兜底政策，完全能够解决他们的衣食住行问题，像我们这样的社工定期为他们举办聚会活动，有了邻里的陪伴、关注、互动，精神生活层次也得到了提升，这就是社工不可被取代的地方。

专家对话：

文太科用他超过10年的乡村服务工作经验回答了社会工作在当下中国乡村是否具有独特而不可替代的作用这一问题，那就是社会工作的服务是内核性、精神性的，更贴合乡村民众的实际生活，更注重他们的主体性或主观能动性的发挥，是在真正保护乡村人、乡村特有的精神文化，从而有力地保护乡村，让更多人看到乡村的活力与价值。从他所举的99公益日支持协助妇女协会和广大村民们用网络众筹办法解决音响、话筒等演出设备的事例中，清晰地说明了社工的这种角色作用及其独特性。正是社工在长期服务中陪伴妇女和村民们成长，有了足够的组织基础才能实现社区动员、带出集体行动解决共同需求取得成功。他用“蹚河的石头”作比，这一意象强调了社工深入村庄、辨别村民需求的能力，在助力乡村文化振兴和人才振兴中连接具体的、生活化的当地文化与大文化的能力，也是通过一线实践解读国家大政策、将其转化为现实的能力。因为社工甘做垫脚石，才有望撑起乡亲们连通广阔世界的路，也才有机会让社会工作服务于国家大战略，以及为提升普通村民的幸福指数和改善他们的生活摸索出一条可能的道路。当然，我们看到，这些努力也面临资金、人员持续性的问题，机构的项目目标如何兼顾村民实际困难和更现实需求的问题，以及在与基层政府对接中后者更加看重结果而不是如社工那样重视过程而引起的一些张力问题。这些都呼唤着更持续化的在地专业社会工作服务机制的建立，指向乡镇社工站为核心的基层社会工作服务体系的进一步完善发展。

林巧惠[①]：乡村社工服务小白的成长之路

访谈者：请介绍一下您在社工行业的发展经历。

我不是学社会工作专业的，刚参加工作时也不是从事社会工作行业，为什么会踏入这个行业呢？还要说回我在广州的时期。

2017年，我在广州工作，那段时间是自己职业生涯里的低潮时期，机缘巧合下我报名了一个志愿者能力培训课程，并且在培训中遇到了一位改变我生命轨迹的人。她是一个社会工作机构的负责人，在一件微小的事件中给了我很大的支持和帮助，让我感受到人与人之间的温暖。

当时我参加的培训是广州市团校组织的，其中有部分内容是关于公益行业讲师的，我在讲课这方面是很薄弱的，也很怕上讲台，但我还是选择了迈出第一步。记得当时有一个试讲环节，一方面我很害怕讲课，既不会讲又没东西讲，而且还抽到了一号，当时就想哭了，情绪也很崩溃。果然讲完之后，自己感觉很糟糕，在过程中我也观察了观众的反应，从中也知道我确实讲得很一般。那位机构负责人当时就坐在我隔壁，她是三号，我坐定之后，她看着我微笑着说：你讲得很好，我从心里认为你讲得真不错。这句话让当时丧气的我感到莫大的鼓励，一下子振作了起来。后来我们也一直保持着联系。6月，我参加了全国社会工作者职业水平考试，那时她正在为她的机构招聘社会工作者，并向我抛出了橄榄枝。而我在逐渐接触社会工作的过程中变得更加自信了，便接受了她的邀请。当年8月，我成了一名社会工作者，正式进入社会工作服务行业。

① 林巧惠：成都市郫都区知子花青少年社会工作服务中心社工，5年乡村一线实务服务经验。访谈者：钟丹。文稿编辑：刘晓铃。文稿整理：吴琼、钟丹、李觉华。

现在回顾那一段经历，我觉得那是我人生中的一个转折点，当时处于低潮期的我在工作中得到的价值感是比较低的，也不知道自己到底要从事什么样的工作。之所以会在那段时间去准备社会工作者职业水平考试，也纯粹是自己没事做。因为以前我一直有在做志愿者服务，对社会工作有了一些了解，所以选择了参加这个考试。更重要的是，在这期间，那位负责人一直在支持我、鼓励我，包括跟我分享他们的机构发展情况。

不过那个时候我还处在不能清楚确定自己职业发展的阶段，所以就一直先做他们机构的志愿者，参与一些传播的工作，在这过程中的相处、对话、沟通，让我逐渐对社会工作服务机构产生了兴趣，而我们之间也逐渐建立了陪伴和同行的关系。

访谈者：看得出来，你遇到的这个人，在当时的环境里，对你的影响特别大。她是否还影响了你在这个行业里的后续工作，甚至一些发展的想法？作为一个跨行业的社工，转行以后，有没有觉得跟以前所在的行业有不一样的地方，比如感受、氛围、工作方法等？

我毕业之后的前两年做的是文案编辑的工作，主要负责公众号的内容运营，在一个商业公司。企业主要注重工作业绩、个人表现以及客户满意度，所以更多的是关注在业绩和经济层面，内部还可能存在着小团体，这些都让我很不开心，大家在乎个人利益更多一些。

而在社会工作这一行，我感受到更多的包容和关怀，并不是去追问你的工作结果，更多的是你个人在这一行里面的沉淀和成长。因为只有把自己的问题解决了，你才有可能去帮助别人解决问题。当时的我处于心理困扰较大的一个阶段，所以刚进机构的时候，我的领导和同事在专业上、工作上给了我很大的支持，尤其是心理支持，比如他们会运用心理治疗或是心理支持的办法，在工作中间接地帮我去处理一些负面情绪。

访谈者：听下来能够明显地感受到你对社工的认可。它会关注到做这项工作的人的感受、个体的成长，人体在这个行业的沉淀，也会关注人体

跟他人的关系，这是人本主义取向的。可以请您介绍一下现在的工作内容吗？

我刚来这边（四川）的时候，机构还处于起步阶段，没有太多的业务和项目，后来才陆续开始争取项目。从当年 8 月开始，我就正式在唐昌镇火花村驻点了，主要工作是老年人服务和儿童服务。现在，我是项目主管，跟另外一个同事配合工作，负责整理统筹跟运营这两方面的工作和相关项目，有问题就找机构去协调。平时是我独立在地负责，活动执行、统筹管理都做，项目内容就是居家养老、自组织培育、儿童亲子服务等。

火花村是 2020 年 6 月由几个村合并而成的。我们刚过来的时候，本地没有驻点社会工作者和社会组织，我们是第一个进驻的机构。起初我们对农村服务也没有什么经验，所以最开始就是固定的社会工作的模式，张贴活动海报，同时，动员村民们来参加。在社区、居委会、村委会里面举办活动，可以方便自己。但是一段时间之后，我们发现因为距离比较远，有一些老年人过来很不方便，加之需要穿过一条大马路，不太安全，所以我们就把活动带到院落里去，方便老年人们参加。那个时期，老人们对我们更多是好评，因为他们之前没怎么接受过这样的（服务），所以后来我们举办活动，他们也挺热情地来参加。

此外我再讲讲关于儿童服务的部分。这边一个普遍现象就是隔代教养，这里的儿童大多是留守儿童，父母基本都在外面工作，平时就是爷爷奶奶带。我们开展活动的时候，儿童是很乐意来参加的。只要有活动，他们都愿意来。所以在儿童服务方面，我们做起来是不难的。但是在家长（父母）参与方面就很难，我们也想了不少方法，但是家长们目前主要就是要挣钱，要解决生存问题，这确实也是他们面临的主要问题。那我们只能邀请爷爷奶奶来参与，但是他们对理论的内容，比如家庭教育的方法，听起来很吃力。我们又换成参与节日活动的形式，比如包饺子、包汤圆、包青团这种与传统节日相关的动手类的活动，这样就增加了老年人跟小孩共同参与的机会。开展这类活动的目的是为他们搭建一个平台，让老年人和儿童互动，比如我们会设计一些游戏环节，规定老年人跟小朋友一定要搭档，或是让小朋友主动去找老年人配合，通过这样的活动，帮助社区形成其乐融融的氛围。

访谈者：你认为这些项目的开展有什么样的成效或者影响呢？

我觉得就目前的项目中，应该是社工室的成效比较明显，入选了成都市的案例集，做了经验交流，还得到了中国社会工作的报道，所以成效还算比较明显。此外，大家对于社工的认识也有变化，因此在开展活动的时候，大家都很积极，通知一个人，其他人就会互相通知，大家就一起来了，让农村安置区一下子热闹了起来。但其实这个转变的过程并不是容易的，因为这是个安置社区和原生村落混居的社区，跨度大，面积宽，人口少且不聚集，要较频繁地开展聚集性的活动是比较难的，所以我们要么就把活动带到安置区里开展，要么就是以他们喜欢的方式来开展，更得他们的心。

访谈者：目前，全国社工站和社工室的建设范围已经铺开，不同地区有不同的模板和方法。如果从专业角度上来讲，你们运用的是什么样的制度架构、方法、专业社会工作体系？能不能分享一下你们的社工室建设过程？

我刚来火花村的时候，我也是“小白”，虽然我之前有社会组织的工作经验，但是在社区里面，我是完全没有头绪的，而且对于社会工作专业的知识、专业的方法我也是不懂的，考社工证也只是为了考试而考试，所以在这里我有一个很长的焦虑期。我发现我什么都不会，指标多要求高，我当时很焦虑，我就只有拼命地学习。目前我们主要用的工作方法是个案工作、社区社会工作，还有开展社区活动。第一年我们刚进来，火花村居民又分散，我们主要是开展比较表面的工作，比如了解社区结构、人口分布、家庭情况等；在深度上的话，我们去年做的个案也较浅显，系统性较弱。今年我们有更多的时间可以去梳理和调整，所以会更加系统一些，包括我们的文案规范、个案记录等。

访谈者：从社工室的这个项目，你经历了一个焦虑期，然后是学习期，最后蝶变期。可否这样理解：它仅仅是一个项目，你作为项目主管，实现了自己在专业性上面的改变和成长，这是一个很大的进步。在这个过程中，有没有遇到非常棘手的难题，就像你刚刚说的焦虑期？你是如何去解决的？

先说说我遇到的困难吧，或者可以说是第一件对我工作和专业上产生冲击的事情。当时我们去一户老人家里入户，老人家跟我说，他要激活健康码，因为没有健康码，他去不了银行取低保金。当时我的第一反应就是：可以帮他做，健康通页面上有代领健康码的选项，当时我就先帮他做了，做完之后，我还打电话给村委咨询是不是只要把他的绿码打印出来给他就可以了，可是有一个工作人员竟然跟我说不要帮他代领，不要随便帮别人代领健康码，一方面是安全问题，另外一方面是他的子女都不管他，你管他干嘛。听完之后，我就有点想不明白为什么。一方面是，这件事情我明明已经做了，而且我可以很容易就做了，又可以帮老人解决眼下的紧急情况，举手之劳而已。另一方面，村上工作人员又这么跟我说，那在伦理上我到底是该不该做呢，该不该打印呢？其实当时健康码已经弄好了，只差回去把它打印出来就可以了，但我还是跟老人家说弄不了，最后我们就走了。走了之后，我就在想，我们做社会工作服务，会跟村委一起做事情，我们也是帮村上社区做这些事情，但我的服务对象到底是村上还是村民们呢？如果我的立场是村上的话，那我应该听村上的；如果我的立场是村民的话，那我就应该解决他们的燃眉之急。

访谈者：在左右摇摆，是吧？

对，当时我也很伤心，然后我们去下一家入户，其间我就给我的领导说我遇到了这个问题，领导就只跟我说了一句话，他说：“我也不知道怎么样选才是对的，但是如果是我，我会帮他把这个健康码做出来。”我听了后说，好的，我明白了。后来我一直在反思这件事情，村上不赞成我帮他弄健康码，可能是有更多更周全的考虑。如果我执意帮他弄了，会不会影响我们之间的合作关系，毕竟每天都要见面，又在一起办公，就会挺尴尬的，关系处理不好的话，也挺难开展工作。最终我想要给他的时候，我发现那个健康码已经失效了，就是已经没办法了，所以就算了。

我们在社区里面经常会面临这个困扰，即如何处理社区关系和自身立场之间的矛盾的两难困境。之前有一个同事跟我说，我们在做个案咨询的时候，如果你是跟服务对象的父母是同一个立场的话，那你的服务对象为什么要听你的？所以我们是要站在服务对象的立场上去考虑，那么这两个伦理问题就可能产生冲突。当时也比较苦恼，这是第一个事情。

第二个事情是个案工作方面的，有一个小朋友他有多动的症状，他们家又比较特殊，之前还在拿低保，他爷爷去世之后，他们家就没有低保金了，他妈妈有点精神异常，时不时会犯病，但她没有进行过任何检查和治疗。最近我们带她去检查，医生初步的诊断结果是精神分裂症，他妈妈犯病之后会对孩子产生很多暴力的行为，他们家就处于长期争吵、互相指责、家庭关系很不和谐的一个状态。小朋友在学校是多动的状态，不进教室，到处乱跑，偷老师的东西，砸教室里面的安全设备，对其他学生的安全造成了威胁，老师也操碎了心。因此学校就找到了社区的书记，书记就找到我们，让我们去帮忙介入一下。在此之前，那个小朋友我们也接触过。小朋友也挺难的，从出生后几个月开始，就一直被他妈妈伤害，他妈妈犯病的时候，就各种怀疑、各种妄想、各种偏执，将很多让人难以想象的暴力行为加在他身上。我们也带他去做过多动症的评估，评估结果就是异常的多动行为，需要去门诊吃药做检查，但是后来没有去检查。他的父母基本没有工作，儿子的学费都是爱心人士捐赠的。一方面是因为他们家之前一直处于低保，会有人来支持和帮助他们，所以就养成较懒散的性格，另一方面他妈妈又因为精神疾病的困扰很难找到工作，她想去做，但很多时候，她不自觉的行为又会让老板不愿意雇佣她，基本上她做个一天半天就没人会继续聘用她了。所以她是想工作，但是很难找到工作。男方有工作能力，但没有工作动力，村上给他介绍工作，他也会认为太辛苦了，太累了。他们家挺难的，学校又三番两次地让他们把孩子领回去，去上特殊学校。但是这个小朋友的年龄达不到特殊学校的年龄标准，又因为要残疾证，所以他也是读不了的。有一段时间，他妈妈时不时就去教育局投诉，来找村委。我们发现，在他们家每条路都走不通，是个很极端的个案。我们接案之后，一开始我还是可以很有耐心地去接待他们，去给他们做一些支持，但是当我发现做完事情之后，得到的并不是他们的理解，而是他们的误解，他们说各种难听的话，或者他们会短时间按我们的建议和帮助去改变生活现状，但很快就会放弃。因此，我有一段时间是放弃了的，我确实做不了。

我们机构另外一个做个案挺厉害的老师就说要继续做，要做！但是我确实觉得我还没有能力解决这个个案。其间我们是停了很长一段时间的，大概停了有两三个月的样子，我与他们是没有任何接触的。后来才意外发现这个小朋友的情况好转了，然后我就问他爸爸，问学校老师这个情况变好的原因是什么？因为这个变好的期间我们是没有任何跟进的，他们家也说不清楚。今年 2 月，他父母又在学校前吵架，动刀子动锹，学校又找到社区让我们去介入，从那个时候开始，我们就把重点转向他妈妈了，因为我们发现一切问题的根源，其实在他妈妈这里。如果他妈妈有变化的话，整个家庭系统也会有一些轻微的变化和一些好转。所以，我们就带他妈妈去做了精神评估鉴定并确诊为精神分裂症。可是后来我们发现他妈妈不吃药，因为吃了药头很痛，她就认为吃药不是治她的病，而是要她的命，她会有很多偏执的想法。我们也确实做了很多努力，包括益家社会工作服务中心，他们在唐昌的精神障碍康复项目的社工，也一起去做了入户和劝说，最终也没办法。但是在这个个案里面，我发现我有比较大的转变——我已经不会带着各方的立场去做这件事情了，我会比较中立，也能够随时把自己抽离出来，不会陷入里面太久，能够中立客观地去看待问题和处理事情了。

访谈者：来去自如了，是吧？

对，我跟这个妈妈在交流的时候，不会再带着自己的愤怒和看不惯的情绪去跟她沟通了，而且我很愿意给他们支持，只要他们愿意接受。我每次去都跟他们说，你有需要就可以找我。昨天他妈妈主动给我打电话，第一次主动给我打电话，她说要加我微信，有很多话要跟我说，我觉得这是一种比较好的转变吧。之前有一段时间我们建了一个微信群，她一发消息就是好多条,你不及时回,她就觉得你怎么不回信息了？怎么又不管我了？她很敏感。今天也是，她又质问我怎么没理她，我就说，我已经跟你说过了，我每天要处理很多工作的事情，我看到就会回复你，没有回复就说明我还没看到，这样她才稍微冷静了些。如果是以前她跟我吵，我就也跟她吵起来了，我的愤怒情绪很容易被她带动，但是现在已经不会了，我能够比较冷静地看待和处理这些事情了。我觉得这也是我自己一个比较好的转变。

访谈者：你刚刚讲到价值中立这个问题，价值中立是我们最开始学社工的时候提到的伦理概念，它倡导不带有价值评价，客观地去处理问题。但实际在农村场域非常难实现，这也是非常典型的中国特色。

是这样的。

访谈者：你觉得一线社工在乡村振兴这个大事业中，处于什么样的位置？他的功能或者角色是什么样的？从你的理解来讲，除此以外，你觉得这些一线社工能够怎么样更好地发挥对于乡村发展的作用？作为最基层的一线社工，他们当前面临着怎样的挑战和困难，可以根据你自己的情况，或观察到的其他情况分享一下吗？

我觉得社工的角色、位置，还有它的功能，并不是由外界定义的，而是自己赋予自己的。从我自己本身来说，从进入知子花这家机构开始，我的目标就很明确，我很清楚我想要获得的是什么，我想要成长的是哪一方面，在这个过程中，我会朝着我的目标努力，而且我的成长性思维是很明显的，我很喜欢成长。在学习的过程中，我的价值感很强，这就是自我满足的一种表现吧，也可能不同的人的感受不一样。我在火花村的角色是什么，其实机构并没有给我明确定位，但我把自己当作合伙人，因为你自己的定位不一样，你思考的、看到的、想去实现的东西就不一样，是吧？如果社工是别人交代什么就做什么，完全没有思考，好像一台执行的机器，那就失去了人的主观能动性，也会影响自身的价值感和满足感。

所以并不是你目前所在的位置和角色决定了你的未来，更多的是你怎么去看待自己，当你有了某种格局，你有相应的立场和位置去做更多事情的时候，你的角色所发挥的价值就会很明显了，所以我觉得这是可以自我定位的。

访谈者：乡村振兴是很宏大的一个叙事语言，可能对很多做执行的一线社工来讲，他都不一定能理解国家乡村振兴战略到底是什么样的大战略。你觉得在这么宏大的事业中，一个个散落在各个村落的一线社工，他们怎么样才能更好地发挥他们的专业性，或者是他的一些独特的东西来促进或者是推动我们乡村社会的发展呢？

我先来说政策，政策我以前不关注的，我觉得看这些没有意义不如干事儿，但是现在我关注每一条政策，比如人才培养、人才建设方面的政策，让我觉得社会工作越来越有前景了，将来的社会地位肯定会越来越高，待遇也会越来越好。我看到关于建设儿童友好家园的政策，我就想未来可以在我们村成立儿童友好家园，保护未成年人……我每看到一条政策，我就觉得有好多事情可以做，热情跟激情就随之而迸发出来了，可见政策引导的重要性。在专业性发挥方面，我也是有转变的，以前我确实认为自己没什么专业性可言，我只想着把眼前的每一件小事都做好，做得更加全面，后来我一直在思考如何在完成工作的同时更好地体现专业性，所以逐渐地别人也能在我的工作过程中体会到我的专业性了。我的工作思路是这样的，先把眼前的事情是什么搞清楚，把自己的能力和资源梳理清楚，再在计划的过程中来探讨可以运用哪些专业的理论或者专业方法，如何将哪些专业技巧融入进来，用专业性语言来描述，用专业性技术来指导，来支撑我们做的这件事情。我觉得立足具体任务，结合专业知识，这个就是专业性的发挥。

访谈者：你觉得现在这些在乡村做实务的一线社工，他们面临着怎样的挑战或者是困难？

关于挑战和困难，我觉得这段时间的感受深一些。因为我所在的农村跟外界的接触较少，村民受教育的程度也普遍较低，甚至有时候倾向于用暴力或者其他更直接的方式来解决问题，如何让他们接受和信任我们是很困难的事情。比如在本地扯皮之类的事件中，用什么语言来沟通，怎么样跟本地村民搞好关系，我觉得就是要让他们感受到社工不一样的地方，让他们觉得社工是站在他们的立场帮助他们的。这就回到了伦理或立场的问题，怎么样在服务过程中展现自己的专业性，既价值中立又能建立信任关系，这是很难的。我觉得我们目前需要去做的，更多是不局限于做指标。以前我也会觉得一个项目，把指标做完了，就结束了。后来我参加培训学习后，才发现原来指标只是最低的要求，更重要的是要解决由表面问题衍生出来的更深层次的问题，这才是更专业的体现，也更具挑战性。

访谈者：你可否从一线社工的视角出发，对我们国家乡村领域社工未来几年的发展趋势做一个判断？可否从你的视角谈谈乡村社工的价值和定位？

很多时候我都在想一个公益项目的持续性问题，大家也会相互交流讨论，比如说，我这个项目完成了，后续还要怎么做？怎么让它的成效可持续？再如，钱如果可持续的话，那人呢？有时候农村里面或者合作方社区会换机构，对吧？所以也会延伸出另外一个问题，像广州双百纳入体制内或者是我们现在这种项目制的，市场化的，半市场化的，怎么样实现可持续，并让它们更能够符合乡村发展、乡村振兴的趋势，我觉得社会工作未来还有很多事情需要去做，那就不能只是局限于做做个案、小组和日常的这些工作内容了。

乡村振兴的领域包括很多方面，产业兴旺，生态文明，人才振兴，对吧？我觉得社工的眼界还是要放开一些，紧跟政策导向，而且要保持一种成长性的思维，只要成长性思维够强，不管要在哪个行业想要做深做强，都可以实现。

对于在其中社工的定位和价值，我认为有些社会工作者并没有想清楚自己对工作的意义，可能会觉得这一行门槛比较低，有些可能都不清楚当初怎么就入了这一行，他们对自我认识不清的时候是很难去真正地发挥自己的热情和竭尽所能去做事情的，所以我觉得自我认识也是社会工作者成长中比较重要的方面。

专家对话：

从林巧慧的讲述中，我看到了在农村安置区服务的社会工作者，如何持续地学习成长，真的是“做中学、学中做”，逐步增加自己的专业性；也看到了这种服务看似平常，但对于当地人们并不简单的意义。林社工在服务中从最初工作者为本的活动设计安排，到转变为老人家和儿童都喜欢的方式与形式（村民为本），在此过程中自身也经历了情绪化和伦理冲突，到日渐变得可以中立客观和冷静，更加有自信和自主地定义在乡村振兴中的可为和能为。事实上，其中无论她是否自觉意识到，她经历了一个实践结合理论的行动研究过程，从而向专业工作者迈进。而社工所做的那些事情，给乡村注入了活力，使它热闹起来。这个意义并不寻常，因为只要那些乡村的人们在，他们就非常需要这点，也是乡村振兴最基本的要求。自然，也还有许多问题等待更好的回答，包括驻村社工与村委会的关系问题，当前社工站/室项目的指标化问题，以及项目的持续性问题。它们也只有靠各方进一步在乡镇社工站和村社工室建设发展的共同实践中来找出答案。

许云香①：跳出既定框架，从实践到反思

访谈者：请介绍一下你进入社工行业的历程吧。

我从高中毕业的时候说起吧，我之前受过一个基金会的资助，以前比较想做的是导游。我高考的成绩还不错，上了一本，填志愿的时候我咨询了资助我的基金会的工作人员，他向我介绍了社会工作这个专业，我了解后感觉确实还不错，就填报了这个专业并录取了，最后我没有转专业并且顺利毕业了。后来在我实习期间还发生过一些小插曲。

大二的时候我去一家机构实习，主要是社区工作的内容，当时有一个社会工作者负责带我，但是他也刚来这个机构没多久，他不会告诉我要做什么，也没有明确告诉我这段时间需要完成什么目标或任务。他是一个比较容易情绪激动的人，有一次我们要组织一个社区的生日会，我主要负责统筹组织，他负责准备物资，当时有个东西忘了拿到现场，他就对着我发脾气，我就回去拿了过来，再加上后来他的一些态度，让我感觉都不是很好。我当时就在想，是我有问题吗？我还要不要继续在这个机构实习？我把这些事告诉我的同学和老师，他们都觉得这个社工不够尊重我。好在我们实习有专门的实习督导老师，每个月都有督导会，也会交实习日志，老师通过看日志，再加上督导会上的沟通和同伴的支持，所以我一直坚持到实习结束，机构对我的评价也不错。当时对于是否继续做社工是有影响的，我最开始想的是我不适合做社工吗？还是我不适合在这个机构？当时对自己有过一些怀疑。但是还好有同伴和督导的支持和指导，让我走出了自我怀疑。虽然我们一个学期要求的实习不多，但是我一个学期会在不同的实

① 许云香：成都市郫都区益家社会工作服务中心片区负责人，3 年乡村社会工作一线实务经验。访谈者：李觉华。文稿编辑：艾莎莎。文稿整理：吴琼、钟丹、李觉华。

习点实习，就是同时都有实习，因此接触的服务对象不一样。我想通过实习去找到一个适合我的领域。

2020 年 9 月我来到了郫都区益家社会工作服务中心，乡村社会工作是从我来益家之后才接触的。当时我们申请了一个社区营造的项目，项目点在大邑西岭的一个村，这个村比较特殊，它有景区，有红色背景，但是人很少。我们当时在融入村外面的游客、伙伴的基础上，历时一年，培育了一支本土队伍。后来在这个基础上，我们又申请了一个社工室的服务项目，也是在这个村，针对我们前期培育的这支队伍，相当于做了一个更深入的培育。

访谈者；作为社工来讲，在同样的一件事情上跟其他人群相比，或者是跟其他主体单位相比，你觉得社工的优势在什么地方？技能上面或者能力的匹配上面，你觉得社工跟他们有区别吗？

我觉得社工跟企业的工作人员是不一样的，比如一个公司去做社区活动，跟社工机构去做社区活动给人的感觉是不一样的，他们做活动的初衷不一样，所以做出来的活动效果就不一样，与居民沟通或者互动的方式方法肯定也不一样。我们在大邑这边没有遇到，但是我之前在武侯区工作的时候有过这种情况。我当时也是在一个社工机构，虽然说他们也是属于社工机构，但它是依托一个文化公司而成立的，他们去做社区活动的时候，是有另外的任务和目的的，就是去宣传招生，为公司创收，所以组织社工活动方面可能就没那么专业。而专业的社会工作机构就是单纯去做活动，目的在于服务案主、解决问题，所以相对而言，在街道和社区居民看来，我们做得会更好更专业。

在专业方面，有一些事情或者方法我们能做能用，但非专业的他们就做不了，当然也有些是只有他们能做，我们做不了的。而能力的匹配我感觉更像是资源的匹配，比如像化妆培训这类的课程，这确实我们自己是做不了的，那就需要链接外面的资源，做一个不同能力与需求的匹配。

访谈者：好的，那请你再主要介绍一下您所从事的项目中有关乡村振兴的工作或项目。

刚刚介绍的我们在大邑西岭镇做的社区营造项目，以及后续的一个延伸，就是社工室的服务项目，这就是我近两年来做的跟乡村振兴相关的工作。我们这个项目叫“雪山来客——红色文旅品牌社区营造项目”，它是从2020年的11月开始执行的，从最开始项目的策划设计，到项目计划的答辩执行，以及最后的结项，我都是全程参与，相当于我既充当了一个项目负责人，又充当了项目执行社工的角色。

第一年我们在那里做这个项目，当地的村民会觉得我们很陌生。所以当时我们跑项目点就跑得比较频繁，一周两次，虽然说在外人眼里看，一周两次很少，但是对我们来说已经算频繁了，因为路上花的时间很多。最开始就是想怎样去跟他们建立关系，我们当时想了两种方法：一个是在村委会的支持下，通过他们开选民大会和党员大会的时候去做宣传；第二个是通过走访向村民们介绍我们是谁，我们今年要在这里做些什么，他们可以参与进来做点什么。通过多次的走访、宣传、接触以及我们的服务，就能够很明显地感受到，村民们还是很欢迎、很支持我们的工作的。后来我们帮助他们销售土特产，带动他们全年创收了3万多元，虽然这个金额不是很高，但是比他们之前自己卖要好很多了。

所以从专业上来讲，我觉得更多的是要能够跟村民打成一片，不要一直认为自己是“外人”，要给他一种感觉就是我也是他们村上的人。我后来去村上的时候经常会在村民家吃饭，也在村民家住过。

访谈者：你提到说你在村里面做服务或者做活动的时候，你跟村民的关系走得非常近，你是真的把他们当作家人一样，那我们来聊聊关于关系边界的问题。通过你的讲述，你是比较认同要跟村民保持一个比较熟的关系。所以我想问的就是你怎么样去权衡或者说你怎么样去看待价值中立和熟人社会的边界问题？很多一线社工其实在这方面都有困惑。

质疑没有，但是对于价值中立和边界问题我有些疑惑，比如说我在村民家吃了饭，并在他们家住了一晚。我觉得我们当时的相处不像是一个社工跟服务对象的关系和感觉，而更像是朋友，他会给我分享他的家庭问题、最近经历的一些不太好的事情，他们也会送给我们一些野菜，当时就没有考虑社会工作伦理这一块。

在那个时候不接受这个馈赠感觉也没有什么，不会对我们的关系造成什么影响。接受的话，其实我是觉得，我也希望我的父母和家人也能够遇到像我一样的人去帮助他们，而作为感谢，送一些东西和礼待，我觉得这个也没有什么问题。如果说他给我送红包之类的，那肯定不能收，但只是送一些他们自己从山上采的野菜、自家的猪肉和辣椒之类的，我觉得还是可以接受的，或者你可以给他一点钱，或者你下次去的时候买一点东西，就相当于用其他的方式回馈给他了。

访谈者：明白了，相当于是你们在做一个“交换”。他交换了一些低成本的东西给你，然后你也会回馈一些东西给他，这个交换是建立在双方平等的关系之上的，而且你觉得没有什么问题，因为它不涉及金钱层面的利益交换。但如果跟某一位服务对象走得太近，会影响别的服务对象对你们的评价，你是否在意这个问题？

不会，因为我觉得这种关系的建立，不管说是专业关系还是其他关系，都是将心比心的，你真心对他，他也真心对你，是吧？其实大家来参加的活动都是一样的，我不会因为这个人喜欢这个就单独给他开展一个特别的活动，因为大家都是平等的。但是如果某个人还有别的需求或问题需要解决，也许因为话题是比较敏感或隐私的，他私下跟我沟通交流，这个我肯定就控制不了。但是如果因为我们私下沟通比较多而影响了别人对我的看法，进而影响了我与其他服务对象的关系，我觉得这个也不是我们能够控制的，我们也不能因为在意别人的看法就不去顾及那些主动来跟我们交流的人吧？所以我并不会太介意或太担忧。

访谈者：你刚谈到在这个过程中，你们利用了一些资源，比如说村委会，通过走访来建立关系，最主要的是要去跟他们打成一片，融入他们当中，让他们把你们当成自己人。那么在这个过程当中，你觉得最有成就感的是什么呢？在这个过程当中，有没有遇到一些困难？你是怎么去解决它的？

最有成就感的一件事就是我把本土队伍培育起来了，除此之外我还发挥了他们自身更大的一个作用。第一年我们的目标只是把本土队伍建立起来，等建起来之后，我并不想把他们仅仅当成志愿者，而是想培养他们独立运作的能力。我们有什么活动，宣传、招募、组织、协助这些都会交给他们来做，出去参访也都是由他们来协助做统计。我们只是告诉他们目标和任务，而他们想要完成工作，就要通过自己去收集资料、完成需求评估、计划实施等，在此过程中他们想要了解学习哪些方面的知识，我们也会提供帮助。

另一方面，比较大的困难就是这支队伍的成员比较难组织起来，因为他们是散居，又几乎都是农家乐的老板，要把老板组织起来也比较难，所以之前主要是发展队伍里面的一些骨干人员，而不是所有的人。

访谈者：那结合你的实践，你认为一线社工在乡村振兴事业中所处的是一个什么样的位置，他能够发挥什么样的功能或充当什么样的角色呢？

其实我觉得有很多人做社工，不是把它当作热爱（的事情）来做，而是觉得这就是一份工作，就每月按时拿工资，完成任务就可以了。可能在身份意识这个方面比较淡薄或者说是没有转变，而且大家不会觉得做社工是一个比较好的选择，反而是我目前没有找到一个比较好的工作的情况下，我才来先做社工。而且现在专门做乡村振兴的社工，在我们身边来看也不多，主要是看你怎么样去看待自己的角色，怎么样把现在的工作链接到乡村振兴上。

访谈者:关于社工的角色和身份意识问题,你是如何来认识和调整的呢?

对我自身而言，一方面我会请教我的大学老师，告诉他我现在遇到的困惑，请他督导和帮助。另一方面是我会参加一些外部培训，通过参加培训拓宽自己的思路，还能够在培训当中认识不同的人，在交流的过程当中，把自己的困惑讲出来，别人也可以给我一些建议，这样对于解决现在面临的困惑，会有较好的帮助。我现在主要是采取这两种方法，另外就是看书，自我学习，自我提升。

访谈者：你认为一线社工怎么样才能更好地去发挥他的作用？目前这个群体在乡村发展当中还面临一些什么样的问题或者挑战？

在我们做的乡村振兴的工作方面，做得比较好、比较有成就感的可能就是产业振兴这部分。我们能够实际地帮助到村民创收，也能够实际地看到一个数额的转变。像我现在就要做文化振兴方面的一个项目，但只是投入一年两年，我感觉成效都不是很大。现在很多文化类的项目，大家都会考虑很多的因素，比如说人员成本之类的，如果说连成本都不够的话，很多情况下会因此放弃去做这个事情。包括人才培育方面也是，因为它可能会更加地隐性或者说比较间接才会凸显出它的成效和作用，可能没有产业那么直观。而创收客观的数字，就可以让我们看到它的效果是怎么样的。所以更好地发挥作用，选好赛道也很重要。

可能对于大部分社工来说，面临的最大的问题就是工资，以及个人的发展。我有一个同学，他也在做社工，最近听他说工资调整导致发放延误，就会让他产生换工作、换行业的想法，可能就是外部没有那么多的支持时容易动摇吧。就我的了解，乡村振兴以前提得不是很多。我觉得做社工的挑战，不管说是做乡村振兴还是做哪一个领域，就在于紧跟政策导向和建立关系，比如做乡村振兴社会工作，社工或机构本身是以乡村社会工作为主要的业务范围，但是如果落地过程或者他们接触到的政府、村委等部门对乡村振兴工作不是很重视的话，他开展相关工作也很困难。

访谈者：你觉得受政策的影响，对于我们实际开展工作来说，是好还是不好呢？

我觉得有好有坏，社会工作者不是有倡导者这样的一个角色吗？关于政策落实不到位或者政策不完善，我们可以通过实务经验提出改进建议。不好的地方可能在于如果政策宣传力度、影响力都不够，社工开展工作的时候就会有阻碍，对方对某个文件或政策可能还不是那么了解，或者说政策落实还没有到位，就会影响我们的工作开展。

访谈者：你可否做个预判，乡村社会工作者这个行业会有什么样的一个发展趋势，未来的发展方向会是怎么样的？

我大学毕业之后在两个机构工作过，我能够感受到机构的发展其实不能太依赖政府，虽然说现在我们的主要趋势是政府或政策导向，但是我觉得机构还是要有自己的创新意识，要有自己的品牌。这点现在很多机构可能都需要完善，可能有些机构有但还不是做得那么突出，还不会让大家提到某一领域，就能一下联想到某个机构。

做社会工作者也是一样，因为在机构做社工大部分时候是机构给什么项目，就接触什么领域，结果就是可能不会觉得自己在哪一方面专业性很高，或者说在哪一方面做得很好，但又觉得好像哪一方面都能做，所以如果问哪方面做得特别出色可能就回答不上来。社工还是要有自己比较突出的服务领域，虽然大家都说社工是全能的，但是我觉得还是要有自己的一个亮点。现在做社工，有些人的思维都已经有一点固化了，形成了一个固定的套路，比如小组（工作）我就是一个破冰游戏，然后主题活动，最后一个总结，这就是小组（工作）开展的方式，其实我觉得不一定必须遵守这个，我们可以自己来创新一种自己的风格特色。

访谈者：作为乡村社会工作领域的一线社工，你觉得他们更需要具备哪些技能？我觉得你刚刚就体现出了一个很好的技能，就是不拘泥于书上所提到的那些框架，你在自己的这个方法论里面探索，很具有发散思维，

你会用你自己的实践行动去反推那些书上的东西。除此之外，你觉得还有没有其他的一些乡村社工需要具备的技能？

主动学习，主动思考。我们一般去做的乡村（社会工作），很多都不是我们熟悉的，这就需要自己提前主动去了解这个村子的情况，比如村委的组织架构、村民的居住、以前有没有过其他组织或企业来这里做过什么样的服务等，了解这些对于你后期开展服务会有比较好的帮助。还有沟通技能也很重要，比如有的人想聊天，可能聊过几句就没有话题了，别人就不想跟你聊了。而我们一般跟别人聊，不会先聊工作，也不会聊我今天是来干什么的，因为他最开始不认识我，我肯定要给他先介绍我是谁，然后再让他介绍一下自己，比如他是农家乐的业主，他可能比较关注接待，他最近的经营状况怎么样，我们就会从这方面先打开话题，慢慢地就可以展开我想要了解的话题。我觉得最重要的可能就是这两个，第一就是主动性要强，第二就是要具备沟通技能。

访谈者：那你觉得乡村社工有哪些创新的角色或者功能？在乡村发展事业中跟我们社工服务相关的，还有没有建议或者是意见需要补充的？

我觉得可能更多扮演的就是资源链接者和引导者的角色，比如人才振兴、产业振兴，确实有的社工可以来做培育从而且力人才振兴，但是产业振兴更多的是需要链接到一些外部的资源。

至于建议，我觉得做乡村工作，就要像回到家一样，像我就是从农村出来的，我觉得去到村子里面就会很舒服，虽然说跟村民交流起来可能有点语言不通，但是他们会让你感受到他们是很热情、很欢迎你的。而且在整个过程中，社工不能一直围绕着我们要完成的工作，一直想着我要从他这里收集什么信息，不一定要带着目的性去，我们可以像交朋友一样，这样效果要比你有目的性地去做好得多。这其实就是以人为本。我们沟通交流，在以人的需求为出发点的基础上完成我们的工作，而不是以工作为导向。在整个过程中，如果你明明已经了解到他还有其他的需求，或者他还有别的想法，但是因为你的工作已经完成了就不去管他的需求了，这就违背了社会工作以人为本的价值理念了。

专家对话：

许云香基于自己的实务经验，回答了中国农村社会工作实践中的一些重要问题，实际上也是有关本土中国社会工作实践的关键问题。社会工作者一般总是带着一定的目的进入农村场域（例如为了执行某个项目），那他是不是完全“以工作导向”或是只想着自己的目的性？还是应“以人为本”，首先寻求融入当地人的生活，并在乎村民的感受和需要。这也涉及相应的伦理问题，是应当把守与村民服务对象纯工作关系的界限，还是应当努力成为其朋友甚至自家人？说严重点，这甚至涉及社工的专业身份意识。我认同许社工的立场，如果社工真的是如其宣称的那样是把自身作为“服务者”的话，他应当以人为本而不是以自己为本。何况，适合中国本土文化情境特别是农村社会文化情境的社会工作服务，必须要有人情味，也要关注人们真切的需求而不是仅仅考虑自己的目标。从许社工身上，我们看到她做到了与村民“两同”——同吃、同住，也做到了切身关怀村民包括农家乐老板们发展生产经营和产品销售的需求。她对社会工作是真有热爱，用心想去帮到村民，是真正强烈的专业身份意识。特别是，她重视主动学习、主动思考，提出在农村工作的社工需注重沟通能力和社工的资源链接作用，社工机构要做深做精做出专业领域的品牌、不能完全被动地受政策形势牵引着走等，这些都是从实践中得出的真知。我相信，它们正是十分有益的中国本土社会工作实践的探索。

刘天宝[①]：乡村社会工作要重塑乡土文化自信

访谈者：请介绍一下你在社会工作行业的工作经历。

2012年，我进入了大学校园，四年后也就是2016年本科毕业，到2018年为止，我一直在从事社工行业的工作。2018年到2020年我去西南石油大学攻读研究生，毕业后又回到了社工行业工作直到现在。对我来说做社工除了穷一点，其他也都还好。

我现在的工作涉及乡村社会工作服务的有几个领域，第一是提供直接服务，如为社区的弱势群体（老年群体、儿童群体）提供救助与关爱服务。第二是结合农村地区本土品牌研发乡村体验项目。目前，这个板块落地的有3个农村社区，其中一个是合作比较久的领域。这个村落属于水源保护地，因而本地的水源保护政策要求非常严格，不能发展商业项目或农家乐。但本村有一个特色农产品是萝卜，并且该村萝卜、稻鱼米、生菜等已经是具备特色的农产品了。而萝卜是所有自有品牌里品质最好的，就连习近平总书记也来视察过。因为他们村的生态环境很好，所以我们进驻之后，就考虑在项目前期结合当地的生态环境，打造“云桥湿地”作为他们生态保护的实地场馆。此外，我们还打造了一个科普空间，让更多的人来参与农业科普学习。在此过程中，我们也鼓励本地人发挥作用，如成立“农知合伙人”，由他们去组织一系列的活动，让城市的亲子家庭或摄影爱好者等参与进来，体验整个乡村的农耕文化以及水源文化，包括我们最近正在做的“插秧节”。稻鱼米是本村的特色，稻鱼米的插秧过程可以完全让城市的亲子家庭参与进来，切身地体验这种传统的农耕方式。

① 刘天宝：成都市郫都区阳光社会工作服务中心，社会工作硕士，4年乡村社会工作服务经验。访谈者：李觉华。文稿编辑：刘晓铃。文稿整理：吴琼、钟丹、李觉华。

我们会做这样几件事情让社区外部的参与者进入社区，第一是成立“农知合伙人”，也就是让农民组织起来，形成一个队伍，用适当的方式把他们的传统农耕技能展现出来，并且教孩子们怎么去育苗，怎么去插秧，所以我们会组织和培育朴实的农民朋友让他们成为“农技专家”。第二是社区内部有很多流动小商贩的推车，他们经常会去镇上卖东西，这个时候，我们就组织他们在活动现场开展一些特色小吃的售卖，这也是他们参与的一种路径。第三是我们同时也成立了“乡村传播官”的队伍，培育乡村的人群来讲述自己乡村的故事。例如在云桥湿地的科普馆，我们就会培育当地人成为场馆的讲解者和引领者，游客或外部人员参访时，由他们给来访者讲述关于云桥水源的故事，通过这样的方式，我们的村民就参与到了整个乡村治理和发展的过程中。

访谈者：在项目执行中，你认为你扮演的是什么样的角色，发挥着什么样的功能？这个过程当中，是否运用了相关的社会工作方法、理念？

我觉得，社工应该扮演一个平台支持的角色。作为平台发挥两个层面的功能，一是外部的链接，二是内部的动员和资源的转化，当然有时候我们也会作为直接的服务提供者，邀请大家参与，并为其提供一些有趣的体验性活动，比如包叶儿粑和磨豆浆等。这中间承担的角色比较复杂，但如果用一个概念来表述的话，那就是“枢纽”或者“平台”。

社会工作的理念差异还是挺大的。不管怎样，我们期待的乡村振兴，第一是要有自身的内在动力，这也是我们现在想重点培育的一项内容。目前，我们做的事情更多的是社工去推动整个改变的发生，而不是村民自己去推动改变的发生，但我们希望的是村民能够主动来组织这样的活动，社工做一个陪伴者的角色即可。第二是需要有内部人员。第三是他们能够真正建立起对于自身所在乡镇和村庄的品牌建设意识，找到自己值得传递的好东西（村落传统文化、传统农耕），让大家觉得农村也很好，农村也有很多东西可以学习，建立农村文化自信。对于城市居民，我们的理念是希望他们能够感受到农村和农村人群的特征，因为我们之前都听说过很多类似这样的笑话：问小朋友——你知不知道大米是从哪里来的，然后他们回答是从超市买来的。爸爸妈妈可能知道农作物的来源，但有些孩子真的缺乏这些领域的知识，我们就针对他们开展科普课堂，这是对外的操作方式。对内主要是将村民们真正地组织起来，把这些优质的乡村文化传承、发扬、传播出去。

在方法层面，首先我们也会使用“小组工作”的方法，我们进去社区的第一件事情是做调研，这一点也是我们工作做得较为扎实的一个表现。起初负责调研工作的社工不是村庄的人，所以他基本上把整个村都走访了一遍，不管是社区地图、社区故事还是社区内部的“人际圈”“权利结构”等情况都摸得比较清楚。我们机构的很多同事也居住在这个区域，所以对村里的情况就更加了解。第二是关系的建立，这个很关键，因为从目前来看，我们之所以能够在他们村上持续地开展活动（今年是第三年），确实离不开村上对机构和核心人员的信任和认可，这种关系层面的维护是比较深入的。第三是纯粹的技术层面，我们会使用到个案工作的方法，但真正完整的开展个案服务的案例会偏少一些，运用得更多的是个案服务技巧，例如与人打交道和沟通的技巧等，虽说这不是系统性的服务，但可以很好地保持社工与服务对象之间良好的互动状态。其次，我们会用小组工作方法，系列性地、有目标地、有计划地去推动“农知合伙人”的身份认同感，以及角色的转变和技能的梳理等。总体的思路，我认为不是纯粹的“地区发展模式”，也不是纯粹的“社会策划模式”，应该是一种混合取向的，既有自上而下的行政推动，也有自下而上的内部动力，两者都有兼顾和运用，这就是工作方法。除此之外，品牌运营过程中也会运用一些具体的技巧，例如品牌体验的梳理推广和广告撰写等，但专业技巧可能没有那么多，跨界的东西会多一点。

访谈者：在你刚刚讲述的这个培育过程中，有什么经验可以分享吗？

第一，我们强调组织内部的振兴和发展。我们发现，农村的人群不像城市人群仪式感那么强，对于一些文化要素敏感性没那么高。比如我们看到种田可能就只是种田而已，觉得是很普通的一件事，但是种田如何成为一种文化，一种被人看见的文化，就不是随便一个人都可以做好的事情，我们要做的是培育他们具备这种意识和文化敏感性。

第二，我们注重从内部居民身上去推动相关事项。我们这里有很多村落、社区他们在做类似于“龙舟文化体验”的展示空间，也有“生态博物馆”等，我认为还是很有必要的。它能够确切地让本村的人意识到本土文化的独特性，别的地方是没有的，是独一无二的。

第三，我觉得很重要的还是资源和资源要素的有效联盟。我们在做的时候主要想通过开展亲子家庭活动，让城市人进来之后，为农村地区带来一定的积极影响和传播度。不管他是基于体验的角度，还是基于资金引入的态度，又或者是纯粹对于这些事物的欣赏，这种认可很重要。所以说资源的流通，一方面是资金的流通，另一方面是认同、认可的价值观的流通。

访谈者：在这个过程中有没有遇到过困难或麻烦？可否详细分享？

第一是农村里的人群确实不好组织和动员，这是真正的难点所在。对于现在而言，我们促进内部发展的资金资源相对有限，有的项目我们不仅要兼顾基础服务，还要兼顾社区内部的其他服务，能够花在这一个板块上的资金是比较短缺的，没有专门的投资资金来让我们把这条路走顺、走好或者走深入。

第二是模式和方法的对外宣传。从组织发展的角度看，如果没有自己可以讲出来的东西，也就和普通个体是一样的，即使我们提炼出来很多经验之谈，但缺少相应的宣传渠道，对我们而言也是一个很大的限制。

在农村，虽然我们已经找到了合伙人——这些本土的乡土民众，他们会来参与这些活动的开展，也慢慢地认识到这些东西存在的价值，但是观念的转变需要一个漫长的过程，有时候我们的工作方法不一定最好，会让他们觉得我们是多此一举或者说没有意义的。同时，缺少相应的资金支持我们想要推广的传统乡村文化，比如说插秧技术。育苗的过程是一个专业的过程，要把这个种子撒在这块田里让它长出秧苗。但是怎么让这个步骤变得更加清晰，对于普通人来说可操作，才能使他们感受到这种文化的魅力，不管是对社工而言，还是对农技专家而言，难度都是很大的。比如我们带着小朋友去圃田种辣椒苗，这个过程其实很简单，挖个坑栽下去就行了，但是这个坑怎么挖，坑与坑之间的间隙是多少，都是有明确规范和要求的，这中间隐藏的智慧和技术，村民就不明白如何去讲述和呈现。基于这样的背景，我们会给他们做培训，其中包含两个层面，一个是如何在繁复的程序中把握细节，第二是启发他们用一种自我觉知的方式去感知和体验。

访谈者：你认为一线社工在乡村振兴事业中处于什么样的位置，他具体扮演着什么样的角色?

处于一个相对比较尴尬的位置吧。第一是我们的一线社工不单是在农村地区工作，也不光做乡村发展这个领域的事情。除我刚说的这些品牌性的服务活动外，还要为老年、儿童开展基础的兜底的服务活动。社工进入村落之后，不可能单单围绕着我们的核心目标和议题去做事情，还要协助社区开展一些关系建立和巩固的服务活动，这个时候就需要跳脱原本的工作框架。第二是我们始终是作为乙方的身份进去，加之又不是本土的人，那么这里就存在两个问题，一是与甲方的关系问题，尤其是一线社工，很难去处理和甲方的关系，有时候恭恭敬敬可能会好一点。但是这种恭恭敬敬的背后，可能会导致他的工作、他需要呈现的效果、与甲方的关系、与他个人的关系等四方关系处理上都很难，要听从于多方领导是很难处理的情形。二是社工对村民也存在这方面的难点，虽然说我们组织了那么多服务，但是和村民之间走得并不近，就是所谓的抓手并没有抓住抓清晰，或者足够自信地说这些人我能够调动起来。同时现在的一线社工也并没有那么专业，有时候处理事情的方式态度可能存在些许不太恰当的情形，这些问题都是比较明显的。甚至包括社工个人的主动性和积极性有时候也是值得商榷的，因为他看待事情的思路和我们希望他能够按照一套稍微快一点或者稍微精细一点的工作思路是不一样的，或者说不能完全按这个思路去推动。这里面存在诸多难题，核心的问题还是资源不够。

访谈者：你觉得现在一线社工群体在乡村发展过程中主要还面临着一些什么样的问题和挑战？就现有的资源或者现有的社工对乡村振兴发展的认知，你觉得怎样可以更好地去发挥社工的作用？在乡村发展、乡村振兴的事业中，我们如何应对或调整？

第一，我觉得一线社工这个个体的人很重要。比如我们有一些同事，他挺擅长在乡村做一些服务的，他懂这里的乡土人情。当然也有像我这种的情况，本来不是村里的人，又不懂这里的风俗人情，这个限制还是很大的，我们非本地人和村民沟通都存在着诸多问题，敢不敢沟通、怎么沟通都存在限制。社工能否走出去，走进社区，这是一个很重要的问题，他敢走出去之后，又要怎么和村民进行沟通，也是需要掌握的技巧性问题。当然，专业社工学了一些开放的结构访谈、半结构访谈的专业知识，可以简单列提纲，然后访谈的目的就清晰了，但是有些情形下，好像又得不到想要的东西。因而，对于专业知识的应用和迁移的能力会限制访谈、走访带来的成效。

第二是掌握了这些方法技巧之后，如何把这些技能在工作过程中去呈现出来，也是一个难题。因为社工和其他行业不同，它既要强调过程，又要强调结果，就导致社工没有那么多的精力去顾及每个面向。既强调过程，要求过程所谓的专业性、规范性，重点是还要强调过程的在线化，要有据可凭、要论证，是比较麻烦的。我们每天做这些事情，首先要想的是怎么去证明我做的这件事情，这无形中给社工增加了压力。一个简单的活动，例如开会，都要写策划，写完了要申请预算，申请完了之后要去多方动员，动员之后才能开展这个活动，开展这个会议。会议还要讨论，要痕迹记录，要主持，要记录，记录完了之后，回去还要做总结、做反思、做推文、做宣传。还有一些不必要的事务，是完全为了证明这场活动是举办过的，我要把所有的通知梳理一遍，去证明我做的这些事情，这就让事情更加复杂了。看起来好像很必要，但是最后变成为了完成这些事情而提供服务时，它就成了不必要的了。总结是很重要，但是并不是每一篇总结写出来都有价值。

访谈者：你对乡村事业发展比较熟悉，可否再从一线社工的视角出发，谈一谈中国乡村领域社工未来的发展趋势？在现有的基础上可以关注哪些方面，在功能、角色、问题解决或者政策建议等层面，是否有一些看法？

农村社工未来走向，我可能谈不出来。其实现在不管我们做哪个村、社区都一样，就是空巢化特别明显。年轻人都不留在乡村，去城里了，那乡村的未来到底是个什么样的趋势呢，这个是不好说的。起码在未来 10 年之内，乡村更大的重心可能就是到底应该怎么去服务散居的老人的问题。我觉得这个应该更重一点吧，因为现在他们还能行动，能自己劳作，但如果年轻人都出去了，或者大部分都出去了，那么这些人到底怎么去服务、去相互照应。基层组织中的这种深层的权力其实还挺复杂的，这种人际关系的多样性比城里面要更复杂。我有这种感觉，就是因为城市里面的人际关系相对简单，所以虽然我们现在倡导邻里关系和谐，但是他们对这个邻里关系和谐没有很高的要求。农村地区的邻里关系和谐，它是建立在本身是熟人社会基础上的，他们本身就认识，这个和谐就比陌生的和谐更复杂，因为它背后有更多人性的东西在里面。城市里，即使今天闹了矛盾，明天我也不知道你是哪一家人。矛盾很快消解了，在农村，你和这个老婆婆刚把关系建立好，她还很信任你。去与另外一个老婆婆聊的时候，你会发现人家不理你，最后问了半天，原来她和那个老婆婆之间矛盾比较大。这也是很有趣的。

最后，还涉及农村地区的劣势如何向优势转换的问题。我们这个村是比较明显的，处于水源保护地，所以政策限制要求很高。成都市饮用水源保护条例里面给他们村上的限制条件就有 3 大项 19 小项，很多的事情不允许做。所以说在这样的背景之下，很多产业没法发展，只能把自己的农产品和自然资源体验式的文化发展出来，转化成为它的优势，把这种限制转变为优势，我觉得这也是一个不错的点，是一个非常值得分享的经验，我觉得这是未来可参考的一个切入点。

专家对话：

刘天宝社工较完整而清楚地诠释了社工如何自觉运用专业手法，去做社区营造培育村庄的文化自信，从而助力于乡村包括产业发展在内的全面振兴。在我看来，其总结出的两条核心经验对于其他地方介入乡村振兴包括产业振兴的社会工作者都有重要的启发和参考价值，即社工搭平台、内外链接和激发资源。倘若社工做好了这两点，他们是能够有效促进乡村产业发展和全面振兴的。在这两点之下的很多具体做法，相信对其他地方也都可资借鉴。同时，他并未回避在这当中存在的压力或挑战，也等待着各地投身乡村振兴服务的社工们一起来做好应对。其中之一是专业内部的，包括习惯做传统直接服务与侧重社区发展两种模式间的张力，特别是可能受到项目制的约束造成的张力，例如强调专业服务的程式化与实质效果的矛盾关系、资源不足问题，又如社工人才及其能力的问题。来自专业外部的挑战则是农村空心化的挑战。我认为，行内已有丰富的讨论成果有助于专业共同体来回应这些挑战，包括张和清教授提出的从个案救助到社区共治协同发展的路线或“社区为本整合社会工作”实务模式，以及有关发展型社会工作模式。希望它们会帮到天宝和其他关心此类问题的社工们。

卫家蓉[1]：乡村振兴需要振兴“人”

访谈者：请介绍一下你在社工行业的发展经历。

我是 2018 年开始接触社区工作的，2019 年就自己注册了一个社会工作服务机构。2019 年注册机构的时候，我还在社区（工作），当时只是想方便我们开展一些工作，所以才注册了这个机构。后来就开始陆陆续续做社会工作项目，但是我发现一边做社区的工作，一边还要做社工的工作精力就不够了，所以我就辞掉了社区的工作，开始专职做社会工作了。

我不是机构的法人，我们是几个人合伙的性质。我基本上就是负责理事长的工作内容，负责人的工作也都是我在做，一线也做得多。因为我们项目不多，所以我们要一边做一边总结经验，一边到外面的世界看一下（交流学习、参加培训）。我们机构的节奏没有很快，每年大概做 3 个项目，这样大家就不那么累。

我们机构叫成都市郫都区红苗社会工作服务中心，目前一共涉及 7 个方向的业务，第一个是党建、党组织服务群众；第二个是社区治理；第三个是居民素质提升；第四个是社区社工室建设；第五个是老年群体的服务；第六个是儿童群体的服务，这也是一个主要的内容；第七个就是我们从去年开始做的一个社区公共空间的运营，这七个方面的内容都有涉及。

访谈者：可否分享 1~2 个你觉得很有成就感的项目，在这个项目中你用了什么样的专业社工方法或理念，同时你觉得有何经验可以分享出来的？

① 卫家蓉，成都市郫都区红苗社会工作服务中心创始人。10 年乡村社会工作一线实务经验。访谈者：钟丹。文稿编辑：刘晓铃。文稿整理：吴琼、钟丹、李觉华。

要说与乡村振兴相关的话，我觉得主要在乡村做的（工作）都相关。其实准确说来是乡村振兴中的人才振兴，我们好像相关又不相关，经济振兴也是这样，只是我们确实是扎根在农村里面的。

做得比较好的我觉得第一个是党组织服务群众和社区治理这两方面，可以分开说也可以合在一起说，第二个就是儿童服务方向。党组织服务群众和社区治理，我之所以要放在一起说，是我们通过两年的工作把它们串在了一起。一开始我们开展（保护）小区环境（活动）的时候也有些居民不愿意参加，我们通过党组织带领群众参与活动，组织党员认领绿化任务，坚持到最后还是做得挺扎实的。因为居民的工作时间和我们的上下班工作时间不一样，所以我们的社工都是等他们下班之后去每家每户走访，因此这个社区里每家每户的情况我们都知道。通过这些积累，我们和社区居民建立了非常友好的关系，我们开展的工作他们都很支持。

回到党员带头这个事儿，一开始是同时推进党员与骨干居民参与，党员先带动一批居民参与，同时我们到社区里寻找并发展骨干居民，当骨干居民的作用发挥起来后党员就慢慢退场了，他们就可以去做别的事了。经过一年，这个社区内的事务就全部由居民来治理了，实现了社区自治，而社区治理是通过“卫生日”开展起来的活动。这个“卫生日”我们总结了一句打趣的话，就是“卫生日是社区的基建项目，它是拉动社区治理的GDP”。虽然“卫生日”这名字听着很土也没什么创意和特点，但是我们却坚持每个月在这一天让居民们出来一起互动，不管是扫地、清理垃圾还是提供意见都可以。这一天社区的领导和居民都会在院子里参加活动，最后的效果就是地扫干净了，人们也都养成了爱护环境卫生的好习惯。通过这个活动，整个社区居民的活跃度就提高了。这个是一个小项目，它让整个社区的人都活跃起来了。我记得我们第一次进小区开展类似于启动仪式的活动时没有多少人来，还是社区工作人员让党员们去动员的，大半年过后，每次开会或有活动，社区都不用呼吁，居民自己就来参加了，最多的时候可以达到四五十个人。

采访者：我对你讲的党组织和党建这一块有个疑问。最开始你们先把党员找出来，让他们发挥带头作用，然后又通过一些活动把居民中的骨干带出来。总体看来，最开始是党员在带头做，后来逐渐变成一些居民群众牵头做，到最后实现自治。你们最开始怎么样去动员的这个党组织群体的？有没有一些特殊的策略或者话术可以分享？

用的是老办法，就是和党员磨嘴皮子功夫。社区会提前给我们一些比较活跃的居民和党员的信息，我们想办法“各个击破”，比如我们会针对他们的住址来分类，如果居住在散居院落和我们主要服务区域不相符，那么就划分在第二批。如果住在我们的服务区域内，那就划分到第一批，并且请他支持我们的工作，比如我们会告诉他们绿化好、环境好，你们的房子以后也会增值的，以此为切入点来沟通。所以在第一年我们的基础工作做得非常扎实。

采访者：听你讲的应该也运用到了一些会谈和沟通技巧。此外，关于儿童服务项目的内容和经验，可以请你再分享一下吗？

儿童在我们所在村这个片区也分为两部分，一部分是安置后集中居住的儿童，另一部分是散居儿童，我们的服务对象一般这两部分都包含，有活动尽量动员大家都来参加，散居的和集中居住社区的都可以来。通过这几年的工作，我们在儿童服务这方面也建立了一个两年的服务架构，就像教学体系一样梳理出了自己的结构。每周会有一次儿童活动，大家都可以在自己的空闲时间来参加。我们对儿童空闲时间的信息做了大量的收集工作，挑选了离我们服务点稍微近一点的一个社区，把全部的儿童家庭都走访了一遍，了解了所有儿童的时间，并通过整理筛选出大多数孩子都空余的时间段来开展工作，同时还融入了爱国主义教育。从 2018 年第一批小孩子算起来，他们现在都已经读五年级了，有时候看到我们还会和我们打招呼。

这一方面具体是怎么做的呢？我们有一个服务体系，是我们总结的，针对大多数普通居民会有相对应的工作方法，针对儿童群体，会用专门的一套工作方法。每次听到小孩子跟我们反馈在学校的转变，我们就特别有成就感。有一次有个小朋友告诉我她在学校里面当选了体育委员，我说很好啊，你平时很喜欢运动吗？她说不是，本来是想竞聘班长的，竞选演讲时她不知道讲什么，就把我教她的先锋少年的口号内容从头背了一遍，老师觉得她讲得很好，口号也很适合体育项目，虽然没有竞争到班长，就让她担任体育委员。听到这些，你就会觉得你帮助了她。还有一些小朋友比较含蓄，之前在学校举手回答问题都要鼓起很大的勇气，但是现在他说这个星期他举手回答问题了，发现也没那么紧张了，真的有了很大的转变。

我们有两个关于困境儿童的案例，其中一个是妈妈不在了，爸爸要上班，所以就把他托付给了大伯照顾，大伯是个单身汉，其实也照顾不了什么，只是让他吃饱饭。他第一次来我们工作点的时候，身上很脏，我们就慢慢地教他，大伯忙不过来的时候要学会自己洗衣服，也告诉他至少一个星期洗一次澡。后来他远远地看到我们的志愿者就会跑过来牵他们的手，越来越自信、越来越大胆，慢慢地从一个内向的小孩变成了一个活泼的小孩。

我们的儿童服务从开始到今天的开销费用都是我们做其他项目累积的一点基金，没有人来购买这个服务，不怕你笑话，我们每年都会申请，希望能有些资金来投入这个项目，但是每年都没有申请成功。有一年给我的打击很大，我还没开始介绍项目计划，几个评委看了眼项目申报书就说名字不对，最后还是没有申请成功。我每年都会去，第二年去的时候问题可能出在我们的文案比较弱势上面。

采访者：咱们的儿童服务跟活动会不会考虑儿童居住条件的因素。因为咱们毕竟还是在农村里面，即使是安置社区、安置房，它还是有一些农村的形态。你们有没有带着儿童做一些跟农村比较接近的活动呢？比如你

说的这个爱国主义教育里，你教育的是哪一部分的内容，是否跟乡土文化有一些联系呢？

我们爱国主义教育分为几个板块，其中有爱社区，有爱自己……爱社区就和农村相关，我们开设了一个自然课堂，围绕农村为题材开展活动，比如寻找中草药，认识田间植物等。我们会制订周期计划，一年有很多场次，哪个时间段做哪些活动都很清楚。

在我眼里所有的孩子只分为两种，就是对我的课程感兴趣的和不感兴趣的，这又在于小朋友性格是好静还是好动。不管什么课程，好动的小孩子对每个课程都很感兴趣，就算是很无聊的画画，他都觉得很开心；而好静的小朋友，对于户外的活动的兴趣就不是很高。

采访者：有没有遇到过一些比较比棘手的问题或者麻烦？

有。我们做社区治理的时候，小区里有的人不理解我们，觉得我们是没事找事，也给他们找事儿做，他们就会说一些负能量的话，那这个是怎么处理的呢？只要不是说得特别过分，我们就不处理，但事后也会找到他沟通，问他如果觉得我们这样做不对的话，那你自己有没有改变呢？你走出去，你觉得社区有没有改变呢？你的楼道里以前都是白色垃圾，现在没有了，这算不算改变呢？我们会慢慢地跟他沟通，当然还是会有冥顽不灵的人，他会觉得在小区开展活动的声音太大吵着他睡觉了，这种情况我们都会先让他冷静一段时间，避免正面冲突，然后再跟他沟通，比如我们会专门针对他这种情况提前做预告，告诉他第二天我们要做什么，你如果要睡觉的话，给自己调一下时间，做这样软性的处理。我的同事也被居民骂哭过，但是还是眼泪一擦继续做。

采访者：其实不管你做什么行业，都可能在工作的过程当中遇到像你刚举的这个例子这种情况。这种负能量在你这里是如何被消化的呢？你怎么看待这种负能量？

如果是我的话，这些话我都没当回事儿。我觉得人生是往前走的，不要用昨天的事情困扰我今天的生活。而且这个居民他今天跟我抱怨这、抱怨那，他明天有可能还会说其他的事，那我何必把关注点都放在他那，所以对于压力我倒没有什么感觉。

采访者：作为一线社工在乡村振兴或者说乡村发展的事业中，你觉得他所处的位置的功能、角色应该是什么样的？你觉得一线社工可以怎么样更好地发挥他在乡村发展中的作用？目前咱们这些一线社工，在做乡村发展的工作中面临的问题或者挑战是什么？

我也说不上是什么角色,但是我觉得有一个词语可以来诠释这个身份，那就是有情怀。做乡村工作和城市工作不同，城市的节奏很快，农村的节奏要慢一点，并且乡村的人情世故比城市的要浓一点，所以在乡村做工作，如果没有情怀，如果你不把它当成你自己的事业，或者没有从让自己的家乡好起来这个出发点去做的话，就可能什么角色也扮演不好。

我觉得面临的问题就是现在的年轻社工都较为浮躁，他不是做不好，而是没有静下心来去思考。现在的年轻人做工作，他没有想过这是一个要投入自己情感的工作，他可能就觉得这只是个工作而已，可能还有一些人觉得这个工作钱拿得不多，还要做那么多事儿，就会不太愿意，这应该是一个比较普遍的社会现象。我们的每个社工来做乡村振兴工作之前，都会讲这个问题，我们这里属于郊区，你要到郫都区才能买到好看的衣服，我们所有的工作可能都要牺牲自己的休息时间，到后来我的同事都说我，你不要一来就告诉人家这个困难、那个困难的，吓到别人了。但是我就觉得不得不说、一定要说，总比他来了一段时间才发现是这种情况再走的好，其实我只是想尽量让对方快速进入角色。

另外对于社工个人来说所获得的成就感很低，因为不管是什么行业，我觉得自己从这个工作应该还有精神的收获。从事乡村工作可能就比较难有精神上的收获，比如某社工的工作就是给张大娘、王大娘打电话，请她们来交流事情，但是说不定第二天张大娘就上街买菜不来了。

采访者：你举的这个例子非常的现实，这就是一线社工所面临的问题。在种种琐碎的工作当中，怎么样去找到这份事业的一个连贯性，和他在这个连贯性中所获得的一种成就感和意义感。最后，能否从你的视角出发，在乡村发展的这一项大的事业中，我们社工行业在未来的一个发展趋势是什么样子的？有什么样的预判和建议？

其实我以前也想过这个（问题），我也有自己的想法，但是我不知道会不会有点不切实际。我认为乡村振兴，不管是那五个振兴中的哪一个方面最终都要归到一个点，就是人上面。之前外出学习，有位老师把产业振兴排在第一位，他觉得所有工作都是围绕产业来的，比如说现在比较流行的文旅产业，那么围绕这个产业要做什么，围绕生态又要做什么。但是我觉得人是关键，乡村振兴想要可持续发展，需要以人为本。所以不管你做的是哪方面的乡村振兴，它需要的是制造“人的流量”，才能实现所有的振兴。

采访者：可不可以从你作为一线服务人员的角度做一个预判，你觉得在未来的话，哪一条路可能会走得通？如果说要走通的话，我们还需要什么样政策环境的支持？

我觉得社工的收入水平不高，却又要做那么宏大的事儿，是不是有一点只能挑 200 斤却要让他挑 500 斤的感觉？比如地产行业的工资比较高，他们做出来的产业方向、逻辑或者是产品都是高品质的，我们怎样去和它 PK？我们就做一个小小的院落，那这个院落要怎么做，我们有不太一样的思路，他们可能主要是考虑市场思路或者是规划思路，而我们社工的专业可能就不是展现在这些上面了。既然有专业性，那就需要在某些方面，比如薪资待遇、社会认可度上体现我们的价值，获得物质与精神的双支持。

采访者：在你刚刚举的这个例子当中，你觉得社工只能做一个小院落，或者是一个小林盘。你觉得有没有相对于这种大公司、大企业的优势所在？你觉得社工的优势和不可取代性在什么地方？

结果会有一点不同，社工来构筑的，居民会觉得这个是自己的院落，是属于自己的，但如果是公司做的话，他可能觉得那是花钱请人做的。

讲个小故事，安置小区的居民和农村散居院落的居民，他们有不同的思维特点，比如一旦下大雨，散居院落里面的房子就会有漏水的，他们就自己拿盘子接，自己拿东西盖；而安置小区的居民有一点漏水就找社区，他会觉得这是属于社区的。所以我发现安置社区有这样一部分人，他有很好的居住环境、居住条件，但是他却没有觉得这个是属于他自己的，他应该自己去保护和维护。因此社工进行的院落打造更倾向于从人的角度出发，打造更有归属感的院落，更有人情味，而不是冷冰冰的钢筋水泥，这就是社工相较于公司的优势吧。

专家对话：

有着较为特别背景的卫家蓉社工谈话中，让我印象颇深的首先是“卫生日”这件事。社会工作在社区场域中发挥出自己的作用，首先有个突破口或切入点的问题。完整的社区治理和发展就如同国家宏观建设一样，包括政治、经济、社会、文化、生态建设多个方面。其中任一方面若能凝聚共识，形成社区共同确认的议题或问题，进而通过社工与有关各方的组织动员，最后产生集体行动带来问题的解决或改善，它就可以打开局面，逐步促成社区更多的变迁发展。不少地方的社工在介入乡村振兴时，可能是直接从产业或生计发展切入，或是从文化建设与认同突破。但是，从环境治理改善、生态友好切入和突破，这里给出了一个例子，我觉得是重要的。

此外，卫社工提到了最重要的是人。这大概是不管那种切入和发展路径都会归于一致的认识，最终，都离不开社区人们的主体性和人们的有组织性的参与。当然，这里的“人”也包括社工，因为他们正是激发那些参与的催化剂。社工要能起到这样的作用，他们自己首先得有情怀，要爱农村、认同乡村，如同访谈中讲到儿童服务所显示的。最后，社工毕竟也是普通人，工资待遇也需要改善，目前收入低的状况不应延续。

王小兰[①]：乡村社工——“润物细无声”

访谈者：可否介绍一下你在社工行业的发展经历？

2015 年，我有幸加入了社工行业。但其实最早听到“社工”这个概念是在 2012 年。当时正值郫都区筹备社工协会，我听说“社工”这个行业的工作内容后，感觉特别的温暖。心中便有一个疑问：这样一个完全以“利他主义”为中心出发点的职业能发展起来吗？能发展好吗？

2015 年我的女儿去上了大学，那个时期我开始考虑我的职业发展问题。我是一个性格比较单纯的人，喜欢向善，所以想更清楚地了解这个 2012 年左右才逐渐被当地人们熟知的行业，基于这样的原因我进入了社工机构。成为社工以后，我发现社工的工作是跟村社区紧密结合的，在工作中，我也对一些村社区工作人员的工作方式不理解，所以 2016 年，正好赶上郫筒街道在招村社区的协理员，我立即就报考了。2017 年，因为参与社区的环保督查工作，机缘巧合下，我摸索到了与社工服务紧密相关的街道和村社区一级的工作流程，也了解了整个体系工作的结合点。

回过头来，我还是觉得社工岗位更适合我的性格，所以 2021 年，我辞去了街道的工作，重返社工岗位，正好负责安龙村的文旅项目，这是一个通过产业发展助力乡村振兴方面的项目。我认为咱们的新农村建设有很多领域，特别是当地资源的利用、乡村建设等，都可以和社会工作相结合。在安龙村，我们的工作也得到了当地百姓、社会组织、村两委等的认可。

带着这种热情，我又接下了团结石堤村的乡村发展工作。那时我想带领村集体做产业发展，因为我发现“春天花市”是当地一个非常大的花卉

① 王小兰：成都市郫都区思语社会工作服务中心机构负责人，1 年乡村社会工作一线实务经验。访谈者：钟丹。文稿编辑：付强。文稿整理：吴琼、钟丹、李觉华。

市场，做产业规划、乡村振兴这方面的项目具备天然的资源和优势，这不仅能够推动当地的小产业发展，也能够帮助到当地村民增加收入，是为民做实事的妥善之举。结果进入了石堤村之后，我碰壁碰得“头破血流”了，这时我才意识到真正的乡村振兴与当地政府的发展观念是分不开的。

安龙村和石堤村的村两委对村情治理的发展思路是完全不一样的。安龙村的盆景产业基本上已经成型了，村两委发展产业的意识非常明确，村两委的工作都基本围绕着推动其产业方向来开绿灯，资金、工作人员和其他资源都可以向产业发展角度倾斜。但是在石堤村，村两委的主要发展思路是居民素质的引导提升，村子治理的方向没有倾向于产业发展，居民能够安分守己，正常地推动一些村务工作就可以了。我试图跟村两委沟通，可以先试试看能不能带动。于是通过相关关系，我们找到了管委会，也通过农业农村局协调了配合机构，他们建议我们做“多肉种植”的项目。因为石堤村大多都是失地农民，要找到推动适合当地的产业发展项目并不容易。选择多肉种植的原因是对于种植者来说比较便利，家里有院子都可以种。种植之后，经过几年的时间，一棵成品的多肉配上一个好盆，可以卖到 300~500 元，这也算是比较高的一份收入。依托当地的春天花卉市场，社工可以帮她们链接管委会和多肉基地这些资源去做整体的推销。但是最后，村委会认为我们的想法是推行不开的，哪怕让我们去尝试的想法都没有，因而这条思路就直接被泼了冷水。所以在这个村的工作，社工基本就是单枪匹马工作，并且面临着各种压力。

所以，社工参与乡村振兴，第一点也是非常重要的一点就是村两委的支持，要看施政方向有没有把产业发展放在首位。第二点是社会资源，乡村振兴单靠我们社工是不行的，单靠村两委也是不行的，必须要充分整合能够结合到的所有社会资源才能够带动起来。安龙村的氛围比较好，除了村两委之外，我们还能够链接到文创机构和花卉协会等。

访谈者：可否介绍一下你所负责的农村发展项目内容？

我最初的项目点是在安龙村。那里有很多新村民成立的组织，例如“安龙书院”。只要社工开展宣传安龙村的活动，大家都会一起支持，出钱的出钱，出力的出力，出场地的出场地，真的是能感觉到所有的村民都凝聚到了一起，这些资源能够把乡村振兴的理念融合在我们的乡村发展当中。社工在做项目的过程中，有可宣传的点位，也有可宣传的人群。如果需要带村民出去参访，文创机构也会给我们提供做得较好的地方去学习。总之，我们做任何事情都能够得到支持，社会力量的参与对乡村振兴确实有非常大的帮助。

乡村振兴中还有一个最难的点是村民习惯的改变。虽然在乡村振兴中有推广过村规民约，也有乡贤起示范带头作用，但是在社工宣传基础比较薄弱的地方，还是有相当一部分村民的旧习没办法改变。尤其是老年群体，在他们身上很难得到回应，这样的问题可能会随着时间的更迭和社工的宣传工作得到解决。此外，还有一个难点是我们传统民俗的保护问题，例如乡村生产中的一些习性和文化，这在如今提倡的新农村发展建设中是被忽视了的。我认为在乡村振兴项目推广中一定要注意传统习俗和传统文化的保留，以及村民的情感维系，大家族传统情感的维系等。

新农村也有农业生产的需求。现在的新农村发展中，发展比较好的区域都是集中居住的安置房，条件好一点的是小别墅。以前的农民群体，因为生产需要，丰收的时候需要晒谷子，这得有地方晒吧？得有晒的工具吧？但是现在的安置房居住设计，哪一家可以放得下晒谷子的垫子？基本上是没有的，公共设施也没有此类设计，所以老百姓晒谷子的地方基本上都选的是那种硬化的水泥路面。农民没有晒垫就用不知道从哪里捡的我们搞活动剩下的喷绘布。这种布是有害的，特别臭，味道特别大。有的农民就直接在水泥路面晾晒，也是有害的。所以我觉得这些区域的公共设施并没有跟上新农村建设的脚步。现在村民居住相对集中了，那传统的一些生产工艺基础设施上面应该补强，我觉得这一块应该注意。

访谈者：听了你的讲述，我知道你经历了两个阶段的工作，第一是在基层工作时，其实也是在做社区服务工作，后来到了非政府组织（NGO）还是做社区的服务工作，工作内容比较类似，但是身份有了一个变化。最开始进入行业，你用了两个词语，一个词语是“温暖”，还有一个词语是带疑问的，是不是“可行”？你用了这两个词语来概括对行业的初步印象。那到现在，当初你提出来的疑问——“以利他为导向的事业到底可行不可行”——如今你会如何回答？

在今天看来，我的回答是肯定的，咱们国家对社会工作行业的政策是非常好的，从 2012 年开始发展到现在近 10 年的时间，社会工作行业也发展得非常蓬勃，并且成都的社会工作也发展得比较好，虽然无法与深圳相比，但确实有很多可圈可点的成绩。例如，以前居民的生活方式都是非常单一的，但是有了社会工作者的服务之后，居民的生活开始有了多样化的发展，社区治理模式与成效也丰富多彩。我认为政府社区治理方面的工作，社工行业的参与必不可少。

访谈者：你认为一线社工乡村振兴事业当中所处的位置是什么？他的功能或者角色是什么？

如果要定义一线社工在乡村振兴工作中的角色，我认为是乡村振兴这台戏的“报幕员”吧。乡村振兴是一台戏，社工既是也可以做报幕员台上的表演者，而且她会用一条线索来连接每个节目，乡村振兴的各种社会资源，需要有一个总的串引，并且社工也是能够参与到乡村振兴的舞台中来的表演者。

访谈者：我第一次听见这样的比喻，很新奇，很有趣。如果说一线社工在乡村振兴是一个“总串”角色的话，“总串”应当具备什么样的特质？你刚刚已经提到一些，比如说跟其他资源的配合。那除此以外，还有什么特质能让其更好地发挥作用？

如何更好地发挥一线社工的作用，我觉得还是要有更多的时间沉浸到村落中。社会工作目前接项目的方式是一年一年的，但是乡村振兴工作是一个长期持续的过程，社工在接手一个项目的时候，需要一段时间去了解和认识这个村落，融入它的环境中，跟村民之间有一个相互接纳的过程。但往往我们可能刚被村民接纳，一个项目周期就到了，项目很有可能面临断档的风险，所以我觉得最重要的是能够在时间上有一个充份的保证，能给予社工充足的时间来跟环境险深入融合，这是一线社工做乡村振兴最重要的，如果不了解村庄，没有“融合性”，单纯凭借社工开展的基础活动来推动项目是难以获得成效的。所以我说，社工的工作是“春雨润物细无声”的感觉。

访谈者：请总结一下你在项目当中担任的角色、发挥的功能？在做工作或者项目时用的是什么样的社会工作方法、理念、架构？取得了什么样的成效？

我负责的第一个项目是在安龙村，当时进入社区正值疫情期间，之前的一些活动因受疫情的影响没有开展起来。我进入社区后，通过“社区漫步”，走访了安龙村所有的新村民，还了解了一些在地资源，比如工作室、花协和一些餐饮单位。又联合了工业学院的志愿者，给村民做了安龙村产业发展的问卷调查，收集居民对项目的意见和建议，同时也宣传我们的项目，跟村民预告项目会有哪些内容，比如营销技能的提升培训、村史讲解员的培训等。通过对村民需求调查的汇总，我们发现愿意参加培训的村民不多。于是，就改变策略，运用社会管理办法、社会学习理论和社会互动理论等专业知识，把我们的培训活动跟村民喜欢的方式结合起来，比如放坝坝电影。为了提升村民参与培训的积极性，我们利用 LED 屏在文化广场放了大家都比较喜欢的片子，是一部战争片，那时候正好步入夏天，天气比较热，一听说放坝坝电影大家都在广场上聚集起来。这个时候我们就把项目的一些内容和需要跟村民做了沟通交流，也安排了提问环节，后来根据居民的反馈，那天的效果非常不错。后续我们还链接到一些愿意帮助安龙村发展产业的资源，同时联合其他的社会组织一起开展工作坊来梳理安龙村的景点资源。最后我们一起设计了一个画册并对外发布。

访谈者：刚刚在回答第一个问题时，你分享了好几个思考和困惑。你们在与安龙村合作的时候，有没有与村两委出现过理念分歧，你们之间是什么样的角色分工？社工更多的是配合他们的诉求，还是也会给予建议。作为一线的人员，你在跟在地的决策者对话的时候，是一个什么样的自我定位？

跟安龙村的合作，我们的定位可以用“助力器”来比喻。经过对安龙村摸索调查之后，我们发现最适合安龙村的发展方向和产业发展方向是一致的，就是它的小微盆景。这一点统一了之后，不论是村委还是社工，一致的发展方向都是推广安龙村的小微盆景产业，所以工作的开展和交流都非常顺畅。所有的外来家庭观光活动都要去看看我们的盆景走廊，参与小微盆景的制作。我们推广的这些活动都是围绕着安龙村小微盆景的宣传来做的，所以在这方面，我们是产业发展的一个助力器。

访谈者：你刚刚提到很多村民其实并没有适应新的城市化居住方式，所以要建立新的村规民约，比如不能种菜。不能种菜这种要求，村规民约有的地方就推不动，它背后涉及很多乡土社会的情境问题。或者说我们约定俗成的那一套文明体系，比如说停车规范、垃圾扔到垃圾桶。这些现代文明的东西，能不能在新型的村落里头被这些本土的村民所接纳？你觉得这之间有矛盾吗？

这个议题我也感觉非常难。出现这些问题的村落居民往往都是年龄普遍偏大的，跟他们沟通非常困难，如果要把乡村文明的新措施和做法推广到这些居民的生活中确实需要很长的时间。就现阶段来说，还没有形成一种影响力。因为他们几十年的生活都是这样的，身边的人也是这样的，突然要求他们改变一种生活方式，例如停车要收费了，房前屋后不能种菜了，不能到处收纳垃圾堆在房前屋后了，他们肯定是不愿意配合的，甚至还会跟你拼命，我也遇见过这种情况。若从积极的方向来考虑，就单个的事情来说，村民在房前屋后种菜的这个事情，我有一个想法参考，就是以前郫筒街道做的可食地景项目，把它跟城市风景建设结合起来。可食地景就像花园一样，植物各种各样，蔬菜的配色也能做出花园的效果。我想可以把村民在房前屋后种菜的需求打造成类似“可食地景”的项目，教他们怎样配菜，怎样搭配蔬菜的颜色，这就兼顾了新村民的需求和新城市建设的需求。现阶段有的问题能够找到解决方法，有的问题还无解。

访谈者：就你自己的体会而言，社工行业的发展需要一个什么样的政策支持环境?

如果是我个人，首先是大门能为我们社工敞开。这段时间刚刚经历了一件事，我去跟一个没有资源，也没有过度开发的村落去谈项目合作的时候，收到的反馈是目前咱们大多数的村两委对于社区保障资金的使用方式还停留在两个方面：一是大部分用来做基础建设，这个无可厚非，修桥修路对于没有资源、没有开发的村落，确实有很大的需求。另外一部分用来做城乡的环境卫生整治和综合治理维稳工作。我给书记建议，除了这两个方面，村里若有其他的资金可以再匹配一点经费，社工可以来帮助村两委处理人居环境整治这项最基础的工作，社工可以解决关系建立、组织建设的问题。我觉得村里至少可以让社会工作介入进来，开一扇门吧。但是对方觉得社工来做是没有近期效果的，一句“没有效果”就可以把社工拒之门外。所以我觉得最重要的还是能够有打开一扇门的契机，在政策方面给社工服务一个固定的进入路径，能够有资金保障，让社工在政策支撑下进入乡村去开展工作，这是非常重要的。

专家对话：

从王小兰社工所讲中，我学习到很多，并认为它们构成中国本土化的农村社会工作知识的有效价值成分。

首先，社工在乡村（产业）振兴中是报幕员、总串、助力器。这些比喻我觉得很形象也很贴切，可以很好地诠释社会工作者在乡村发展各项事务中的角色作用。如果社工在实践中能与基层组织协调协作好，很好地发挥出这些角色作用，定能使乡村振兴发展出现更好的局面。

其次，在具体行动方面，王社工指出社工能否较有深度和有实质效能地参与乡村振兴，取决于政策特别是村两委的工作重心，还有资源条件。我认为这些同样是很接地气、富有洞见的。她提出的对策建议，即打开“一扇门”，为社工参与设置固定的项目口子，我以为也是切实可行有操作性的。

再次，如若外部条件都具备，剩下的就是对社工的要求，核心点是社工要能在村里沉浸下去。这句话言简意赅，已经说出了全部的道理。有了它，实际上两个具体问题——村民的传统习惯（生活方式）问题、基础设施问题，也应当都可寻找到创造性的解决方案。

一言以蔽之，这些在实践中产生的“实践智慧”，值得好好珍惜。

参考文献

[1] C.弗罗登伯格、筠筠. 后现代农业[J]. 国外社会科学，1993 年第 4 期。

[2] James Midgley and Amy Conley.*Social Work and Social Development: heories and Skills for Development Social Work*[M]. New York:xford University Press,2010.

[3] John B. Cobb. *Sustainability-Economics , Ecology and Justice*[M]. aryknoll:Orbis Books,992.

[4] John B. Cobb,*ustaining the Common Good*[M]. Ohio:The Pilgrim Press, 1994.

[5] 阿尔弗雷德・舒茨. 社会世界的意义构成[M]. 游淙祺译，北京：商务印书馆，2012 年。

[6] 安东尼・吉登斯. 社会的构成[M]. 李康/李猛译，上海：生活・读书・新知三联书店，1998 年。

[7] 陈阿江、张婷婷等. 环境社会工作论纲[J]. 中州学刊，2021 年第 1 期。

[8] 陈锋，陈涛. 社会工作的“社会性”探讨[J]. 社会工作，2017 年第 3 期。

[9] 陈涛、胡沙、杨欣然. 农村社会工作服务机构在乡村治理中的协同作用——基于 Y 农村社工事务所在 Z 村的经验分析[J]. 学习与实践，2020 年第 1 期。

[10] 陈涛、徐其龙. 社会工作介入乡村振兴模式研究——以北京市 Z 村为例[J]. 国家行政学院学报，2018 年第 4 期。

[11] 陈涛、杨锡聪等. 发展性社会工作的本土化理论及实践[J]. 新视野，2018 年第 4 期。

[12] 陈涛. 大力发展农村社会工作 为乡村振兴战略提供坚实支撑[J]. 大

社会，2019 年第 6 期。
[13] 陈涛. 社会工作在乡村振兴中大有可为[J]. 中国社会工作，2017 年第 34 期。
[14] 陈涛. 发挥专业社会工作的骨干作用，有力支撑基层社会治理现代化[J]. 中国社会工作，2021 年 10 月（上）。
[15] 陈涛. 农村社会工作及其主体角色定位[J]. 湖南农业大学学报（社会科学版），2014 年第 3 期。
[16] 陈涛. 社会工作专业使命的探讨[J]. 社会学研究，2011 年第 6 期。
[17] 陈涛. 政社协同，确保乡镇（街道）社会工作专业服务落地生根[J]. 社会工作，2020 年第 5 期。
[18] 陈涛. 中国社会工作专业使命的探讨[J]. 社会学研究，2011 年第 6 期；
[19] 陈星星、徐选国. 绿色社会工作：迈向生态环境关怀的社会工作新论述——兼论对我国社会工作介入生态文明建设的启示[J]. 华东理工大学学报（社会科学版），2018 年第 3 期。

[20] 陈秧分、王国刚等. 乡村振兴战略中的农业地位与农业发展[J]. 农业经济问题，2018 年第 1 期。
[21] 程鹏立. 环境社会工作：理论、实务与教育[J]. 中国矿业大学学报（社会科学版），2020 年第 6 期；
[22] 大卫・雷・格里芬. 后现代精神[M]. 王成兵译，北京：中央编译出版社，2011 年。
[23] 德里达. 写作与差异[M]. 张宁译. 北京：三联书店，2001。
[24] 董欢，郑晓冬，方向明. 社区支持农业的发展：理论基础与国际经验[J]. 中国农村经济，2017 年第 1 期。
[25] 费孝通. 乡土中国 生育制度 乡土重建[M]. 北京：商务印书馆，2011 年。
[26] 费孝通. 乡土重建[M]. 长沙：岳麓书社，2012 年。
[27] 高滨淮. 面对国际竞争中的中国农业[J]. 宏观经济管理，2001 年第 2 期。

[28] 高丽、于梦娇等. 全球化背景下的生态议题与社会工作的绿色转向[J]. 新视野，2018 年第 4 期。
[29] 高艺多. 论辩、问题与道路：批判性本土社会工作之反思[J]. 探索与争鸣，2020 年第 3 期。
[30] 葛道顺. 社会工作制度建构：内涵、设置与嵌入[J]. 学习与实践，2012 年第 10 期。
[31] 古学斌、Lena Dominelli. 环境危机背景下绿色社会工作及其对中国社会发展的意义[J]. 社会工作与管理，2020 年第 3 期。
[32] 古学斌. 农村社会工作：理论与实践[M]. 北京：社会科学文献出版社，2018 年。
[33] 关信平. 论当前我国专业社会工作的制度建设[J]. 国家行政学院学报，2017 年第 5 期。
[34] 郭伟和. 构建包容性中国特色农村社会工作体系——乡村振兴战略下的农村社会工作介入策略探索[J]. 学习与实践，2020 年第 1 期。
[35] 郭占锋，李卓. 中国农村社会工作的发展现状、问题与前景展望[J]. 社会建设，2017 年第 2 期。
[36] 郭占锋，焦明娟. 费孝通乡土重建思想略述[J]. 农业经济，2019 年第 3 期
[37] 哈贝马斯. 交往行动理论[M]. 曹卫东译，上海：上海人民出版社，2004 年。
[38] 哈贝马斯. 现代性的哲学话语[M]. 曹卫东译，南京：译林出版社，2004 年。
[39] 何国良. “关系”：社会工作理论与实践的本质[J]. 社会建设，2021 年第 1 期。
[40] 何历宇. 社会主义核心价值观与中国社会工作伦理之建构[J]. 浙江学刊，2012 年，第 4 期。
[41] 何雪松，覃可可. 社会工作参与乡村振兴的目标与定位：以城乡社会学为视角[J]. 西北民族研究，2021 年第 3 期。

[42] 贺志峰. 吊诡的逻辑：项目制带来了社会工作专业成长?[J]. 社会与公益，2019 年第 2 期。

[43] 胡俊生，李期. 空心村 · 空壳校 · 城镇化潮——农村教育的困境与出路[J]. 甘肃社会科学，2014 年第 5 期。

[44] 吉登斯. 现代性与自我认同[M]. 赵旭东等译，上海：三联书店，1998 年。

[45] 纪德尚，孙远太. 新时期社会工作人才队伍的政治功能分析[J]. 政治学研究，2007 年第 3 期。

[46] 焦若水. 精神性与社会工作[J]. 广东工业大学学报（社会科学版），2013 年第 1 期。

[47] 焦若水. 社会保护：乡村振兴中社会工作的价值与使命[J]. 探索，2021 年第 6 期。

[48] 金筱萍，陈珉希. 乡村振兴视域下乡村文明的价值发现与重构[J]. 农村经济，2018 年第 7 期。

[49] 卡尔 · 波兰尼. 大转型：我们时代的政治与经济起源[M]. 冯钢，刘阳，译. 北京：当代世界出版社，2020 年。

[50] 李春耕. 社会管理、社会工作、社会建设的辩证关系[J]. 党政论坛，2012 年第 9 期。

[51] 李培林. 农民的终结是选择还是命运[J]. 社会发展研究，2020 年第 3 期。

[52] 李晓慧. 社会工作专业的国际新定义[J]. 中国社会工作研究，2015 年第 1 期。

[53] 梁漱溟. 乡村建设理论[M]. 北京：商务印书馆，2015 年。

[54] 刘斌志，郑先令. 新时代乡村振兴社会工作者专业核心能力的构建与实现[J]. 重庆师范大学学报（社会科学版），2019 年第 2 期。

[55] 刘军奎. 村庄本位：我国农村社会工作的推进导向[J]. 中国农业大学学报（社会科学），2017 年第 3 期。

[56] 刘魁. 真理、文化权威与知识生产的时代性——兼评福柯对真理话语

的微观权力分析[J]. 南京政治学院学报，2005 年第 3 期。
[57] 刘守英. 从“乡土中国”到“城乡中国”[J]. 中国乡村发现，2016 年第 8 期。
[58] 陆益龙. 乡土重建：可能抑或怀旧情结[J]. 学海，2016 年第 3 期。
[59] 米歇尔·福柯. 疯癫与文明[M]. 生活·读书·新知三联书店，2015 年。
[60] 米歇尔·福柯. 福柯说权力与话语[M]. 陈怡含译，武汉：华中科技大学出版社，2017 年。
[61] 米歇尔·福柯. 规训与惩罚：监狱的诞生[M]. 北京：三联书店，2007 年。
[62] 潘家恩、罗丹、罗士轩、温铁军. 自我保护与乡土重建——中国乡村建设的源起与内涵[J]. 中共中央党校（国家行政学院）学报，2020 年第 1 期。
[63] 齐格蒙·鲍曼. 流动的现代性[M]. 欧阳景根译，上海：三联书店，2002 年。
[64] 齐格蒙特·鲍曼. 流动的现代性[M]. 欧阳景根译，上海：上海三联书店，2002 年。
[65] 钱宁. 农村发展中的新贫困与社区能力建设：社会工作的视角[J]. 思想战线，2007 年第 1 期。
[66] 申曙光. 生态文明及其理论与现实基础[J]. 北京大学学报（哲学社会科学版），1994 年第 3 期。
[67] 斯科特. 农民的道义经济学·东南亚的反叛与生存[M]. 程立显、刘建等译，南京：译林出版社，2013 年。
[68] 童敏. 社会工作本质的百年探寻与实践[J]. 厦门大学学报（哲学社会科学版），2009 年第 5 期。
[69] 万涛、吴纳维. 英格兰乡村保护委员会及乡村保护运动[J]. 国际城市规划，2019 年第 6 期。
[70] 汪鸿波，费梅苹. 乡村振兴背景下农村社会工作的实践反思及分层互嵌[J]. 甘肃社会科学，2019 年第 4 期。

[71] 王春光. 乡村应引入专业社会工作组织[J]. 中国老区建设，2013 年第 6 期。
[72] 王进文、徐炜. 迈向生态环境关怀的社会工作：西方表述与中国在地化实践[J]. 学习与实践，2021 年第 5 期。
[73] 王进文、张军等. 探寻生态之维：绿色社会工作的理念与路径[J]. 社会工作，2020 年第 5 期。
[74] 王进文. 社工下乡：新时代农村社会治理的主体实践[J]. 社会工作与管理，2019 年第 4 期。
[75] 王思斌、阮曾媛琪. 和谐社会建设背景下中国社会工作的发展[J]. 中国社会科学，2009 年第 5 期。
[76] 王思斌. 切实畅通社会工作参与社会治理的途径[J]. 中国社会工作，2021 年第 4 期。
[77] 王思斌. 社会工作与乡村振兴中社会资本的协作再生产[J]. 社会工作，2021 年第 4 期。

[78] 王思斌. 社会治理结构的进化与社会工作的服务型治理[J]. 北京大学学报（哲学社会科学版），2014 年第 6 期。
[79] 王思斌. 我国社会工作从嵌入性发展到融合性发展之分析[J]. 北京工业大学学报（社会科学版），2020 年第 3 期。
[80] 王思斌. 中国社会工作的嵌入性发展[J]. 社会科学战线，2011 年第 2 期。
[81] 王小兰、陈涛. 发展性社会工作的理论与实践[J]. 中国社会工作研究，2017 年第 2 期。
[82] 王忠武. 乡村文明的价值结构与新时代重构——实现乡村振兴的文明复兴之路探讨[J]. 山东社会科学，2018 年第 5 期。
[83] 韦伯. 新教伦理与资本主义精神[M]. 于晓、陈维纲译，北京：三联书店，1987 年。
[84] 卫小将，黄雨晴. 乡村振兴背景下农村社会工作人才队伍建设研究[J]. 中共中央党校（国家行政学院）学报，2022 年第 1 期。

[85] 吴越菲. 重思以乡村性为基点的农村社会工作：概念嬗变与实践转型[J]. 西北民族研究，2021 年第 3 期。
[86] 夏学銮. 社会工作的三维性质[J]. 北京大学学报（哲学社会科学版），2000 年第 1 期。
[87] 向荣，陆德权，陈韦帆. 发展型社会工作对深化精准扶贫的助力策略分析[J]. 贵州民族大学学报（哲学社会科学版），2018 年第 3 期。
[88] 向羽，袁小良，张和清. “双百社工”在乡村社会治理中何以可为[J]. 社会工作，2020 年第 4 期。
[89] 萧子扬，刘清斌，桑萌。社会工作参与乡村振兴：何以可能和何以可为?[J]. 农林经济管理学报，2019 年第 2 期。
[90] 熊跃根. 后现代主义与社会工作干预：理论和实务的再思考[J]. 社会科学研究，2016 年第 5 期。
[91] 徐其龙、陈涛. 发展性社会工作视角下社区服务、社区营造和社区发展的整合研究[J]. 华东理工大学学报（社会科学版），2020 年第 3 期。
[92] 许宝强、汪辉选编. 发展的幻象[M]. 北京：中央编译出版社，2000 年
[93] 严骏夫. 反讽实践：重建“结构”社会工作——来自“新古典社会学”的启示[J]. 浙江工商大学学报，2017 年第 3 期。
[94] 颜小钗，张和清，廖晓义，兰树记. 乡村振兴，社会工作参与的路径和困境[J]. 中国社会工作，2018 年第 22 期。
[95] 杨君、徐选国等. 迈向服务型社区治理：整体性治理与社会再组织化[J]. 中国农业大学学报（社会科学版），2015 年第 3 期。
[96] 杨胜勇、贺云珊. 后现代主义视角下社会工作实务中的价值伦理：困境与重构[J]. 广西社会科学，2014 年第 9 期。
[97] 杨竹，吴晓萍. 从行政主导到专业主导：西部农村社会工作服务项目实践与反思——基于民政部“三区”计划在贵州的实践[J]. 农村经济，2018 年第 5 期。
[98] 叶敬忠、王为径. 规训农业：反思现代农业技术[J]. 中国农村观察，2013 年第 2 期。

[99] 叶敬忠. 乡村振兴战略：历史沿循、总体布局与路径省思[J]. 华南师范大学学报（社会科学版），2018 第 2 期。

[100] 尹保华. 高度人文关怀：社会工作的本质新释[J]. 学海，2009 年第 4 期。

[101] 袁小平. 农村社会工作对乡村振兴的因应研究[J]. 甘肃社会科学，2019 年第 4 期。

[102] 詹姆斯 ·米奇利. 社会发展：社会福利视角下的发展观[M]. 苗正民译，上海：格致出版社，2009 年。

[103] 张和清等. “双百”社会工作概论[M]. 北京：中国社会出版社，2021 年。

[104] 张和清，尚静. 社会工作干预与中国乡村生态、生计和生活可持续发展的行动研究——以绿耕项目为例[J]. 社会学研究，2021 年第 6 期。

[105] 张和清，闫红红. 乡村振兴背景下社区经济的乡村减贫实务模式研究——以西南少数民族村落反贫困社会工作项目为例[J]. 社会工作，2020 年第 6 期。

[106] 张和清，杨锡聪，古学斌. 优势视角下的农村社会工作——以能力建设和资产建立为核心的农村社会工作实践模式[J]. 社会学研究，2008 年第 6 期。

[107] 张红，等. 农村社会工作介入乡村振兴的理论逻辑及实践反思[J]. 西北农林科技大学学报（社会科学版），2021 年第 2 期。

[108] 张来武. 以六次产业理论引领创新创业[J]. 中国软科学，2016 年第 1 期。

[109] 张乐. 植入、嵌入和融入：社会工作的“在地化”路径[J]. 社会工作，2019 年第 2 期。

[110] 张磊. 中国传统农业文化的生态意蕴及其当代价值[J]. 西北农林科技大学学报（社会科学版），2016 年第 5 期。

[111] 张孝德. 新文明观：乡村、城市平等观——乡村文明复兴引领生态文明新时代[J]. 中国农业大学学报（社会科学版），2015 年第 5 期。

[112] 张昱. 社会工作：从本质上实现人的改变[J]. 社会科学辑刊，2019 年第 6 期。

[113] 张照新，吴天龙. 培育社会组织推进“以农民为中心”的乡村振兴战略[J]. 经济纵横，2019 年第 1 期。

[114] 赵慧. 社会政策创新与福利理念趋异：基于纵向政府间关系的视角[J]. 公共行政评论，2018 年第 5 期。

[115] 郑大华. 民国乡村建设运动[M]. 北京：社会科学文献出版社，2000 年；

[116] 周立，李彦岩，王彩虹，方平.乡村振兴战略中的产业融合和六次产业发展[J]. 新疆师范大学学报（哲学社会科学版），2018 年第 3 期。

[117] 周其仁. 城乡中国[M]. 北京：中信出版社，2013 年。

[118] 周生春，徐萌娜. 韩国“新村运动”与“新农村建设”辨析[J]. 南方农村， 2007 年第 3 期。

[119] 周晓虹. 流动与城市体验对中国农民现代性的影响：北京“浙江村”与温州一个农村社区的考察[J]. 社会学研究，1998 年第 5 期。

[120] 周祝平. 中国农村人口空心化及其挑战[J]. 人口研究，2008 年第 2 期。

[121] 朱战辉. 城乡中国：乡村社会转型中的结构与秩序[J]. 华南农业大学学报（社会科学版），2019 年第 1 期。

后 记

我国社会工作的发展一直伴随着“本土化”这三个字，寥寥数笔却承载着一批又一批社会工作者的热情、汗水和赤子之心，不管是理论研究者、政策倡导者还是一线社工，他们都用各自所学与所长服务人民、建构和谐社会，同时促进社会工作的本土化发展。在此发展过程中，乡村振兴战略的提出为社会工作全面进入乡土社会提供了历史机遇，“乡村振兴社会工作服务”的提出也有力地证明了社会工作在此战略中的作用与影响。

本书分为三个部分，分别对乡村振兴社会工作服务、历史溯源和政策发展做了深度阐释，并且主要通过对郫都区社会工作参与乡村振兴的实务工作进行研究，以案例分析和口述史对话的方式呈现出来，意在向读者更生动、更直观地展示社会工作在乡村振兴发展过程中的付出与贡献，在实地考察和面对面的访谈中，笔者真切地感受到了这些可爱的社工们不忘初心，坚守梦想，以身诠释着“助人自助”，虽是点点星光，却能照亮整个天空。在此表达对他们的爱意与敬意。与此同时，社会工作界的各个领域也必须全面协同奋进，展现过硬专业本领，守住根本之道，方能在乡村振兴社会工作服务中大展身手，助力国家乡村振兴战略实现。

因此，不仅是一线社工们应该被看到，社会工作在乡村振兴领域中的重要作用和不可替代性也应该被看到。本书愿作为一块砖石，希望能够带给同行们一些实践参考，引发更多的思考，有更多此类书籍可做参考学习。最后，要鼓励所有参与乡村振兴社会工作服务的实务实践者们总结经验，书写成文，让大家进行持续学习，同时能够让更多社工专业以外的人更全面地了解社会工作。

最后，再次多谢为本书提供帮助的所有机构和人员，感恩付出！

附录：乡村一线社工访谈提纲

1. 请介绍你进入社工行业的工作经历。（契机、初步印象、感受、原因或者重大事件、转折等、机构与服务领域，可参考时间线索）

2. 请介绍你所从事的项目中有关“乡村振兴”主题的工作或项目？你是什么角色？发挥什么功能？使用了何种社会工作方法/理念/架构，取得了何种成效？（介绍项目内容，挖掘使用的社工方法、手法、理念等，有什么经验，值得分享的？很有成就感的？例如资源利用、关系建立等）？遇到了何种困难？（关于社工伦理的、方法的、头疼的议题、话题、麻烦、困惑等，例如社区动员、关系建立、项目管理、村民参与度等）

3. 你认为一线社工在乡村振兴事业中所处的位置是（说不出来提示：决策角色？中层角色？直接介入？）功能或者角色是？可以如何发挥好他对于乡村发展的作用？你认为目前一线社工在乡村发展中面临的问题和挑战是什么？

4. 可否从一线社工的视角出发，谈谈乡村发展事业中，中国社工行业未来的发展。（可以谈趋势？功能，角色、问题解决方案、政策建议等）